אריז״ל

נשיא המקובלים
חייו ויצירותיו של רבי יצחק לוריא אשכנזי

ר׳ רפאל אפיללו

ספרים שיצאו ע״י המחבר :

בעברית

מושגי חכמת הקבלה

חשיבות לימוד הזהר

קיצור כתבי האר״י

אריז״ל נשיא המקובלים

באנגלית

Concepts of Kabbalah

Kabbalah Dictionary

Glossary of Kabbalah

Arizal Prince of the Kabbalists

160 Questions on the Kabbalah

Kabbalah of the Arizal, According to the Ramhal

בצרפתית

Concepts de Kabbalah

Dictionnaire de Kabbalah

Arizal Prince des Kabbalistes

160 Questions sur la Kabbalah

Kabbalah du Arizal, selon le Ramhal

©

ISBN 9782923241524

Kabeditions - כל הזכויות שמורות

את הספר ניתן להשיג

0534253026 - info@kabeditions.com

www.קבלה.net

arizal.com - kabbalah5.com

zoharvideos.com - kabeditions.com

לזיכוי הרבים ניתן לצלם

לרבי שמעון בר יוחאי - רשבי

ולרבי יצחק לוריא - אריז״ל

למי שניתנה הרשות לגלות את אור תורת האמת

בס"ד

בניהו יששכר שמואלי
ישיבת המקובלים "נהר שלום"

BENAYAHU YSAHAR SHMUELI
Yeshivat Hamekubalim "NAHAR SHALOM"

מכתב ברכה   אלול התשס"ה

ראיתי ושמחתי ספרים קדושים וחשובים
מושגי חכמת הקבלה וכן ספר הגלגולים נשיא המקובלים
שסידר וכתב והכין הרב היקר השקדן בתפילה
של תורה כבוד רבי רפאל אפללו שליט"א
שאני יודע שהוא איש כשר ומשפיע ללמוד
תורת הסוד וחפץ לזכות הרבים וכבר
עשה כן את הספרים הללו החשובים
ומכיון שעכשיו אנחנו בערב הגאולה וכתוב
בספר הזוהר מתגליא ברחמי לכן צריך
לעודד את אלו שעוסקים בחכמת הקבלה
וכן שכתבו בזה כי הם מקרבים
את הגאולה וגם מצילים מצרות
ה' ישלם את תמורת המחבר שיזכה
לבריאות ושמחה וכו' אמן

ישיבת "נהר שלום" מקובלים ירושלים

בניהו שמואלי

רח' שילה 6 (פינת רח' אגריפס), ירושלים. ת.ד. 28267 טל'. 02-6221039, פקס. 02-6223001
6, Shilo st. P.O.B 28267 JERUSALEM Tel: 02-6221039, Fax: 02-6223001

אריז"ל

מבוא	13
אריז"ל – חייו	15
אלה תולדות יצחק	15
ויגדל הילד	16
ספר הזהר	16
זכה לרוח הקודש	17
כשאני ישן עולה נשמתי למעלה	18
לך לגליל העליון	18
היה יודע וכובש נבואתו	19
תבקש ממנה מחילה	20
אל תמנע טוב ממנו	21
התודעות האר"י להרח"ו	22
לא ניתן רשות לכתוב זולת להרח"ו	23
התורה אינה משקרת	24
השיג בכל מיני חכמות שבעולם	24
משלהבת הנר	25
שירטוט הידים	25
מכיר במצח	26
בא לנסות את הרב	27
נשמות הרשעים המגולגלים	28
רשע שנתגלגל בעכבר	29
בלק ובלעם שנתגלגלו בעורבים	29
גלגול בדומם	30
גלגול דתן ואבירם	30
עיבור נשמה	30
מעשה הוצאת הרוח	31
רוח שנכנס באלמנה	32
יחודים	37
רצה לילך לירושלים עם החברים ולהביא הגאולה	38
תלמיד אחד שרצה לילך לעיר אחרת	39
ויודע דעת עליון	39
גזירת הארבה שנגזר ע"י צער עני	39
גזירה שנגזרה מחמת חנופת הרבנים	41
פניו מאירות כשמש	41

7

הרב אלשיך רצה ללמוד קבלה	42
צער בעלי חיים	43
במקום הזה ישב הרשב"י	43
שידה שרצתה לינשא לבחור	44
שידות שבאו לטמא	46
כאן יש סוד גדול	46
משיח בן יוסף	47
נגזרה עלי גזירה שאסתלק	47
נתקוטטו החברים זה עם זה	48
לפתוח מי גיחון	49
בעל ספר החרדים שרקד עם רבינו האר"י	50
האחים גלאנטי	51
איבד מרן יוסף קארו מפתחות בית התבשיל	55
האר"י ידע מחשבות מרן יוסף קארו בתפלתו	55
סעודה שהכין מרן יוסף קארו לרבינו האר"י	56
הרבנים רוצים לבטל הלולא דרשב"י	56
מהרי"א הלוי ז"ל שנגלה לו ירמיה הנביא	57
אם תגיד לי הכל אחזור בתשובה	57
כבודך משורש נשמתם לכן צריך אתה לתקן עצמך	59
שוחט שנתגלגל בתיש	61
לא מצא תרופה למכתו	62
האר"י ראה מה שיהיה לבחור אחד	63
הזמין רבינו האר"י השבעה רועים	63
מעשה מהרש"ל והרמ"א זיע"א	65
האיש תם שהיה מקריב לה' לחם ויין	67
פטירת האר"י	68
אריז"ל - יצירותיו	**71**
השמונה השערים	71
הקדמה עץ חיים	**75**
עץ חיים	**97**
סיבת בריאת העולמות	97
אור עליון פשוט - צמצום	99
ספירות	102
פרצופים	104
ד' עולמות	107

פרי עץ חיים 109
תפילה היא בעולם העשייה 109
בשרשי המנהגים 109
פזמון או פיוט שחברו האחרונים 110
מלאך א' ממונה על התפילה 110
המעשה וסדר התפלה בעצמה 111
תמיד יכוין שהכל נכלל בימין 112
לא ילבוש שני מלבושים ביחד 113
ברכות 113
נעילת נעלים 114
נטילת ידים 115
תפילין 116
דיבור של התפלה 117
הברכות 117
הנכנס לבהכ"כ 120
שער הנהגת הלימוד 120
שער השבת 121
שער חג המצות 124
הנהגה בבית הכנסת 125
אסור לאדם להתפלל לפני ה' בעצבות 126
קריאת ספר תורה 127
מלבושים של שבת 127

שער הגלגולים 129
נשמות מאדם הראשון 129
גלגוליהם בפעם הראשונה 130
שנתקנה הנפש וחזרה 131
נפש הגר 131
שתזכה אל מדרגת הרוח 132
סוד העבור 132
נפש האדם 136
סוד היבום 137
לתקן ממה שפגם בגוף הקודם 139
בלילה בעת פקדון הנפשות 141
כאשר לא נתקנה כלל שום תקון 142
גלגול רב ששת 143

שמונה חלקי התשובה 144
עונש הנשמות של הרשעים, וגלגוליהם 145
כעס 154
שער הכוונות **157**
יש הפרש ושינוי גדול בין התפילות 157
בכל תפלתינו אנו מעלים העולמות העליונות 158
השינויי׳ שיש בג׳ תפלות שחרית מנחה ערבית ... 159
לחבק שתי ידיך 159
אסור לאדם להתפלל תפילתו בעצבון 161
לקבל עליו מצות ואהבת לרעך כמוך 161
לתקן ד׳ עולמות 162
כאשר האדם איזה פעם מתבטל מלהתפלל 163
צריך להסתכל בציציות 163
אין טוב לאדם ללבוש ב׳ מלבושיו ביחד 164
כוונת ברכת על נטילת ידים 165
אסור לאדם להתפלל תפילתו בעצבון 165
שיקבל עליו מצות ואהבת לרעך כמוך 166
לא התפלל תפילתו בקול רם 166
ארבעה מצות הרמוזות בארבעה אותיות 167
סדר תיקון תפלת השחר 167
מספר העולים לקרות בתורה 168
הכהן הלוי וישראל 169
האדם עצמו כשעולה לקרוא בתורה 171
ברכת המוציא 172
סוד פסח 172
שער המצוות **175**
חיוב לקיים כל תרי״ג מצות 175
תלמוד תורה גדולה ושקולה ככל המצות 176
אל יחשוב שהיא עליו כמשא 176
לעבד את ה׳ אלהיך בשמחה 176
מי שיודע כונת התפילה והמצות 177
מצות עשה ולא תעשה 178
בעשות האדם המצוה גורם ב׳ זווגים 178
איסור קבלה מעשית 179
מצות כיבוד אב ואם 181

אריז״ל

דין הגנב	183
שם אלהים אחרים לא תזכירו	184
ענין השבת ויום טוב	185
תכלית התפלות והמצות	186
העליות של יום השבת	187
השכחה אשר באנשים	189
תפלה לפני הלימוד	190
עסק התורה	190
עסק התורה בלילה	192
שינת היום	193
ד׳ כתות שאינן מקבלין פני השכינה	194
ההליכה בארץ ישראל	196
ספר טעמי המצות	**197**
מצות ביקור חולים	197
ענין שמות וקבלה מעשיות	199
אזהרת אל תפנו אל אלילים	200
ביומו תיתן שכרו	200
סוד הכלאים	201
ואהבת לרעך כמוך	201
מצות פרה אדומה	202
מצות מזוזה	203
אזהרת אל תפנו אל אלילים	204
שער הפסוקים	**205**
פרשת בראשית	205
והארץ היתה תהו ובהו וגומר	206
ותוצא הארץ דשא עשב מזריע זרע למינהו ועץ עושה פרי וכו׳	207
וכל שיח השדה טרם יהיה בארץ	208
חטא אדם הראשון	209
אחיזת החיצונים	210
כל הנשמות היו כלולות באדה״ר	210
עולם אחד של ששת אלפים שנה	211
כל הנשמות נכללו באדה״ר	212
לברר ולהעלות אלו הנשמות	214
שער רוח הקודש	**215**
אין לך דבר שאין לו ממש	215

אריז"ל

כל העושה מצוה אחת קנה לו פרקליט אחד	215
סוד הנבואה ורוח הקדש	216
נבואה מדכורא ורוח הקדש מנוקבא	218
מדרגות של בעלי הנבואה ורוח הקדש	218
הפרש מדרגות נביאים	220
הזקנים והשופטים	221
הדופק	222
ראה בחלומו	223
חכמת הכרת הפרצוף	223
אותיות נראות בעור הפנים של המצח	224
האותיות כפי סדר גלגולי האדם	226
כל ספירה יש לה אותיות ידועות	227
אות הפוכה	227
המאה ברכות	228
להכיר את חטאו	229
תרי"ג בכל	230
היסטוריה של הקבלה	**231**
מילון הקבלה	**237**
טבלאות	**259**

מבוא

רבי יצחק לוריא הידוע כאר״י או אריז״ל[1] נולד בירושלים בשנת 1534, בחייו הקצרים הוא השפיע רבות על הלמידה וההתפתחות של הקבלה. אף אחד נכון להיום לא מעז להפריך או לסתור את תורתו. רמת הידע שלו והגילוי הם עדיין הרבה מעל להבנה האפשרית של מרבית האנשים. כדי לתאר בצורה הטובה ביותר את הטבע השמימי שלו, תלמידו העיקרי רבי חיים ויטאל כותב במבוא באחת מעבודותיו:

> בכל דור ודור הפליא חסדו אתנו אל ה׳ ויאר לנו, ע״י השרידים אשר ה׳ קורא בכל דור ודור כנזכר. וגם בדורינו זה, אלהי הראשונים והאחרונים לא השבית גואל מישראל, ויקנא לארצו, ויחמול על עמו, וישלח לנו עיר וקדיש מן שמייא נחית, הרב הגדול האלהי החסיד מורי ורבי כמהר״ר יצחק לוריא אשכנזי זלה״ה, מלא תורה כרמון, במקרא, במשנה, בתלמוד, בפלפול, במדרשים, והגדות, במעשה בראשית[2], במעשה מרכבה[3]. בקי בשיחת אילנות, בשיחת עופות, בשיחת מלאכים. מכיר בחכמת הפרצוף, הנזכר ברשב״י בפרשה ואתה תחזה. יודע בכל מעשי בני אדם שעשו, ושעתידים לעשות, יודע במחשבות בני אדם, טרם יוציאום מן הכוח אל הפועל, יודע עתידות וכל הדברים ההווים בכל הארץ ולמה שנגזר תמיד בשמים. יודע בחכמת הגלגול, מי חדש, ומי ישן. ואיפת האיש ההוא, באיזה מקום תלויה באדם העליון, ובאה״ר התחתון, יודע בשלהבת הנר, ולהבת אש, דברים נפלאים. מסתכל וצופה בעיניו, נשמות

---

[1] אריה וגם ראשי תיבות של אלוקי רבי יצחק – רבי יצחק האלוקי. ז״ל – זכרונו לברכה.

[2] עבודות ופרטים של היצירה

[3] מרכבה שמימית – ספירות – פרצופים

אריז"ל

הצדיקים הראשונים והאחרונים. ומתעסק עמהם בחכמת האמת, מכיר בריח האדם כל מעשיו, ע"ד ההוא ינוקא בפרשת בלק, וכל החכמות הנזכרים, היו אצלו כמונחים בחיקו, בכל עת שירצה, בלתי יצטרך להתבודד ולחקור עליהם, ועיני ראו ולא זר, דברים מבהילים, לא נראו ולא נשמעו בכל הארץ, מימי רשב"י ע"ה ועד הנה. וכל זה השיג, שלא ע"י שמוש קבלת מעשיות ח"ו, כי איסור גדול יש בשמושם. אמנם כ"ז היה מעצמו, ע"י חסידותו ופרישותו, אחרי התעסקו ימים ושנים רבים, בספרים חדשים גם ישנים, בחכמה הזאת. ועליהם הוסיף חסידות ופרישות וטהרה וקדושה, היא הביאתו לידי אליהו הנביא, שהיה נגלה אליו תמיד, ומדבר עמו פה אל פה, ולמדו זאת החכמה.

ניסיתי באמצעות עבודה זו לתת תיאור אמיתי של חייו יוצאי הדופן של האריז"ל, שכתובים בספרים הידועים "שבחי הארי" "והארי וגוריו"[4], אשר מתארים בצורה עובדתית חלק מהפלאים שהיו עדים אליהם והעידו בני דורו. בחלק השני, הבאתי קטעים מסוימים מהספרים המרכזיים של האריז"ל, כדי לתת מושג כללי ראשוני של הרמה הגבוהה של הגילויים וההסברים על הקבלה.

---

[4] הוצאת אהבת שלום

אריז"ל

אריז"ל – חייו

אלה תולדות יצחק

העיר ירושלים נכבשה על ידי הסולטן הטורקי סולימן מאז 1517. האוכלוסייה הייתה כ-600 יהודים שחיו בעוני והיו תלויים בעיקר בצדקה שנשלחה מחו"ל. בירושלים חי הרב שלמה לוריא, אדם ישר וירא שמיים, עם אשתו ולא היו להם ילדים.

יום אחד בשנת 1534 היה מתפלל ומתחנן בבית הכנסת ואין איש עמו, נגלה אליו אליהו זכור לטוב ויאמר לו דע לך ששלחני הקב"ה לבשרך כי הנה אשתך הרה ויולדת לך בן וקראת שמו יצחק. והוא יחל להושיע את נפשות ישראל מיד הקליפות[5], וכמה נפשות אשר הם מגולגלים מכמה שנים יתקן, ועל ידו תתגלה חכמת הקבלה, וכל מין חכמה שבעולם לא יחסר ממנו ושמו יצא בכל הארץ. לכן השמר והזהר שלא תמול אותו עד שאבוא להיות סנדיקו"ס הילד הנולד. ויהי ככלותו לדבר אתו הדברים האלה נעלם מעיניו. ויתמה האיש ההוא מאד מן המראה הזאת, וישאר היום ההוא כולו בבית הכנסת בוכה ומתפלל אל ה' אלהיו. וכך אמר בתפלתו, אנא ה' קיים את הדבר הזה אשר בשרתני בו, ואל יעכב עלי שום עון בדבר הזה הגם כי קטון אנכי ואין בי שום זכות, למענך עשה ולא למעני.

בלילה הלך לביתו וסוד זה לא יצא מפיו. ובכל יום אשר היה רואה בטן המלאה היה בוכה מרוב השמחה. וימלאו ימיה ללדת ותלד בן וימלא הבית אורה. וביום השמיני הוליכו אותו לבית הכנסת לימול כמנהג. ואביו היה מסתכל בכל סביבות בית הכנסת לראות אם בא אליהו זכור לטוב ולא ראהו. ויהי בצער גדול כי כל אנשי הקהל היו אצים בו לאמר גש הלאה והחזק בבנך למול אותו, והוא היה מתמהמה לאמר שעדיין לא באו כל

---
[5] קליפות – כוחות שליליים

אריז"ל

קרוביו, וזה היה כמו חצי שעה. וכראותו צרת נפשו, בכה בכי גדול, ויאמר בלבו כיון שלא בא אליהו זכור לטוב בודאי שאינו הילד אשר נתבשרתי בו, ובודאי שעונותי הטו אלה וחטאי מנעו הטוב ממני. ובעודו בוכה והנה אליהו זכור לטוב לקראתו, ויאמר לו אל תבכה עבד ה' קרב אל המזבח ועשה את עולתך שכולה כליל לה', ושב על הכסא והחזק בבנך לעיני אנשי הקהל ואני אשב בחיקך ואחזיק בידי רגלי הילד הזה, ומה שנתעכבתי מלבוא עד עתה כדי לנסותך אם תשמור מצותי אם לא. וישב על הכסא שמח ואליהו זכור לטוב ישב כאשר אמר ולא ראהו שום אדם, רק הוא לבדו, וימול הילד ויוליכוהו לאמו. וקודם שהגיע לבית נתרפאת המילה כתינוק שנימול מכמה שנים, ויתמהו האנשים מאד.

ויגדל הילד

ויגדל הילד ויגמל, ויוליכוהו לבית הספר וילמד יותר מכל התינוקות עד כי בהיותו בן שמונה שנים היה מעיין בהלכה כתלמיד ותיק ושום בעל תורה לא היה יכול לעמוד לפניו מעוצם פלפולו. ובזמן ההוא נפטר אביו לבית עולמו ע"ה. ותאמר לו אמו בני הנה נא אני אשה אלמנה ואין בידי יכולת לקנות לך ספרים שאתה צריך, ועתה הבה נרדה מצרימה לבית דודך שהוא עשיר גדול ושם לא תחסר כלום. ויאמר לאמו הנני לעשות כל אשר תאמרי אלי אעשה. ויקומו וירדו מצרימה ויבואו בית דודו. ודודו קבלו בכבוד גדול ויהי לו לבן. וישלח ויקרא את הרב כמהר"ר בצלאל אשכנזי זלה"ה ויבקש ממנו שיהיה הנער ההוא תלמידו, ויודה לו בפרט ששמע שמעו וחכמתו, ויהי עמו עד היותו בן ט"ו שנים, ואז גברה חכמתו על כל חכמי מצרים, ואז נתן לו דודו את בתו לאשה.

ספר הזהר

ויעבור כמו שתי שנים והנה סוחר אחד בא למצרים בסחורה גדולה, וילך לבית הכנסת להתפלל וישב כנגדו ובידו ספר מכתיבת יד. ויגש אליו האר"י

זלה״ה וירא בספר ההוא סודות גדולות, וישאל לאיש ההוא מי אתה ומה מלאכתך, ומה כתוב בספר הזה הגד לי אל תכחש. ויאמר לו האיש אדוני מה אדבר ומה אומר כי ה׳ מנעני מכבוד, ואיני יודע אות אחת בתורה, כי מן האנוסים אני ולפי שראיתי אנשי הקהל כל אחד סידורו בידו, מפני הבושה לקחתי ספר זה בידי שמצאתיו זה כמה שנים אבל איני יודע מה כתוב בו. ויאמר לו הארי אחר שאינו שוה לך שום דבר, מכור אותו לי ועלי לשלם כל אשר תאמר. ויאמר לו האיש וכי מחוסר ממון אני שאמכור אותו לך אם תעשה לי הדבר הזה תשתדל עם חותנך שהוא ״המעלי״ של מצרים שיוותר לי המכס הנוגע לו מסחורתי, אתנהו לך. ולהיות שהאר״י ז״ל היה חפץ וחשוק בספר ההוא ויעש כן ויתן לו הספר ההוא.

ויקח הספר[6] ההוא וילך ויתבודד בבית אחד בחצרו שש שנים, והיה שונה בספר ההוא ומעיין בו בטרחא גדולה. ולפעמים היו אומרים לו בחלום שהבין בספר הזוהר, וכיוון לדעת הרשב״י אבל יש בו סוד אחר גדול עמוק ממנו. ולפעמים היו אומרים לו שההבנה שהבין היא הבנה נכונה, אבל אין זאת כוונת הרשב״י מפני הטעות שנפל בספר הזוהר. ולפעמים היו אומרים לו שכדי שיבין המאמר ההוא צריך סיגופים אחרים קשים מהראשונים.

ובראותו כן יצא מחצרו והלך לו להתבודד במצרים הישנה בכפר אחד על גבי המקייאץ שבצוען מצרים הנקרא אל רודא ע״י חמיו שהיה עשיר גדול, וזה הכפר היה ברשותו סמוך לנהר נילוס שש שנים אחרות. ובכל ערב שבת שהיה הולך לביתו לא היה מסיח עם שום אדם ואפילו עם אשתו, אלא בהכרח גדול היה מדבר עמה בלשון הקודש.

זכה לרוח הקודש

ועל ידי מעשים אלו זכה לרוח הקודש. ונגלה אליו אליהו זכור לטוב. ויאמר לו, הנה נא שלחני ה׳ לומר לך כל סתרי תורה, וכל רז לא אעלים ממך, ולכן חזק ואמץ ואל תפסוק ממעשיך הטובים שאם כה תעשה תהיה

---

[6] ספר הזהר

כמלאכי מרום. גם זכה שבכל לילה שהייתה נשמתו עולה למרום, היו באים מלאכי השרת ומלוין אותה עד מתיבתא דרקיעא והיו שואלים לו באיזו ישיבה הוא רוצה לילך. ולפעמים היה אומר לישיבה של הרשב״י, או לישיבה של רבי עקיבא או של רבי אליעזר הגדול, או שאר תנאים ואמוראים או נביאים. ובישיבה שהיה רוצה בה היו מוליכים אותו, ולמחר היה אומר לחכמים מה שקבל באותה ישיבה.

כשאני ישן עולה נשמתי למעלה

והעיד החסיד הקדוש כמהר״ר אברהם הלוי ז״ל שפעם אחת היה הרב ישן שנת צהריים, וראה שהרב זלה״ה היה רוחש בשפתיו בתוך השינה, והלך כמהר״ר אברהם הלוי ז״ל והטה אזנו על גבי פיו לשמוע מה ידבר הרב בחלומו, ובתוך כך נתעורר הרב משנתו ומצאו עומד על גבי פיו. אמר לו מה לך פה. אמר לו ימחול לי האדון כי לפי שראיתי שפתי האדון דובבים הטיתי אזני לשמוע מה ידבר. אמר לו הרב, תמיד כשאני ישן עולה נשמתי למעלה דרך שבילין ונתיבות הידועים לי, ומלאכי השרת מביאים נשמתי לפני מטטרו״ן שר הפנים והוא שואל אותי לאיזו ישיבה אני רוצה לילך, ובאותה הישיבה מוסרים לי סודות ורזין וגנזי התורה אשר מעולם לא נשמעו ולא נודעו אפילו בזמן התנאים. אז התחילו להפציר בו שיגלה להם איזה סוד מהם. התחיל הרב לשחוק בהם ואמר, מעיד אני עלי שמים וארץ, אילו הייתי חי שמונים שנה רצופים בלתי גוזמא, לומר מה שלמדתי בזה הפעם בפרשת האתון של בלעם, לא הייתי יכול לסיים, אם כן היאך אומר לכם סוד אחד מהם, והם בלתי נפרדים כי כל אחד כלול בחברו, לכן אל תדברו גבוהה גבוהה.

לך לגליל העליון

עד שבלילה אחד בישיבה של הרשב״י אמרו לו, מה לך בארץ טמאה זאת לך לגליל העליון צפת תוב״ב, ושם תזכה לעלות למעלה יותר גדולה. גם דע

לך שימי חייך הם מעטים, ושם תזכה לקבורה. ואת החכם כמהר״ר חיים ויטאל תמשח לנביא וחכם תחתיך, כי הוא נשמה גדולה ניצוץ של רבי עקיבא, וגם שאתה תלמידו מגלגול אחר והרבה תורה לימד אותך וצריך אתה לשלם לו שכרו וללמדו כל רזין עילאין שאתה שומע.

וישכם הרב בבקר וירכב את בניו ואת בני ביתו על הגמלים, ויקם וילך לצפת תוב״ב. וימצא שם אנשים חכמים ונבונים, מוה״ר יוסף קארו והרב משה קורדבירו והר״י אשכנזי הנקרא ״תנא גדול״ להיותו שונה תמיד המשניות בניגון, ושאר חכמים אחרים גבורים כאריות בתורה אחד מהם ירדוף אלף. ובבואו שם שכח חכמתו ונסתלקה ממנו רוח הקודש. ויחרד יצחק חרדה גדולה עד מאד, ומרוב צערו נרדם ויחלום, והנה איש עומד לנגדו ויאמר לו מה לך נרדם קום קרא אל אלהיך ועשה סיגופים וטבילות אחרים כדי שתשוב לאיתנך ותזכה למעלה יותר גדולה, כי הסגופים שעשית בארץ הטמאה אינם מועילים לארץ ישראל, כי אויר של ארץ ישראל רוחני יותר ויעש כן. ולסוף ימים נחה עליו רוח ה׳ בתגבורת שפע מבראשונה.

היה יודע וכובש נבואתו

וכל זה היה יודע וכובש נבואתו, מפני כבוד הרב משה קורדבירו שיגע הרבה בחכמת הקבלה, ובחכמתו חיבר ספר אור יקר וספר אלימה וספרים אחרים, ואם יפרסם חכמתו יניחו לו ויבואו אחריו ויהיה גנאי לו, ואין רשות לעשות כן כי אדם גדול בתורה היה ומה שחיבר בטורח גדול חיבר, ובפרט שהיה ממש נלחם עם המקטרגים המונעים אותו, והיה קם בחצי הלילה והולך לבית הכנסת ושם היה מעיין בספר הזוהר. ולילה אחד קם כמנהגו והלך לבית הכנסת, ובעוד שהיה כותב והנה דמות איש של אש עומד כנגדו ושלהבת יוצא מפיו לשורפו. מיד הוציא הרמ״ק שמות הקדש

מפיו עד שנמחה הדמות מלפניו. וכזאת וכזאת אירע לו כמה פעמים והקב״ה הצילו.

וביום שנפטר הרמ״ק ז״ל באו תלמידיו ושאר החכמים לבקרו. אמר להם דעו לכם רבותי שאיש אחד יקום אחרי ויאיר עיניכם בחכמת הקבלה, והגם שתבינו שהוא חולק על דברי אין זה אמת, כי הכל אחד אלא לפי שבימי היו צינורי הקדושה סתומים כתבתי דברי בסיתום גדול בבחינת ספירות אבל אחרי מותי יתגלו יותר הצנורות ויפרש האיש דבריו בבחינת פרצוף. ומפני זה יראה לכם שחולק על דברי, לכן אני מזהיר אתכם שלא תחלוקו עליו, כי כך קבלה נשמתו מהר סיני ובפרט שניצוץ נשמתו מהרשב״י ז״ל.

כשמוע תלמידיו דברים אלו, הפצירו בו שיאמר להם מי הוא זה ולא רצה, באמרו אחר שהוא אינו רוצה לגלות עצמו גם אני איני רוצה לגלותו. אמנם סימן אחד אני אומר לכם, שמי שיזכה לראות עמוד הענן ההולך לפני מטתי, הוא האיש אשר דיבר בו ה׳ להיות נגיד ומצוה על עמו ישראל. וכן היה שנושאי ארונו כשהגיעו לבית החיים רצו לחפור לו קבר אצל גדולי הדור ואמר להם האר״י אין זה מקומו שעמוד הענן שהולך לפני ארונו הלך להלאה ונח שם במקום פלוני, מיד הרגישו שהוא האיש אשר אמר עליו הרמ״ק ז״ל.

תבקש ממנה מחילה

אבל לא החזיקו בדבר עד מעשה שהיה שמינו חכמי צפת תוב״ב עשרה ממונים על העבירות, וכולם חכמים ונבונים, ובכללם מינו להאר״י ז״ל עמהם. ויום אחד, יום שני, השכים בבוקר אחד מן הממונים בעלייתו לקרות כמנהגו ופתח חלונו לראות אם האיר פני מזרח כדי לילך לבית הכנסת להיות מעשרה ראשונים כמנהגו, וירא והנה אשה מלובשת בגדי שבת יצאה מחצרה, אמר החכם ההוא בלבו אסורה נא ואראה אנה תלך

אשה זאת בשעה זאת. וילך אחריה וירא והנה היא נכנסת בחצר אחד אשר היה שם אדם אחד חשוד על ענין אשת איש, וכראותו כן אמר אכן נודע הדבר שהאשה הזאת הלכה שם לזנות עם אותו האיש.

מיד אחר גמר התפלה אמר לשמש שיאסוף החברים ממוני העבירות, כדי שהוא יעיד בפניהם על עבירה אחת שראה בעיניו. וילך השמש ההוא בשליחות ויאספו כולם. ויקם החכם ההוא להעיד לפניהם. ויען האר״י ז״ל ויאמר לו, סתום פיך אל תדבר סרה על בנות ישראל הכשרות, שהאשה אשר ראית היום הולכת בהשכמה, היא אשה נקיה מכל חטא וזה לך האות שקמה בהשכמה בעוד שאין איש נראה בחוץ, כדי שלא יסתכל בה שום אדם. וסיבת הליכתה שם מפני שבאותו חצר בא אורח אחד מחוץ לארץ מארץ המערב, והביא לה כתב מבעלה ומעות, ומרוב צניעותה שלחה שליח לאיש ההוא שיתן לה הכתב והמעות שהביא ולא רצה, באומרו כי כן ציוה בעלה שלא יתן אלא בידה בפרט שרוצה לדבר עמה ביחוד דברים אשר אמר לו בעלה שיגיד לה, ומילי לא ממסרן לשליח. ולכן הלכה היא בעצמה. אז נשתטח אותו חכם לרגלי האר״י ז״ל, אמר לו נעניתי לך מחול לי. אמר לו האר״י מה לך להשתטח על רגלי, לך והשתטח על רגלי האשה ההיא ובקש ממנה מחילה, שחשדת בכשרים וכן עשה. אז החזיקוהו לנביא.

אל תמנע טוב ממנו

ושומעו היה בין כל בני העיר, עד שנשמע הדבר לשני חכמים גדולים אשר היו בלתי מאמינים מפי השמועה, ויבואו ויאמרו לו מה זה יצחק שאומרים עליך שאתה צופה עתידות הגד נא אלינו. ומרוב ענותנותו כחש הדברים ויאמר, לא נביא אנכי ולא בן נביא אנכי ואיני יודע דבר. ובעודו מדבר עמהם, והנה איש עבר לפניהם ויגע בגדיו בבגדי האר״י ז״ל, ויאמר לאיש ההוא ה׳ ימחול לך שאתה מצריכני עכשיו לעשות כמה טבילות. אז החכמים ההם רצו אחרי האיש ההוא ויאמרו לו מי אתה ומה עשית שככה דיבר אליך האר״י ז״ל, אם תגיד לנו האמת דע לך שינתן תיקון לעונך, ואם

תכחש דע כי מות תמות בחטאיך. אז נבהל האיש מפניהם, ויאמר להם מה אדבר ומה אומר והאלהים מצא את עון עבדכם, ויצר הרע השיאני לבעול את אשתי בלילה הזאת שלא כדרכה. ויהי כשומעם, ויבואו הם עם שמונה חכמים אחרים ונשתטחו לרגלי האר״י ז״ל.

ויאמרו לו למען ה׳ בבקשה ממך אל תמנע טוב ממנו, והנה הננו מוכנים להיות תלמידים לעמוד לשרת לפניך ולשתות מי תורתך בצמא. מיד פתח פיו ואמר להם דברים ורמזים וסודות עליונים עד אשר נבהלו משמוע. ומאותו היום והלאה לא משו מתוך האהל, והיה לומד עמהם ביום ובלילה.

התוודעות האר״י להרח״ו

ועדיין הר״ר חיים ויטאל ז״ל לא היה שם כי אם בדמשק. ובכל לילה היה האר״י זלה״ה מביא נשמתו ומדבר עמו, ואומר לו חכם ר׳ חיים למה לא תבוא ללמוד, הלא תדע שאני באתי בעולם הזה לתקן נשמתך ולמסור לך רזין עילאין אשר לא נתגלו מיום שנברא העולם. ובבוקר היה קם הרח״ו ומספר הדברים האלו לתלמידיו ולחכמים ומלעיג, כי היה מחזיק עצמו לחכם ומקובל יותר מהאר״י. והיה עוסק בחיבור אחד שחיבר על ספר הזוהר. ויום אחד אמר בלבו, אקומה נא ואלך לפני האר״י ואבקרנו האם הוא כפי השמועה. ויקם וילך לצפת תוב״ב. מיד בבואו הלך אצל האר״י לתהות איך יפרש מאמר אחד בספר הזוהר שהוא בלתי הבנה, והוא כבר היה עומד על בוריו.

כיון ששאל הרח״ו המאמר ההוא, אמר לו האר״י ז״ל סודות גדולים הרמוזים באותו מאמר. ויהי כשמעו נבהל וכמעט שיצאה נשמתו. ושאל לו עוד על מאמר אחר לידע מה יאמר לו, ופתח הרב כמה פתחים של אורה, עד שנשאר הרח״ו לפניו כשועל לפני האר״י. אחר כך שאל מאמר אחר השיב לו הרב ז״ל ואמר לו עד כאן תחום שבת, כי אינך ראוי לשמוע יותר.

ואז יצא מלפניו בפחי נפש, ונכנס לביתו ופשט בגדיו ולבש שק והושלך מלא קומתו תוך האפר, והיה מאפיר עצמו בתוך האפר וצעק ובכה בכיה גדולה ויתפלל אל ה' שיתנהו לחן ולחסד בעיני הרב שימסור לו סתרי תורה. ובלילה ההוא לן בתענית ושק. ולמחר בא בפני האר"י ונפל על פניו ונשק ידיו ורגליו והתחיל לבכות ולהתחנן לפניו, ואמר למען ה' אל תשיבני ריקם מלפניך ואל תעזבני ואל תרחיקני ממך. אז אמר לו האר"י, היה מן הראוי שלא לקבל אותך בעבור העכוב שנתעכבת מלבוא לפני זה שלשה חדשים, אמנם האפר שהאפרת עליך בזה הלילה הועיל לך שתזכה לזאת החכמה, ולכן אל תירא ואל תחת, שלא אמנע ממך שום דבר של רזי תורה. ומאותו היום ישב בין החברים, והיה לומד ושוכח. עד שיום אחד הלך הרב עם החברים לטבריה, והשקה לו מים מבארה של מרים ואז נתקיים תלמודו.

לא ניתן רשות לכתוב זולת להרח"ו

ובכל יום בבוקר היה לומד ההלכה עם החברים, והיה הרב אומר ששה דרכים על דרך הפשט ואחד על דרך הסוד כנגד יום שבת. והיה מפלפל בטרחא גדולה עד שהיה מזיע זיעה גדולה, והיה אומר שכך צריך כדי להתיש כח הקליפות. ויום אחד אמרו לו תלמידיו, רבינו נר ישראל למה לא יחבר ספר אחד מחכמתו להאיר עיני דורות הבאים. אמר להם אילו יהיו כל הקנים קולמוסים לא יספיקו לכתוב כל חכמתי. וכשאני פותח פי לומר לכם איזה סוד שבתורה, השפע מתרבה בי כמו נחל שוטף, ואני מבקש כמה מיני תחבולות מהיכן אפתח לכם צינור אחד דק וקטן כדי שתוכלו שאת, שאם ארבה עליכם תפסידו הכל, כמו התינוק הנחנק בגרונו מחמת ריבוי החלב אשר בא לו בפעם אחת. לכן עצתי היא שכל אחד מכם יכתוב מה ששמע ממני ויהיה לכם לזכרון ולדורות הבאים אחריכם, אמנם לא ניתן רשות לכתוב זולת

להרח״ו, שהוא יודע לירד לסוף דעתי, כי הוא ניצוץ מנשמת ר׳ עקיבא. עם כל זה היה כל אחד מהם כותב מה שהוא שומע מן הרב.

התורה אינה משקרת

ופעם אחת קראו להה״ר משה משלים בפרשת וילך בפסוק ויכתוב משה, וברדתו מן התיבה הלך לנשק ידי הרב כמנהגו. אמר לו הרב ז״ל, הלא צויתיך כמה פעמים שלא תכתוב מה שאתה שומע ממני, ואינך שומע ממני. השיב הר׳ משה ואמר לא אדוני, מיום שצויתני שלא אכתוב לא כתבתי שום דבר. אמר לו הרב הרי התורה אינה משקרת שאמרה ויכתוב משה, ועוד הקונטריסים הללו שבחיקך יעידו שהם כתב ידך, אז נבהל הר׳ משה ולא היה יודע מה להשיב.

השיג בכל מיני חכמות שבעולם

וגם השיג בכל מיני חכמות שבעולם, חכמת הפרצוף, וחכמת שרטוט הידים, ושיחת דקלים, ושיחת עופות, והשלהבת, ושיחת מלאכי השרת. פעם אחת אמר הרב לתלמידים, דעו לכם שלמחר נקרא מאמר אחד בספר הזוהר והוא מאמר קשה ההבנה, לכן תעיינו בו היטב. אז כל אחד נתבודד לבדו לעיין בו, מיד הבינוהו ויאמרו איש אל אחיו הנה הרב צוה לנו לעיין המאמר ההוא, והנה נראה לנו שהוא בלתי קושיא, לכן נפלפל בו אולי נמצא בו שום קושי, וכן עשו ולא מצאו שום דבר. וכשראו כן אמרו זה לזה בודאי שלא דבר ריק הוא מה שאמר לנו הרב, נעיין בו פעם אחרת אולי אנו טועים בהבנתו, וכן עשו שנים שלשה פעמים ולא נתחדש להם שום דבר. למחר אמר להם הרב עיינתם אותו מאמר, אמרו לו כן אדוני. אמר להם כולכם שוים בהבנתו או כל אחד מבין הבנה אחת. אמרו לו רבינו כולנו שוים בהבנה אחת כי זה המאמר נקל להבין, והננו תמהים בדברי רבינו שאמר שהוא קשה ההבנה, בודאי שיש איזה טעות בלשון אבל אם אמת הוא נוסח זה אין לו הבנה אחרת זולת מה שעייננו בו. אמר להם הרב

אין שום טעות בנוסח זה, לכן יאמר אחד מכם מה שהבין. ובעוד שהיה אחד מהם אומר הבנתו והנה באו עופות הרבה והיו מקרקרין עד שנשמע קולם למרחוק, וכשמוע הרב קולם שחק, ואמר לחברים דעו לכם שאלו העופות הם נשמות של צדיקים שבאו ממתיבתא דרקיעא לומר לכם שאתם טועים במאמר ההוא, כי כפי הבנתכם יש קושיות גדולות שהם כך וכך, לכן דומו ואומר לכם הבנה נכונה בו. אז אמר להם הבנתו על נכון כדי לזכותם. ויהי כשומעם אותה ההבנה כי נעמה, אמרו זה לזה וכי סומים היינו שלא ראינו בהבנתנו קושיות אלו אשר שמענו, והיכן היתה זאת שלא ראינוה. אז אמר להם הרב שמא אתם מסתפקים בהבנה זאת, הלא תדעו שיש סוד אחר גדול מן הראשון שהוא כך וכך. מיד נפלו על רגלי הרב ונשקום, ויאמרו יחי המלך יראה זרע יאריך ימים.

משלהבת הנר

גם פעם אחת בליל שבת נכנס הרב לפני החכם ר׳ יוסף אשכנזי הנקרא תנא הגדול, ומצאו שהיה לומד המשניות על פה כמנהגו, ובאמצע הלימוד התחיל הנר לפעפע כדרך הנר הנופל למים, ועשה כן כמו חצי שעה. וכשיצא הרב והלך לביתו מצא לכמה״ר אביגדור בנו של הר״י אשכנזי הנזכר, אמר לו אחיך הקטן איך שלומו, אז נבהל להשיב ואמר למה אדוני שואל עליו הנה הוא ישן במטה בקו הבריאות, אמר לו הנר ספר לי שבשבוע זה יפטר לבית עולמו, וכן היה.

שירטוט הידים

הגם שהיה הרב לומד עם הרח״ו ז״ל כל מה שהיה רוצה, עם כל זה ביקש ממנו כמה פעמים שילמדהו חכמת שרטוט הידים, והיה הרב דוחה אותו בדברים, ואומר לו מה אתה מבקש ללמוד חכמה זרה, די לך בחכמת הקבלה אשר בה תבין כל מה שתרצה. עם כל זה לא נחה דעתו בדברים אלו, עד שיום אחד קרא [הרח״ו] לאלמנה אחת ענִיה, ואמר לה אני שואל

ממך שלמחר שהוא יום פורים תבואי לפני הרב עם בתך הנערה ותאמרי לו אדוני מעות פורים תן לי, ואם יאמר שכבר נתן לך, אז תאמרי לו שאינך רוצה שום דבר כי אם בתורת צדקה שיעשה עמך שיסתכל בשרטוט ידי בתך, שאין לך אחרת בלעדה ורצונך לדעת מה יעבור עליה. והרי לך שני זהובים שכר טרחך. ומה שעשה כן הרח״ו הוא למען ילמוד ממנו זאת החכמה, שבשעה שיסתכל הרב ויאמר זה השרטוט מורה לעושר או להיפך וזה מורה לאורך ימים או להיפך וכן כיוצא בזה, מתוך כך ישיג החכמה ההיא.

למחר היה יושב הרב ודורש לחברים דרוש פורים והרח״ו ז״ל היה גם כן שם לפניו. ונכנסה האשה ההיא עם בתה ואמרה לו, אדוני יודע שכל הפושט ידיו ביום הזה ליטול נותנים לו, וכל שכן לעניה כמוני. ענה הרב ואמר לחברים, תנו לה חסרונה כדי שגם היא תקיים סעודת פורים. השיבה היא ואמרה, לא בשביל מעות באתי שהגם שאני עניה מעולם לא שאלתי שום דבר משום אדם, אלא אני פרנסתי את עצמי ממעשה ידי, אבל הצדקה ששאלתי שהאדון יסתכל בידי בתי ויאמר לה מזלה כי אין לי אחרת הימנה. השיב לה הרב ואמר, לא יועיל בדבר זה תחבולות הח״ר חיים, כי כבר ידעתי שבעצתו באת, ואפילו הכי להוציאך בלא כלום אי אפשר, אלא תפתח הנערה ידיה על העמוד הזה רחוק ממני ד׳ אמות, ואני אומר לה מזלה, וכן עשתה ואמר לה הרב כל מה שעבר עליה מיום היותה עד היום ההוא, ומה שעתיד לעבור עליה עד יום מותה. והרח״ו ז״ל נבהל בדבר ההוא ולא היה יכול להרים ראש כנגד הרב.

מכיר במצח

והיה מכיר במצח האדם עוונותיו, ומה נשמה יש בו ועל מה בא בעולם הזה לתקן. והיה יודע מה שעבר על האדם ומה שעתיד לעבור, וכל זה כהרף עין. גם היה יודע מה שעבר האדם עבירות מזמן קטנותו עד היום ההוא. פעם

אחת היה הרח״ו חולה מכאב העינים יותר משלשה חדשים, ושאל להרב מה היא הסיבה, אמר לו מפני שהיה מסתכל ברב בשעת קריאת שמע וברכת כהנים, שאז הוא היה מכוין כוונה גדולה והשכינה שורה עליו, ולכן חלה זמן הרבה. ואם יקבל עליו שלא יסתכל עוד יתרפא, וקבל עליו ומיד נתרפא.

וכן פעם אחת היה עשיר אחד חולה בחולי הכתף, ונלאו הרופאים מלרפאותו, ושאל לרב ואמר לו מפני שהוא מוכשל באחד משלש תכיפות, כנודע מדברי רז״ל, ואם יקבל עליו ליזהר מכאן ולהבא יתרפא. וכן עשה ונתרפא. גם פעם אחת זימנו להרח״ו זלה״ה לסעודת אירוסין והלך לשם ואכל ושתה, ואחר כך בא וישב לפני הרב. אמר לו הרב היום הזה אכלת חצי שרץ אחד, ואם לא תאמין תוציא חצי הגלוסקא ששמרת לאשתך, ואראה לך חצי השרץ שנשאר שם, מיד הוציאה וחתכה לשנים וראה חצי נמלה נתון בה מאותו היום והלאה לא רצה לילך לשום סעודה.

וכן פעם אחת אמר לו הרב שנראה במצחו אל״ף ב״ית כתוב ביושר והגימ״ל היה מהופך. ושאלו הסיבה ואמר לו מפני שצריך לגמול חסד עם אביו. גם צווהו על מצות עונה, ואפילו בימי עיבור ויניקה שגם בזמנים אלו יש זיווג עליון כמבואר בספריו.

בא לנסות את הרב

היה שם בצפת ת״ו עשיר אחד מקושטנדינה יע״א אשר בא לחוג את חג המצות, ושמע הדבר ההוא ותמה מאד על ידיעת הרב, ויאמרו לו ולא זו בלבד עשה הרב, ויספרו לו ויאמרו כמה וכמה. ובחזרתו לקושטנדינה סיפר שם המעשים של הרב, ואיך הוא מגלה לאדם העוונות אשר עשה מנעוריו. והיה שם אדם אחד שלא הניח עבירה שלא עשאה, ויאמר בלבו אלך לצפת תוב״ב לפני הרב ואראה אם יגיד לי העבירות שעשיתי אשוב בתשובה על ידו ואקבל עלי כל מה שיגזור עלי, ואם לאו אדע דלית דין ולית דיין אלא עולם כמנהגו נוהג. אז יצא לו מקושטנדינה וישב לו באמצע הדרך במקום

אשר היה שם נהר, ויאכל וישת ויקח בידו כוס אחד של יין, ויאמר חכם ר׳ יצחק אני שותה כוס זה לחייך ולחיי החברים שלך. בעודו שם אמר הרב לחברים חברים, דעו לכם שזה כמה ימים יצא אדם רשע מקושטנדינה ובא אלי לנסות אותי, והנו עתה במקום פלוני אוכל ושותה כוס של יין לחייכם ולחיי, וביום פלוני יבוא, הנה וכך וכך תוארו ודמותו, לכן כשיבוא וישאל עלי הביאוהו לפני, כי הוא נשמה גדולה ניצוץ מאחאב מלך ישראל, ועל ידי יתוקן. לימים בא האיש ההוא וישאל על הרב ויביאוהו החברים לפניו.

ויהי בבואו לפני הרב נבהל כי ירא מהביט בפני השכינה. ויגש אליו ויאמר, האתה האיש הרואה המגיד לבני אדם עוונותיו ויאמר אני וחכמת אלהים היא להנהיג האדם במעגלי יושר וצדק. אז אמר לרב תדע לך שאני רשע גדול ואם תגיד לי מה שעשיתי, אדע נאמנה כי רוח ה׳ דבר בך. אז אמר הרב לחברים שיצאו כולם שלא יתבייש לפניהם, ויצאו כולם. אז אמר לו הרב, אתה נקרא פלוני בן פלוני, וביום פלוני במקום פלוני עשית עבירה פלונית, וביום פלוני כך וכך, עד הגיד לו כל מה שעשה מיום היותו עד היום ההוא, ואפילו שיחה קלה שהיה בינו לבין אשתו הגיד לו. ויהי כשמעו, ויפול לרגלי הרב ויאמר כן דברת, וחטאתי עויתי ופשעתי, ועתה תן לי תקון לעוונותי, וחי ה׳ אם תאמר לי שאין לי תקון בלתי הרג או חנק אקבל עלי לכפרת עוונותי. אז נתן לו הרב תקונים הרבה בתעניות טבילות ולבישת שק על מתניו וללמוד בכל יום עשרה דפים מן הזוהר, הלשון לבד בלתי שום הבנה ומן היום ההוא והלאה היה בעל תשובה גמורה ומת בתשובתו.

נשמות הרשעים המגולגלים

היה יודע אם הנשמה ההיא היא מגולגלת שני גלגולים או אחד. או אם אותה נשמה היא מתנאים או מאמוראים או גאונים או נביאים. וכן היה יודע בנשמות הרשעים המגולגלים בעצים ובאבנים, ובחיות השדה ובשקצים וברמשים ובעופות טמאות וטהורות.

אריז"ל

פעם אחת הלך הרב עם החברים לעין זיתון להשתטח על קבר רבי יהודה בר אלעאי. כיון שהגיע לאילני זיתים ותאנים אשר שם סמוך לציון הנזכר, והנה עורב אחד בא ונח בענף האילן כנגד הרב, וקרא כמה פעמים, אמר הרב להר"מ הכרת אדם אחד שהיה גובה מסים בצפת תוב"ב ושמו שבתאי, אמר לו הר"מ הכרתי אותו, ואדם רשע היה ואכזר היה על העניים, אמר לו הרב הנה נשמתו מגולגלת בזה העורב, ועכשיו אומר לי שהוא פלוני ובשביל אכזריות שהיה נוהג עם העניים בגביית המסים שהיה פושט הגלימה מעליהם והמשכונות מתחת ידיהם, לכן נענש בצער זה שהוא מגולגל בעורב ומבקש ממני שאתפלל עליו. מיד גער בו הרב ואמר לו רשע לך לדרכך, מיד פרח והלך לו.

רשע שנתגלגל בעכבר

פעם אחת היה הרב יושב עם החברים. אמר להם הכרתם פלוני בן פלוני, אמרו לו הכרנוהו שהיה רשע גדול ומלשין. אמר להם מפני חטאו נכנס בגלגול עכבר. אז צוה הרב ותיקנו תיבה שצדין בה עכברים, מיד נכנס אותו עכבר ודיבר עמו הרב לעיני החברים ואמר לו, רשע מה היית חושב כשהיית בעולם הזה מלשין עניי ישראל שאין דין למעלה. השיב ואמר חטאתי אדוני חמול עלי והתפלל אל ה' שיוציאני ממסגר זה ואכנס לגיהנם, ושם אקבל עונשי ולא בכאן שיש לי צער גדול. אמר לו הרב עדיין אינך ראוי ליכנס לגיהנם כי גזל הרבים בידיך, וצוה הרב שיפתחו התיבה ויצא אותו עכבר ונכנס לחורו.

בלק ובלעם שנתגלגלו בעורבים

פעם אחת נחו שני עורבים על אילן אחד, והנוצה שלהם נמרטה. אמר הרב שני עורבים אלו הם בלעם ובלק, שהוציאום עכשיו מגיהנם להוליכם לגיהנם אחר יותר קשה, ובאו אלי שאתפלל עליהם ולוותר להם עלבוני.

אריז"ל

ויגער בהם הרב ויאמר להם, רשעים בעולם הזה רציתם לעקור את ישראל, ועכשיו בצר לכם באתם אלי שאקבל אתכם, לכו לדרככם. מיד פרחו והלכו להם.

גלגול בדומם

וכן פעם אחת עבר הרב לפני בית הכנסת הגדול שבטבריא, והראה לחברים אבן אחת בנויה בקיר, ואמר בזו האבן יש נשמה אחת מגולגלת ואומרת לי שאתפלל עליה, כי זהו פירוש הפסוק כי אבן מקיר תזעק.

גלגול דתן ואבירם

גם היו שני בני אדם דרים בשכונת הרב והיו תמיד מתקוטטים עמו, אמר להם הרב עדיין לא תשובו מדרכיכם הרעים, אם ארצה עכשיו אעשה שתפתח הארץ את פיה ותבלע אתכם, אז שאלו החברים למה אמר להם כך, אמר להם שהם מגלגול דתן ואבירם ועדיין עומדים במרדן להתקוטט עמו, שהוא היה מניצוץ משה רבינו ע"ה לכן אמר להם כן.

עיבור נשמה

פעם אחת היה הרב יושב והחברים לפניו, ונכנס הרב כמהר"ר שמואל אוזידה שחיבר ספר מדרש שמואל על פרקי אבות, לדבר עם הרב על עסק אחד, והיה עדיין רך בשנים. ויהי כראותו הרב, קם מלא קומתו ואמר לו ברוך הבא, ולקחו מידו והושיבו לימינו, ודיבר עמו כל צרכו. ולאחר שיצא אמר הרח"ו אדוני לא אוכל להתאפק מלשאול למה זה האדון חרד כל החרדה הזאת מפני החכם הבחור הזה, מה שלא עשית כן פעם אחרת מה היום מיומים. אמר לו הרב, בחייך לא מפני הבחור הזה חרדתי, אלא מפני ר' פנחס בן יאיר שנכנס עמו, שביום הזה נתעברה בו נשמתו מחמת מצוה אחת שעשה היום, שהיה ר' פנחס בן יאיר עושה, ולזה נתעברה בו נשמתו לחזקו ולעזרו במצוה זו.

וכשמוע הרח״ו דבר זה רץ מהרה אחר הרש״א הנזכר, והשיגו ואמר לו בחיי דמר שתגיד לי מה מצוה עשית היום, שכך וכך אמר הרב עליך. אמר לו בחייך המצוה שעשיתי היא שקמתי היום בהשכמה לילך לבית הכנסת להיות מעשרה ראשונים כמנהגי, ובדרך עברתי על בית אחד, שמעתי קול בכיה גדולה בפנים ואמרתי אסורה נא ואראה על מה הם בוכים, ואביט ואראה והנה כולם ערומים מחמת שבאו עליהם גנבים בלילה זו וגנבו כל אשר להם אף מלבושיהם הפשיטו מעליהם ונכמרו רחמי עליהם, ופשטתי מלבושי מעלי והלבשתי לבעל הבית וחזרתי לביתי ולבשתי בגדי שבת והנך רואה בעיניך בגדי שבת עלי. מיד נשקו על פיו, והלך וספר המעשה ההוא להרב ז״ל ואמר לו כן הוא ובסיבת מצוה זו נתעברה נשמתו.

מעשה הוצאת הרוח

מעשה היה בימי הרב זלה״ה שהיה בחור אחד חולה כמה שנים, והיו הרופאים נכנסים ויוצאים לרפאותו ולא יכולו, ואמרו השכנים לאביו אולי יש בו איזה רוח ואמר אביו ח״ו והלא הוא חולה בקדחת גדולה, ומי שיש בו רוח אינו שורף באש כמוהו. והשכנים הפצירו באביו עד שהלך אביו של הבחור אל הרב וחילה פניו והביא בנו לפניו, ובבואו החזיק הרב בדופק ואמר שיש בו רוח, ואם אינכם מאמינים אעשה שידבר בפניכם, מיד השביע הרב לרוח ודיבר לפניהם ואמר שהוא פלוני בן פלוני. ושאל לו הרב למה נכנסת בו, והשיב הרוח מפני שבגלגול אחר זה הנער היה גבאי של צדקה ואני הייתי איש עני ושאלתי ממנו פעמים שלש צדקה ולא רצה ליתן לי עד שמת ברעב, ועתה ניתן לי רשות כיון שהוא היה סיבת מיתתי, גם אני אהרגנו.

אז אמר לו הרב שיצא ממנו, שמאחר שבאה נשמתו בגוף אחר נחשב לאיש אחר ואינו חייב שום דבר, וכך אמר לו הרב אם תצא ברצונך מוטב ואם לאו אוציאך בעל כרחך. וכראות הרוח צרת נפשו אמר שיצא ברצונו הטוב, אך בתנאי שלא יראה לפני אותו בחור שום אשה עד מלאת לו שבעה ימים

רצופים, ואם יראה לפניו שום אשה מיד אמיתהו. ויאמר הרב לאביו ולאמו שמעו דברי הרוח הזה אשר דיבר אם אתם יכולים לקיים תנאי זה אשתדל להוציאו, ואם לאו אמנע מעשות זאת. השיבו אביו ואמו יצא, ואנחנו נשמור הילד כל שבעת הימים. חזר הרב והזהירם פעם אחרת והודו לו. מיד יצא הרוח ממנו, ובסוף שלשה ימים קם הבחור ההוא על רגליו ויתהלך בבית. אז נשמע הדבר לדודתו שהיתה בצידון, ובאת לשמוח עמו שנתרפא מחוליו, וביום השביעי הגיעה לצפת תוב״ב ובאה ונכנסה בבית הבחור ההוא, ואין איש מאנשי הבית, שם בבית שכולם נטרדו להכין סעודה לאורח אשר בא, והניחו הבחור ההוא בלתי שומר. אז דודתו מצאה לבחור ההוא ישן ותפול על פניו ותשקהו, ובעודה נושקת אותו צעק הבחור לפי שהרוח נכנס בגרונו וחנקו. וכשמוע הרב זה עשה קפיצת הדרך והלך לו שלא יתפרסם הדבר בין הגוים.

רוח שנכנס באלמנה

עוד מעשה אחד ברוח אחד שנכנס באלמנה אחת, וציער אותה הרבה ולקול צעקתה היו באים אנשים ונשים הרבה, לבקש מן הרוח שיניח לאלמנה ההיא במנוחה, כי היא אשה עניה וצריכה לעשות מלאכה לפרנס עצמה היא ובניה. והרוח ההוא קם כנגד המדברים ואומר לכל אחד ואחד מעשיו הרעים באותות ובמופתים, והיו מתביישים ויוצאים. יום אחד נכנס לשם הח״ר יוסף אשכנזי, מיד אמר לו הרוח ברוך הבא, זוכר אני שהייתי תלמידך במצרים זמן רב ושמי פלוני בן פלוני והרבה הוכחתני על מעשי הרעים, ולא שמעתיך, ועכשיו אני בצער גדול כאשר אדוני רואה כי יש לי צרה ממלאכי חבלה ממה שסובלת זאת האשה, ומה אעשה גדול עווני מנשוא. וכראות קרובי האשה צרת נפשה, באו ונשתטחו לרגלי הרב וחילו פניו שילך עמם להוציאו, והרב להיות שלא היה לו פנאי וגם שהיה חולה שלח להרח״ו וסמך ידו עליו ונתן לו כוונות להוציאו, וגם צוהו שיגזור עליו נדויין וחרמות ויוציאנו בעל כרחו.

אריז"ל

והנה כשנכנס הרח"ו בבית האשה הפכה פניה אל הקיר, אמר הרח"ו רשע למה הפכת פניך אל הקיר, אמר הרוח מפני שאיני יכול להסתכל בפני השכינה, מיד גזר עליו שיהפוך פניו אליו, וכן עשה. אמר לו הרח"ו מה פשעך ומה חטאתך שהענישוך בעונש זה, השיב הרוח ואמר בעון אשת איש ועוד שהולדתי ממנה ממזרים, וזה לי כמו כ"ה שנים שאני הולך נע ונד בארץ ולא הונח לי אפילו רגע אחד, ושלשה מלאכי חבלהיא הולכים תמיד עמי לכל מקום שאני הולך ומענישים אותי במכות ויסורין קשים, ומכריזים לפני ואומרים ככה יעשה לאיש אשר ירבה ממזרים בישראל. עוד אמר לו הרוח להרח"ו אין אדוני רואה שלשתן, אחד על ימינו ואחד על שמאלו ואחד מכה אותו מכות מות. שאל אותו הרח"ו והלא אמרו רז"ל משפט רשעים בגיהנם[7] י"ב חודש, אמר לו הרוח שדין גיהנם הוא לאחר שסבלו כל העונשים בגלגולין או בשאר עונשים, ואחר כך מכניסים אותו לגיהנם ועומד שם י"ב חודש להסיר כל הכתמים שיש באותה נשמה, כדי שיהיה מוכן ליכנס לגן עדן, וצער גיהנם אינו אחד משלשה חלקים שסובל חוץ לגיהנם. שאל עוד הרח"ו ואמר לו איך היתה מיתתו, השיב הרוח שהיה בחנק כי יצא מנא אמון עם יהודים הרבה בספינה אחת ללכת למצרים, ובבוא הספינה למקום חיבור הים עם הנהר נשברה ונטבע ומתו. שאל עוד הרח"ו ואמר לו למה לא אמרת הוידוי בשעת יציאת נשמה והיה מועיל לך הרבה השיבו הרוח ואמר לו לא הספיקו בידי לומר הוידוי שמיד נכנסו המים בגרונו ונטרפה דעתו ולא יכול לומר הוידוי.

שאלו עוד הרח"ו ואמר לו מה דין נעשה בך אחר יציאת הנשמה, השיבו הרוח ואמר יודע לאדוני כי כשנודע הדבר לאנשי מצרים, יצאו חברים קברנים והוציאו אותם מן המים וקברום במצרים, ואחר שהלכו להם החברים, תכף ומיד בא מלאך אחד אכזר ושבט של אש בידו והכה בחזקה על הקבר, מיד נבקע הקבר לשנים ואמר לו אותו מלאך רשע קום לדין,

---

[7] גיהינום — מקום או מצב של עינויים או סבל, מקום מושבן של נשמות אשר נידונו למוות

מיד נטל אותו וישימהו בכף הקלע וקלע אותו בקליעה אחת ממצרים עד פתח גיהנם שבמדבר, ואז יצאו מגיהנם אלף אלפים רשעים וכולם צעקו עליו ויאמרו צא צא מכאן איש הדמים ועוכר ישראל, כי עדיין אינך ראוי ליכנס בכאן, מיד קלעו אותו מהר להר ומגבעה לגבעה, ותמיד אלו הג׳ מלאכי חבלה מכים אותו ומכריזים לפניו ככה יעשה לאיש אשר ינאף את אשת רעהו והרבה ממזרים בעולם, ולקול הכרוז יוצאים מלאכי חבלה אחרים ורוחות אחרים ושדין ולילין ומכים אותו מכות גדולות ונאמנות נוספות על המכות מהג׳ מלאכי חבלה הבאים עמו תמיד, זה מושך אותו הילך וזה הילך עד שמתפרקים כל חוליות נשמתו, והולך נע ונד בארץ עד עיר הורמוז, והיא עיר גדולה קרובה לארץ הודו ובה יהודים הרבה והיה כוונתי ליכנס בגוף יהודי אחד מהם כדי להנצל מצרתי.

וראיתי שאותם היהודים כולם רשעים גמורים ורובם בועלי נידות ושאר עבירות אחרות, ולא יכולתי ליכנס בם מפני הטומאה השוכנת בגופם פן תוסיף על טומאתו ויהיה לו נזק על נזקו ובכן חזרתי לילך מהר אל הר ומגבעה לגבעה עד שבאתי למדבר עזה ושם מצאתי אילה אחת מעוברת, ומרוב צערי נכנסתי בגופה, וזה היה אחר ז׳ שנים שעברו עלי צרות רבות ורעות, וכאשר הייתי בגוף האילה הייתי בצער גדול כי נפש הבהמה ההולכת על ארבע ונפש האדם ההולך בקומה זקופה אינם יכולים להתקרב זה בזה, ולא יכולתי להתאפק עד שעשיתי לאילה ההיא כמו משוגעת, ובשגעונה הלכה מהר אל הר עד בואה לצפת תוב״ב, ויצאו אנשים הרבה לראות אותה ובכללם יצתה זאת האלמנה, ובראותי מעשיה כי נעמו נכנסתי בגופה, וזה לה שתי שנים שהוא בגופה.

אמר לו הרב עד מתי יהיה לך הצער הזה, וכי אין לך תקומה לעולם, השיב לו הרוח ואמר עד שימותו כל הממזרים אשר הולדתי, כי כל זמן אשר הם חיים וקיימים אין לי תקנה. אז כל העם הנמצאים שם עם רב עד מאד בכו כולם בכי הרבה, כי נפל פחד הדין עליהם, ונעשה התעוררות רב וגדול בכל המדינה מאותו מעשה .אז שאל לו הרב מי נתן לך רשות שתכנס בגוף

אריז"ל

האשה הזאת, השיב הרוח ואמר לנתי לילה אחת בביתה, ובאשמורת הבקר קמה האשה הזאת ממטתה והיתה רוצה להוציא אש מן האבן, והברזל והסמרטוט השרוף לא קיבל הניצוצות, והפצירה האשה עד מאד ולא עלה בידה, אזי נתכעסה האשה כעס גדול עד מאד, והשליכה האבן והברזל והסמרטוט השרוף הכל מידה לארץ, ואמרה בכעס[8] גדול תהא לשטן, ותכף ומיד נתנו לי רשות ליכנס בגופה.

שאל אותו הרב ואמר וכי בשביל עון קל כזה נתנו לך רשות ליכנס בגופה, השיב הרוח ואמר תדע אדוני חכם שזאת האשה אין תוכה כברה, כי היא אינה מאמנת בניסים שעשה הקב"ה לישראל ובפרט ביציאת מצרים, ובכל ליל פסח שכל ישראל שמחים וטובי לב ואומרים הלל הגדול ומספרים ביציאת מצרים, הוא הכל בעיניה היתול ושחוק, וחושבת בליבה שמעולם לא היה נס כזה. מיד אמר הרב לאשה פלונית מאמנת את באמונה שלמה שהקב"ה יחיד ומיוחד וברא שמים וארץ ובידו כח ויכולת לעשות כל אשר חפץ ואין מי יאמר לו מה תעשה.

השיבה האשה ואמרה הן אני מאמנת את הכל באמונה שלמה, עוד אמר לה הרב את מאמנת באמונה שלמה שהקב"ה הוציאנו ממצרים מבית עבדים וקרע לנו את הים ועשה לנו נסים הרבה, השיבה האשה הן אדוני החכם אני מאמנת הכל באמונה שלמה, ואם היה לפעמים לי דעת אחרת אני מתחרטת עליו והתחילה לבכות. מיד גזר הרב על הרוח שיצא וגזר עליו שלא יצא דרך שום אבר שיעשה לה היזק, כי אם דרך אצבע קטנה שברגל שמאל והטעם הוא שמהאבר שהוא יוצא אותו האבר מתבטל לגמרי. וכוון הרב בשמות שמסר לו רבו, מיד נתנפח האצבע ונעשה כלפת ויצא דרך שם. אח"כ בא הרוח כמה לילות בחלוני הבית ובפתח הבית והבהיל את האשה לחזור וליכנס בגופה, וחזרו קרובי האשה אל המקובל האר"י זצ"ל, אז חזר הרב ושלח את תלמידו מהר"ר חיים הנזכר וצוה עליו לבדוק את המזוזה אם כשירה היא אם לאו.

---

[8] הכעס מרחיק את הקדושה ואת ההגנה של הגוף מהכוחות השליליים.

הלך מהר״ר חיים לבדוק את המזוזה ומצא את הפתח בלא מזוזה, מיד צוה הרב לקבוע מזוזה כשירה בפתח ועשו כן ומשם ואילך לא חזר עוד. אז צוה הרב להרח״ו ואמר לו השמר מאד לעצמך ואל תלך בזמן חשך ואפלה בשוק, שהרוחות הם בכעס גדול עמך ובפרט אותו הרוח שהיה באלמנה יוצא בכל לילה להרגך בשביל שהוצאת אותו בעל כרחו. גם צריך שתדע שאתה מניצוץ קין וכשאתה נוער מלבושך כל הקליפות בורחים מלפניך. והרח״ו לא שת לבו לדברים אלו, עד שפעם אחת היה בבית הרב כמו שתי שעות מהלילה, ואמר לו הרב חכם ר׳ חיים ראה שחשכה הלילה ואיך תלך לביתך, ואמר לו כשאני פורש ממך כמי שפורש מן החיים, ואז יצא מלפניו, והרב ליוהו נגד פתח החצר.

ובעודו עובר ברחוב ראה והנה חמור גדול בא כנגדו, וייָרא מאד לנפשו, ועם כל זה לא נמנע מלילך לדרכו, והוא היה הולך והחמור היה מתקרב אליו ובהגיעו אליו מן המורא נפל לארץ, ובא בידו עליו ונתייבש ידו ולא יכול להשיבה אליו, גם נדמה לו כאילו נפל בטיט היון וינער בגדיו מן הטיט ואז הלך מלפניו. אז נזכר מה שאמר לו הרב והלך לביתו. ובאותו הלילה לא באה שינה בעיניו מכאב היד, ובבוקר קם בהשכמה והלך לפני הרב מיד בבואו אמר לו הרב איך נצלת מאותו חמור שהוא היה הרוח של האלמנה והוא בכעס גדול עמך, ואני ידעתי זאת ולכן לויתי אותך עד פתח החצר ולא נכנסתי לבית עד שנכנסת אתה לביתך, ואילו לא עשיתי לך כן לא היית ניצול ממנו, ולמה לא תחזיק בדברי שאמרתי לך כשאתה מנער כסותך פורחים מלפניך כל מיני מזיקין. מיד שם ידו על זרועו וישב ידו כבראשונה. ומאותו היום והלאה לא היה יוצא יחידי בלילה, וכשהיה רואה שחשכה היה נשאר בבית המדרש של הרב. וכאלה רבות מעשים שאירעו בימי הרב, הרי מעשה רב שהיה מוציא רוח רעה מן הגוף.

יחודים

גם היה יודע מחשבות בני אדם, ומתיר נשמתם מגופם ומדבר עמהם. גם היה יודע לעשות יחודים בקברי צדיקים, ומשתטח על קבריהם בפישוט ידים ורגלים, ומוריד נפש רוח ונשמה של אותו צדיק ומחייהו ומדבר עמו, והיה הצדיק ההוא מגלה לו סודות ורזין עילאין שנתפרשו במתיבתא דרקיעא.

פעם אחת מסר להר״י הכהן, ואמר לו שילך לעין זיתון ויעשה יחוד[9] ההוא על ציון ר׳ יהודה בר אלעאי, והוא יגלה לו סוד גדול במאמר אחד של ספר הזוהר, ובלבד שלא ידבר עם שום אדם וכן אל ישיב שלום לשום אדם.

והר״י הכהן בא ונשתטח על ציון קבר התנא הנזכר ועשה אותו יחוד שמסר לו הרב, והתנא הנזכר לא השיבו כלום. ובראותו כן חזר בפחי נפש, וישב לפני הרב ואמר לו, באתי לציון קבר התנא הקדוש ועשיתי ככל אשר צויתני ואין קול ואין עונה, מיד גער בו הרב ואמר לו אילו השגחת על דברי היה מדבר עמך, וכי איני יודע שבמקום פלוני דברת עם עברית אחת ולא די שקדמתך בשלום אלא שאתה הקדמת ושאלת בשלומה, ובכן נזכר הר״י הנזכר והודה לדברי הרב ז״ל.

גם פעם אחת מסר הרב יחוד אחד להרח״ו, ואמר לו שילך לכפר חוקא״ב אשר שם קברי אביי ורבא וישתטח על קבריהם ויעשה אותו יחוד והם יגלו לו סודות נפלאים. וילך הרחי״ו לדרכו ובאמצע הדרך ישב לחזור היחוד, ההוא כדי שיהיה שגור בפיו, אחר כך קם והלך עשה מה שעשה. כשחזר ובא לפני הרב עמד לו הרב, על רגליו ואמר לו ברוך הבא והושיבו לימינו ועשה לו כבוד גדול, עד שהיה הדבר פלא בעיניו.

ולא היה הרח״ו יכול להתאפק עד ששאל את הרב ואמר לו, מה היום מימים שעשה לי האדון כל הכבוד הזה, אמר לו הרב לא למענך עשיתי אלא למען בניהו בן יהוידע שנכנס עמך קמתי מפניו. חזר ואמר הרח״ו לרב מה

---

[9] איחוד של שמות או אותיות כדי לעורר פעולה על טבעית או תגובה

אריז"ל

עשיתי שבא עמי בניהו בן יהוידע, והלא היחוד שמסר לי האדון היה לאביי ורבא והם היו צריכים לבוא עמי ולא בניהו. אמר לו הרב כשישבת באמצע הדרך לחזור היחוד במקום ההוא, הוא ציון קבר בניהו, ואביי ורבא הם מניצוץ נשמתו, וכיון שהזכרת אותם הכוונות בפיך שנוגעים לניצוץ נשמתו קם ונתעורר ובא עמך.

ולאחר ימים הלך הרב עם החברים לכפר עוכבאי, ובאמצע הדרך אמר הרב לחברים, כאן הוא ציון בניהו בן יהוידע, אז נזכר הרח"ו שישב במקום ההוא לחזור היחוד שמסר לו הרב.

ועוד גילה לחברים ציון קבר ר' כרוספדאי הנזכר בספר הזוהר, וציון קבר רבי פנחס בן יאיר, ושאר תנאים ואמוראים ונביאים שלא נודעו לשום אדם עד היום ההוא.

רצה לילך לירושלים עם החברים ולהביא הגאולה

יום אחד בערב שבת יצא עם החברים לקבל שבת כמנהגו, אמר לחברים נלכה נא עתה לירושלים, ושם אני יודע היכן אפר פרה גנוז ונזה עלינו ונטהר עצמינו מטומאת מת ונבנה בית המקדש ונקריב קרבן שבת, כי רואה אני ששעה זאת הוא קץ אמיתי לגאולה. מקצת מהחברים אמרו איך נלך לירושלים בשעה זאת והיא רחוקה ממנו יותר משלשים פרסאות, וקצתם אמרו טוב הדבר הננו מוכנים לילך, אלא נלך קודם ונודיע הדבר לנשותינו שלא ישימו לב אלינו ואחר כך נלך.

אז צעק הרב ובכה ואמר לחברים איך הועיל קטרוג השטן לבטל גאולתן של ישראל, מעיד אני עלי שמים וארץ שמזמן הרשב"י עד היום לא היתה שעה הגונה לגאולה כשעה הזאת, ואילו הייתם מודים בדבר זה, היה בית המקדש נבנה ונדחי ישראל היו מתכנסים לתוך ירושלים, ועכשיו עברה אותה שעה ונכנסו ישראל בגלות מחדש. וכשמוע החברים דבר זה נתחרטו ממה שעשו ולא הועיל להם.

תלמיד אחד שרצה לילך לעיר אחרת

פעם אחת היה תלמיד חכם בצפת תוב״ב ורצה ללכת לעיר אחרת, וקודם שהלך בא להקביל פני החכם להפטר ממנו ולהודיעו שרוצה ללכת לדרכו, כשנכנס לפניו ישב לו מעט, וקודם שפתח פיו לדבר, קדמו הרב ואמר לו, חכם כבודך רוצה ללכת לעיר פלונית, אמר לו כן אדוני, אמר לו רצונך לדעת מה יעבור עליך שם, אמר לו הן, אמר לו דע לך שבאותה העיר תנשא עם בת עשיר אחד מופלג בעושר, ותכניס לך נדוניא וממון הרבה, ותהיה נשוי עמה כמו ששה חודשים, ותפטר אח״כ לבית עולמה, ומכל אותו ממון לא תירש בלתי שש מאות זהובים ולא יותר. אמר לו החכם ההוא איני יכול להתאפק מלשאול למה הם ששה חודשים ושש מאות זהובים ולא יותר, לא בזמן ולא בממון. אמר לו הרב יש לך לדעת שפעם אחת בגלגול אחר היתה אשה זאת איש כמוך והיית שותף עמו כמו ששה חודשים, ובאותם ששה חודשים ציער לך בחברתו, ואחר כך הוליך אותך בערכאות של גוים והפסידך שש מאות זהובים, לכן כנגד ששה חדשים שציערך תתענג בה ששה חודשים, ואחר כך תירש השש מאות זהובים שהפסידך, ולא יותר, וכן אירע.

ויודע דעת עליון

גם היה שומע הכרוז כשהוא מכריז ברקיע על כל דבר שיהיה בעולם. גם תמיד היה האר״י ז״ל הולך במדברות ובדרכים, והיה מגלה להם סודות נוראים, והיה אומר שעושה כן להתחבר בגלות השכינה, וגם כדי להכניע הקליפות הדרים במדברות.

גזירת הארבה שנגזר ע״י צער עני

פעם אחת באמצע הדרוש שהיה דורש, אמר לחברים דעו שבשעה זאת אני שומע קול הכרוז עומד ומכריז ואומר בזה הלשון, בגזירת עירין פתגמא ובמאמר קדישין שאלתא שיהיה ארבה אין קץ בגבול צפת, ויאכל את כל

עשב הארץ ואת כל פרי העץ ולא ישאר שום מחיה בכל ארץ ישראל, וכל זה הוא בעבור עני אחד תלמיד חכם ושמו ר׳ יעקב אלטאראץ שיושב ומתרעם על מדותיו של הקב״ה, והקב״ה אינו יכול לסבול ולהתאפק על שכניו הרעים שאינם משגיחים עליו לתת לו מחיה, ולכן הכרוז הזה קרי בחיל גזירה קשה. לכן בני למען ה׳ קבצו ביניכם איזה מעות ושלחו לו, אולי ישוב ה׳ מחרון אפו וינחם על הרעה אשר דבר לעשות. מיד קבצו ביניהם כמו כ״ח זהובים ושלח אותם הרב על ידי אחד מן החברים ושמו ה״ר יצחק כהן. והר״י הכהן הנזכר רץ מהרה לבית העני ומצאו עדיין בוכה אמר לו הר״י הנזכר למה אתה בוכה אמר לו אל אבכה על רוע מזלי, כי לא די לי עניותי אלא שגם עתה נשברו החביות של חרס שהייתי ממלא אותם מים לכל השבוע ואין בידי לקנות אחרים ולכן אני בוכה לפני ה׳ שמפני מה אני בזה הדוחק וכי אני רשע מכל בני אדם.

וכשמוע הר״י הכהן הנזכר דברי העני ההוא תמה מאד, כי צדקו דברי הרב. אז נתן לו אותם המעות ואמר לו שיזהר מכאן והלאה שלא יתרעם על מדותיו של הקב״ה שבשבילו כבר היה נחתם גזר דין על שונאי ישראל, וקבל עליו שלא יתרעם עוד, מלבד זה נשתטח בארץ והתפלל לפני ה׳ שימחול להם, וינחם ה׳ על הרעה אשר דבר לעשות.

אחר כך שב הר״י הכהן הנזכר לפני הרב וספר לחברים כל המאורע, ויתמהו האנשים מאד. אז אמר הרב לחברים ברוכים תהיו שבשבילכם בטלה הגזירה וחזר ללמוד. ובעודו לומד נשאו עיניהם לשמים והנה ארבה בא חיל גדול, וייראו מאד החברים, אמר להם הרב אל תיראו ואל תחתו שכבר מחל העני ההוא על עלבונו ובטלה הגזירה, וכן היה שקם רוח סערה וישא את הארבה ויתקעהו אל תוך הים, לא נשאר מהם עד אחד. ומאותו היום והלאה היו אנשי צפת תוב״ב משגיחין על אותו עני לספק לו צרכו בריוח.

גזירה שנגזרה מחמת חנופת הרבנים

מעשה מגזירה שנגזרה מחמת חנופת הרבנים, פעם אחת בהיות הרב דורש לחברים סודות התורה, ויביטו החברים ויראו חשך ואפלה, ועדיין חצי היום היה, ויפלא הדבר בעיניהם. ויהי כמו שעה והנה עבר לפניהם ענן חשוך מאד, ויען הרב ויאמר [אל הענן.] אין שלום אמר ה׳ לרשעים, אנה תלך, ויען ויאמר הענן אני הוא סמא״ל ראש השטנים והנה בידי פתקא שנתן לי על מגפה לשונאי ישראל, ויגער בו הרב ויאמר לו לך אמור לו להקב״ה שיבטל הגזירה ההיא בשביל זכותי ובשביל זכות אלו החברים. ויסרב הענן ללכת, ויגזור עליו בכח החרם, וישוב הענן ההוא ויעל לשמים לעיניהם ותשקוט הארץ בשנה ההיא .ויהי בשנה השנית ירד פעם אחרת הענן ההוא, ויגער בו הרב כבראשונה, ויען ויאמר לרב בשנה הזאת לא יועילו דבריך לפי שבשנה שעברה הביט ה׳ בזכותך וזכות החברים והגין על העיר ובטל הגזירה, אבל בזאת השנה פלוני בן פלוני נכשל באשת איש והוא מגדולי העיר והרבנים יודעים האמת, ובשביל כבודו מחניפים לו ואינם מפרישים איסורא, ולכן נגזרה גזירה והנה פתקא בידי חתומה בחותם דם ואינו מועיל שום דבר. מיד נבהל הרב והחברים, ויאמר הרב אחר שכבר נחתם הפתקא בחותם דם אינו מועיל שום תפלה, ועתה נתעסק בתורה וסודותיה אולי יגן על הרעה ולא נאבד. אז פתח הרב ודרש להם סודות נוראים אשר מעולם לא נודעו מיום ברוא אלהים אדם על הארץ.

פניו מאירות כשמש

והיו פניו מאירות כשמש, ולא היתה שום בריה יכולה להסתכל בפניו. ומימיו לא נראה זבוב על שולחנו. וריח גן עדן עולה ממטתו כאלישע ככתוב בספר הזוהר. גם היה מכיר בדופק החולה ויודע באיזה מדה מעשר ספירות פגם, ונותן לו תיקון. גם היה צופה בשעת נעילה של יום הכפורים והיה יודע מי יחיה ומי ימות באותה שנה.

הרב אלשיך רצה ללמוד קבלה

ולהיות שאלה השמועות של הרב היו נשמעים תמיד, חשקה נפשו של הרב משה אלשיך ז״ל בזאת החכמה, וילך הלוך ובכה עד שבא אצל הרב ונשק רגליו ואמר לו, אדוני מה פשעי מה חטאתי שאין האדון רוצה לקרבני להיות כאחד מתלמידיו, חיים שאל ממך נתת לו, המבינתך יאבד נ״ץ ואנחנו למה נגרע. אמר לו הרב שלא בא נשמתו בעולם הזה אלא לחבר הספרים ההם שחיבר על דרך הפשט,[10] וכבר בגלגול אחר נשמתו השלימה ללמוד חכמת הקבלה, כי הוא ניצוץ מרבי חוצפית המתורגמן[11]. והרב מהר״מ אלשיך הפציר בדבר, לפי שחשב שמה שדוחה אותו הוא מחמת שאינו ראוי לאותה חכמה. ואמר לו האר״י, זה לך האות שלמחר תצא למקום פלוני אשר תמיד אנו עוברים באותו הדרך לקבל שבת, אם תראה אותנו בלכתנו באותו הדרך, דע שאני דוחה אותך בדברים, ואם לא תדע נאמנה שנשמתך לא באה בעולם הזה ללמוד חכמת הקבלה .וכשמוע הר״מ הדבר הזה וייטב בעיניו, ויקם בהשכמה יום הששי והכין צרכי שבת ובחצי היום לבש בגדי שבת וישב על אם הדרך להמתין עד אשר יעבור הרב שם עם החברים, והוא משתאה וממתין לביאת הרב וכשהגיעה אותה שעה נפלה עליו תרדמה גדולה וישן, ויעבור הרב עם החברים ולא ראה אותם, עד שבחזרה אמר הרב לחברים שיקיצוהו משנתו לילך לביתו, כי כבר שקעה חמה ושמא יהרגוהו ח״ו אנשי הכפרים בהיותו שם, ואז החברים הקיצוהו ועמד על רגליו נבהל ואמר, מה עשיתי כל היום, הייתי מצפה ובשעה זו נפלה עלי תרדמה, אמר לו הרב לא אמרתי לך שלא באה נשמתך בפעם הזאת ללמוד קבלה, לכן אל תטריח עצמך עוד בדבר הזה, רק חזק ואמץ אל תעזוב מלאכתך אשר אתה עושה בחבורך ספרי הפשט, כי יתפרסמו בעולם והדורות הבאים אחריך יצטרכו להם, ומאותו היום והלאה לא חשב עוד בלימוד הקבלה.

---

[10] רמה מילולית פשוטה

[11] המתרגם

צער בעלי חיים

פעם אחת היה הרב יושב בבית מדרשו והחברים לפניו, והביט באחד מהם ויאמר לו, צא מכאן שאתה מוחרם היום הזה לשמים. והחבר ההוא נפל לרגלי הרב ואמר לו, מה פשעי ומה חטאתי שהחרימוני מן השמים ואשוב בתשובה, אמר לו בשביל התרנגולים שיש לך בבית, שזה שני ימים שלא נתנו להם לאכול והם צועקים לפני ה׳ מן הרעב, ועל זה החרימוהו בשמים. אז יצא החבר ההוא מלפניו, ונהג נזיפה בעצמו כל אותו היום ובכה והתחנן לפני ה׳ שימחול לו עוונו ושלא יגרום החטא הזה שידחהו הרב מלפניו, ובבוקר קם בהשכמה ויבוא לפני הרב ויפול לפני רגליו ויאמר לו הרב, גם ה׳ העביר חטאתך לא תמות, ובתנאי שתקבל עליך שקודם שתלך לבית הכנסת תתן לתרנגולים לאכול וכן בכל שעה, כי הם בעלי חיים בלתי מדברים ואין להם פה לשאול מזונותיהם, ואל תסמוך על אשתך. וקבל עליו וכך היה עושה.

במקום הזה ישב הרשב״י

פעם אחת הלך הרב עם החברים למירון לקבר הרשב״י, ואמר לחברים, חברי במקום הזה ישב הרשב״י עם החברים לסדר אדרא רבה, ועדיין רישומו של האור במקום הזה, כי כבר נודע שאפילו שהאור מסתלק תמיד נשאר רשומו של האור במקום ההוא. אחר כך ישב הרב במקום הרשב״י והושיב להרח״ו במקום ר׳ אלעזר, וחכם ר׳ יאונתן במקום ר׳ אבא, וח״ר גדליא במקום ר׳ יאודה וח״ר יוסף מוגרבי במקום ר׳ יוסי, וח״ר יצחק הכהן במקום ר׳ יצחק, וכן על זה הדרך הושיב שאר החברים במקום שהיו חברי הרשב״י. גם היה אומר היום האיר בחברי פלוני תנא פלוני. אח״כ למד עם החברים האדרא, וגילה להם סודות ורמזים שרמזם הרשב״י באדרא.

ובעודו לומד אמר לחברים, חברי דעו לכם שלהב האש מסבב אותנו, ועומדים עמנו הרשב"י ע"ה וחבריו, ונשמות צדיקים ותנאים אחרים ומלאכי השרת שבאו לשמוע תורת אמת מפי, לכן אל תפסיקו מכוונתכם אשר אתם בה, וקיימו בכם מקרא שכתוב, ואתם הדבקים בה' אלהיכם, ואילו עיני אדם לכם הייתם רואים בעיניכם כנופיא גדולה שהיא בכאן כי הדברים נאמרים כנתינתם מסיני, אלא שלא ניתן רשות לעין לראות אלא לי לבדי. וכשהשלים לדרוש, באו ונשתטחו על ציון קבר הרשב"י ואמרו מזמורים ושירות ותשבחות.

ואחד מן החברים היה מנהגו לומר בכל יום נחם בברכת בונה ירושלים, ואמר לו הרב משם הרשב"י ע"ה, שבזמן מועט יקבל תנחומים מבנו הגדול, כי למה היה מתאבל בשמחת הרשב"י, וכן היה.

שידה שרצתה לינשא לבחור

פעם אחת אירע שהלכו כמה בחורים לטייל בשדה וראו אצבע אחת שהיה נכנס ויוצא בקרקע, ואותם הבחורים דרך שחוק אמרו זה לזה, מי בכם אשר יתן באצבע זה טבעת זהב לקידושין, קפץ בחור אחד מהם ונתן טבעת באותה אצבע ואמר, הרי את מקודשת לי, ואחר גמר דבריו נעלמה אותה אצבע, וייראו הבחורים מאד וישובו העירה.

לאחר ימים שנשכח הדבר מהם אותו בחור נשא אשה, ובאותו הלילה שנכנס לחופה, באה אותה שידה כדמות אישה שלא היה יופיה בעולם, והיא צועקת ואומרת, כן הוא דין תורה מה מום ראה בי זה הבחור שעזבני ונשא אחרת, והלא זה ימים שקדשני וזה לכם הטבעת שנתן לי לקידושין, לכן אם תדעו לי דין תורה מוטב, ואם לאו דעו לכם שאהרוג את שניהם. והאנשים שהיו שם ראו את הטבעת ההוא והכירוהו שהיה כתוב עליו שם החתן, והלכו להם, ואבי הכלה לקח את בתו והוליכה לביתו, ונהפך להם שמחתם ליגון.

אחר כך באו אותם האנשים וספרו לרב מעשה זה, מיד צוה הרב לשמש שילך ויזמין השידה ההיא עם החתן לפניו לדין, אז הלך השמש ונכנס לבית ולא מצא לא איש ולא אשה, ושאל לשכנים עליהם ולא ידעו אנה הלכו, והשמש לא הניח מקום שלא חפש אחריהם ולא מצאם, וחזר ובא לפני הרב והגיד לו, אמר לו הרב, שם בבית הם יושבים ונעלמו מעיניך מפני היראה, לכן חזור ועמוד על סולם העליה וקרא פלוני ופלונית ראו שאני בא בשליחות הרב, ואם לא תרדו ותבואו עמי תהיו מוחרמים מפיו, וכן עשה השמש. ויהי ככלותו לדבר, והנה ירדה אותה האשה כרוכה בסדיניה כמנהג צפת תוב״ב ושפחתה אחריה, והבחור ההוא אחריהם, ותאמר האשה לשמש, עבור לפני והנני הולכת אחריך לבית הרב.

ויהי כבואם, לקח הרב לבחור הנזכר ביחוד ואמר לו, חפץ אתה באשה זאת הגד לי האמת אל תכחד ממני ואל תירא כי אני אציל אותך ממנה, אז אמר הבחור, מי פתי יחפוץ באשה שידה, אבל מה אעשה שרוע מזלי גרם, הלואי שבאותו היום נשברה רגלי ולא יצאתי. אמר לו הרב, אל תירא מפניה כי אני אפרישנה ממך. אז אמר הרב לשידה, מה לך עם הבחור הזה, לכי לך למקומך וקחי לך בעל שד כמותך, כי זה האיש לא יאות לך. השיבה השידה ואמרה לרב, וכי דינא הכי מאחר שאני מקודשת לאיש אחד יכולה אני להנשא לאחר, והלא אשת איש אני. אמר לה הרב אותם קידושין היו קידושי טעות, שלא ראה פניך ומתוך שחוק שם הטבעת באצבעך, ואילו היה יודע שהיה אצבע שידה לא היה מקדשך. והיא היתה משיבה תשובתה על כל דבר ודבר ששואל ממנה הרב, עד שגער בה הרב בנזיפה ואמר, הגם שאינו מן הדין ליתן לך גט, עם כל זה מפני הרואים אצווה שיתן לך גט, ואם תמאני לקבל דעי לך שאחרים אותך ואת כל משפחתך שלא יהיה לכם תקומה. וכשמוע השידה כן קבלה הגט, והשביעה הרב שלא תבוא עוד לבית אותו הבחור, ולא תרע לו ולא לשום אדם ממשפחתו ולא מביתו לא היא ולא אחד ממשפחתה, וקבלה עליה והלכה לה. אז הבחור ההוא חזר ונשא את אשתו, ותהי לו לאשה.

שידות שבאו לטמא

מעשה משידות שבאו לטמא שני בחורים בעלי כישוף, אמר הרב לחברים אני רואה שתי שידות באות מקושטות ומלובשות בבגדי משי ותכשיטי זהב ואבנים טובות על ראשם ושלשלאות של זהב בצוארם, ונכנסים לחדר פלוני לטמא שני בחורים, ויכול אני להצילם אלא מפני שהם גרמו לעצמם שהם פועלים בכישוף ומטמאים נשמתם, לכן לא אצילם כי על זה נאמר, הבא ליטמא פותחים לו, וכן היה שהחברים חקרו בדבר ומצאו כדבריו.

כאן יש סוד גדול

מעשה שנענש האר״י שגילה סוד האילה, פעם אחת היו החברים לומדים בספר הזוהר, שהקב״ה מזמין לאילה כשהיא יולדת נחש ונושך בערותה ונפתח רחמה ויולדת. אמר הרב לחברים כאן יש סוד גדול, ואיני יכול לגלותו מפני הסכנה, ועל זה אמר הרשב״י בספר הזוהר פרשת בשלח, בהאי מלתא לא תשאל ולא תנסה את ה׳, דיקא ומפני פחד הסכנה אמר כן וכן מצינו במשה דכתיב, ויהי לנחש וינס משה מפניו. והרח״ו הפציר הרבה בהרב שיאמר לו אותו הסוד, אמר לו הרב, דע לך שכל מה שאתה שואל ממני מחוייב אני לגלות, אמנם דע לך שמרה תהיה באחרונה. והרח״ו הפציר עוד ברב עד שאמר לו אותו הסוד. ולאחר שגמר לאמרו, הכה על ראשו ואמר ברוך דיין האמת. וכשמוע החברים כן נבהלו ונפחדו, ושאלו לרב למה אמר כן, אמר להם עתה נגזרה גזרה על בני משה שימות קודם שבעה ימים מפני שגילה סוד זה. לעת ערב הלך הרב לביתו והרח״ו עמו, שאל הרב לאשתו על בנו משה, ותאמר לו אשתו הנה כמו שתי שעות שבא מבית הספר בכאב הראש והוא מושכב על מטתו, מיד הלך הרב אל המטה ויגע בבשר הנער והנה הוא שורף באש, ולא עברו עליו שבעה ימים עד שמת הנער. ולאחר ששלמו שבעת ימים של אבילות, שלח הרב אחר החברים ואמר להם, אל תיראו שאמנע מהגיד לכם סודות התורה בעבור מיתת בני,

שאילו ימותו כל בני וגם אני לא אמנע מללמד לכם רזין עילאין וסתרי תורה, כדי לתקן אתכם ולמען יאיר כל העולם מחכמתכם. וישמחו החברים שמחה גדולה לפי שחשבו שיהיו כנזופין בעבור מיתת בנו, ויפלו לרגליו ויאמרו, יחי המלך לעולם הוא ובניו בקרב ישראל.

משיח בן יוסף

יום אחד הלך הרב עם החברים לגוש חלב על ציון קבר שמעיה ואבטליון, אמר הרב לחברים משמם שיתפללו על משיח בן אפרים שלא ימות בימיהם, והחברים לא ידעו כי בשביל הרב אמרו מה שאמרו אותם התנאים .והרב בענותנותו לא פירש לחברים הדברים. וכשנסתלק הרב לבית עולמו אז ידעו למפרע שהוא היה משיח בן אפרים.

נגזרה עלי גזירה שאסתלק

ויהי בהגיעו לתוספתא אחת שיש בפרשת מצורע, שאל הרח״ו והחברים פירושה, ויען הרב ויאמר להם, למען ה׳ אל תפצירו בי לפרשה, כי לא ניתן לי רשות, ואם אפרשנה דעו לכם שתתחרטו חרטה גדולה ולא יועיל לכם. ולהיות שהשטן היה מקטרג ורוצה למנוע השפע מישראל, לא קבלו החברים דבריו, ויפצרו עוד בדבר ולא נתנו לרב רווחה עד שיפרשה. ויהיה ככלותו לפרשה אמר להם, הנה כבר הזהרתי אתכם כמה פעמים שלא תפצירו בי לפרשה ולא שמעתם בקולי, ועתה דעו לכם שנגזרה עלי גזירה שאסתלק בזאת השנה, מפני שגליתי סוד זה הנעלם, ומעיד אני עלי שמים וארץ, שאיני דואג על הסתלקותי, אלא דואג אני איך אניח אתכם בלתי מתוקנים. וכשמוע החברים דבר זה נבהלו מאד, וארכובותיהם דא לדא נקשן ויהפך ששונם לאבל, ויבכו בכיה גדולה ויאמרו, מי יתן מותנו קודם שנראה שנלקח ממנו ארון האלהים.

נתקוטטו החברים זה עם זה

נתקוטטו החברים, אז אמר להם הרב חדלו לכם מן הבכיה, בואו ונסגיר עצמנו הביתה, ואפרש לכם איזה סודות קודם שאסתלק מכם. אז הרב תיקן להם הסגר, ותיקן חדרים בחצרו לנשים ולטף כל אשה ובניה חדר אחד בפני עצמה. והחברים היו יושבים לפני הרב והוא דורש להם סודות עמוקים מה שלא נגלה לתנאים ואמוראים ונביאים ראשונים, וס״מ לא היה כח בידו לעבור באותו חצר מפני להב האש העולה עד לב השמים, והיו דברי תורה כנתינתן מסיני. ויום אחד פרח ס״מ באויר השמים רחוק מאותו חצר למצוא עילה איך יכנס לשם, ודחפו הרב בשמות גדולים ואמר לו, רשע ברח לך מכאן, ואין לך ממשלה בחצר זה שהיא מקדש לשמים.

ולסוף ד׳ חודשים, נפלה קטטה בין הנשים והנשים, הגידו לאנשים ונמשך הדבר עד שנתקוטטו החברים זה עם זה, והרב עשה שלום ביניהם ואמר להם, דעו לכם שכל זמן שאהבה ואחוה ביניכם אין שטן ומקטרג יכול לעשות עמנו רעה, כי ה׳ ומלאכי השרת שומרים אותנו מכל נזק, ואם תחזרו להתקוטט דעו לכם שמרה תהיה באחרונה. והנשים בלי דעת הסיתו לבעליהן ונפלה קטטה בין החברים יום ששי, עד שנשמע קולם למרחוק, ולעת ערב יצא הרב עם החברים לקבל שבת כמנהגו ובחזרתו ישב להתפלל תפלת ערבית בפנים זועפות, ולאחר גמר תפלת ערבית, באו החברים ואמרו להרב רבינו מפני מה האדון התפלל ערבית בפנים זועפות מה שאין כן מנהגו, אמר להם, מפני שראיתי לס״מ בעת קבלת שבת, ואמר פסוק זה גם אתם גם מלככם תספו מכאן, נראה שניתן לו רשות לשלוט בי, וזה לא היה אלא בשביל הקטטה שהיתה ביניכם היום, שכל זמן שהיה שלום ביניכם אין שום מקטרג היה יכול לקטרג. ובמעט ימים, כן היה שהרב חלה את חליו חולי המגפה אשר בה נתבקש בישיבה של מעלה.

לפתוח מי גיחון

ידוע דחזקיה המלך ע״ה מפני סנחריב סתם את מי גיחוך כדכתיב בדברי הימים (ב ל״ב ב׳) וירא יחזקיהו כי בא סנחריב וגו׳. ויועץ עם שריו וגבוריו לסתום את מימי העיינות. ועוד שם (ל״ב ל׳) והוא יחזקיהו סתם את מוצא מימי גיחוך העליון. ועד היום יום הששי בחצות שנסגרים פתחי שערי ירושלם, כי כל הישמעאלים הולכים בעוונותינו הרבים לבית המקדש, נשארה העיר כמעט ריקנית, ועל כן סוגרים השערים. וההולך שם אצל שער אחד אשר הוא סמוך למגדל, שומע קול מים רבים שהולכים מתחת לארץ. ובזמן שהרב מהרח״ו היה בעה״ק ירושלים, בא שר אחד תקיף הנקרא אבו סיפ״ין, וידע שמלך ישראל סתם מי גיחון, ושאל אם נמצא היום מי שיוכל לפתחו, ואמרו לו הגוים, יש חכם שהוא אלקי ושמו ר׳ חיים ויטאל, ודאי שהוא יכול לפתחו. ושלח אחריו יום הששי, ואמר לו גוזרני עליך שבעוד שהולך הוא לבית המקדש, פתוח תפתח את הנהר הזה שסתם מלך שלכם והוא נצרך הרבה לעיר, ועליך מוטל לפתחו, ואם אין דמך בראשך.

ומהרח״ו עשה קפיצת הדרך[12] והלך לדמשק, ובא אליו רבינו האריז״ל ובחלום ידבר בו, הסכלת עשו, כי זה השר היה גלגול סנחריב, וכן נקרא אבו סיפ״ין, שבערבי פירושו אבי החרבות. ואתה יש בך ניצוץ חזקיה המלך, והיתה שעת הכושר לתקן ולפתוח מי גיחון, כי שלא ברצון חכמים עשה חזקיה המלך ע״ה, שהוא מהדברים שלא הודו לו, ובזה היתה אתחלתא הגאולה. והשיבו מהרח״ו לא רציתי להשתמש בשמות הקודש, ואמר לו האר״י, אילו לא נשתמשת לבוא לדמשק החרשתי, אבל מאחר שנשתמשת לזה, היית יכול להשתמש לפתחו והיה קידוש השם ותיקון גדול. אמר לו מהרח״ו, א״כ אחזור לירושלים לפתחו, אמר לו, חליף שעתא ולאו זימניה הוא, ע״כ שמעתי.

---

[12] לעבור מרחק גדול בזמן קצר באמצעות אמירה של לחשים

אריז"ל

בעל ספר החרדים שרקד עם רבינו האר"י

בעל ספר החרדים היה משמש בבית המדרש בעיה"ק צפת ת"ו, ואיש לא ידע מעוצם גאונותו וקדושתו, והחזיקוהו לאיש פשוט ותמים. ופעם אחת בהיותו בל"ג לעומר על הציון המצויינת קודש הקדשים דרשב"י זיע"א במירון, והיו שמה האר"י הקדוש ותלמידיו, ונתלהב האר"י עם החברייא ורקד עמהם שם זמן רב לכבוד הילולא דרשב"י. וגם היה שם זקן אחד בבגדים לבנים, בעל צורה ובעל קומה משכמו ומעלה גבוה מכל העם, וגם הזקן הנזכר רקד לעצמו שם בשמחה עצומה עם חברת לוית אנשי בריתו שלא הכירום.

ובתוך הריקודין והמחולות, קפץ האר"י ואחז בידו של אותו זקן הנזכר ורקדו שניהם יחדיו זמן הרבה באש להבה, ואחר כך אחז האר"י בידו של בעל החרדים ורקד עמו גם כן הרבה בשמחה ובטוב לבב. ואחר שיצאו משם, הרהיבו בנפשם עוז תלמידי האר"י הקדוש לאמר לרבם האר"י, אל נא יחר בעיני אדוננו אם נשאל אותו בנוגע לכבודו הרם ושזהו כבוד התורה בנגלה ובנסתר, כי מה שרקד כ"ק עם הזקן אין אנו מכירים אותו ובודאי אדם גדול הוא, אבל מה שרקד בכבודו ובעצמו עם השמש הר"ר אלעזר אזכרי, אם כי הוא ירא שמים, אבל אין זה כבודו של רבינו רבן של כל בית ישראל לרקוד עמו ביחוד, והאר"י שמע דברי תלמידיו ושחק והשיב להם, הלא אם התנא האלהי רשב"י רקד עמו ביחוד, ואני הצעיר לא יהיה לי לכבוד לרקוד עמו. והבינו התלמידים את המחזה תואר הזקן הנזכר, כי הוא היה רשב"י בכבודו ובעצמו, אשר שש ושמח בשמחת החברייא קדישא שבאו להילולא דיליה. ואנן מה נענה אבתריהו. ומאז אכן נודע הדבר מי הוא המשמש בקודש הנזכר בעל החרדים, כי עקבותיו לא נודעו בעוז קדושתו וצדקתו ומדרגתו, שכל ימיו קיים מקרא מלא והצנע לכת עם אלהיך.

50

האחים גלאנטי

יום אחד אמר הרב לחברים, למחר אני נותן לכם רשות שתלכו לטייל במאכל ומשתה, בתנאי שתזמנו את הרב בעל קול בוכים, אמרו כן נעשה. אמר להם, לכו אליו מעתה וזמינו לו קודם שיקבל עליו תענית, שאם יקבל מעולם לא יעשה התרה. וילכו הרח״ו ושני חברים עמו ויבואו אל ביתו, ויהי כראותם אמר להם ברוכים הבאים, אנה עזבתם את אדוניכם ובאתם אלי. אמרו לו, באנו לפני מר לזמנו למשתה שיבוא מחר עמנו, אמר להם ולמה מעכשיו באתם ולא מחר, אמרו לו חששנו פן יקבל עליו תענית ואינו עושה התרה. אמר להם אם כל נבואת אדוניכם כך, אינו כלום, אמרו לו הוא אדוננו הוא מורינו ורבינו מה לנו באלה הדברים, מר יבוא מחר עמנו, אמר להם כן אעשה. ויהי בבוקר אחר התפלה באו לקרוא לו והלך עמהם, והרב האר״י לא הלך עמם. ויבואו אצל ציון רבי יהודה ברבי אלעאי וישבו שם והיו מפלפלים בדברי תורה, והרב האר״י בא יחידי וקמו כולם אליו, והרב אברהם גלאנטי עשה לו מעט הידור והשיבו לשמאלו. ישב מעט, וקם הרב ודרש דרוש וכשסיים ואמר קדיש. פנה להר״א גלאנטי ואמר לו האם ערב לך הדרוש, אמר לו, טוב הוא אבל יש לי עליו כל כך קושיות, מה שאמרת דבר פלוני הוא היפך הרשב״י בדף פלוני, ומה שאמרת בדף פלוני הוא היפך הסדר בתיקונים דף פלוני, וכן על זה הדרך כל הקושיות.

ואז פנה הרב לחברים שראה שהמה ראו כן תמהו איך יש לו קושיות בדרוש שלו. אמר להם הרב, חבר כמו זה הוא חבר טוב שמבין ומקשה, לא כמוכם שכל מה שאני אומר הכל מודים. ואז החזיר פניו לרב גלאנטי ואמר לו, האדון זוכר הקדמה פלונית, אמר לו הין, אמר לו אם כן יחזור ההקדמה בינו לבינו ואשיב לו על שאלותיו, וכן עשה, והוא לומד ההקדמה התחיל למנות באצבעותיו הקושיות שנסתלקו, וכשראה הרב כן אמר לו במהרה יסיים ללמוד ואשיב לו, שהחברים רוצים לאכול, אמר לו כתר לי זעיר ואחוך. וחזר ללמוד עוד מעט, חזר הרב להאיץ אליו לאמר, די לך

תגמור, אז אמר לו חנוקא, את רוצה לחנקני לא נשארו עוד קושיות. ועתה יקום וישב במקומי ואני לשמאלך, שעד עתה הייתי חושב בדעתי שלא היית אפילו תלמידי, ועתה ידעתי כי רוח ה' דיבר בך, וחכמתך נפלאה. והפציר הרב הרבה שלא לישב במקומו, ובקושי גדול ישב ויאכלו וישתו בשמחה רבה, ובערב קמו לחזור לעיר. והם בפתח העיר קדמו הרב ואמר לו, בטוב תלין, השיב הרב בטוב תלין אני ואתה, שאין אני מניחך עד שתתן לי תיקוני, והרב לרוב ענותנותו אמר לו, חס ושלום מה אני שאתן למר תיקון, ודחה אותו בדברים וילך לביתו.

בבוקר אחר התפלה בא לבית הרב, והרב אמר לו, למה האדון בא אלי, הלא אמרתי למר כי לא נביא אנכי ולא בן נביא. השיב הרב, כבר אמרתי שטועה הייתי בו, ועתה איני זז מכאן עד שיאמר לי הרב כל מה שאני צריך לתקן נפשי. ואז אמר לו מה אומר למר שתיקונו הוא קשה ולא יעשהו, אמר לו וכי יהיה יותר מד' מיתות בית דין העבודה שעתה אקבל עלי, ובקושי גדול אמר לו מה אדבר שכבר ראיתי, והתיקון שלו הוא לאכול בכל יום תרנגולת שמנה, ולהיותו לומד בתורה ואילו התעניות שעושה מר, עליו אמרו חז"ל (תענית דף י"א ע"ב) ליכול כלבא שירותיה, והעבודה שלא ראיתי אדם אחד בלי שום חטא כמר, זהו ידיעתי. ואז נשקו על ראשו וילך לביתו שמח.

ומיד זימן משתה גדול וזימן לרב ולחברים, והלך לזמן לאחיו יפת הגדול הגאון המופלא, מוהר"ר משה גלאנטי. אמר לו מה היום מימים, אמר לו, זמנתי לרב אשכנזי וחבריו, אמר לו ומי הוא זה שזמנת אותו, אמר לו, יש ויש בו חכמה נפלאה ורוח ה' דיבר בו, וכך וכך היה המעשה. אז קם על רגליו ואמר לו ראוי והגון לילך למשתה זה ולהקביל פניו. ויבוא שמה וכולם, קמו על רגליהם וגם הרב. והפציר מאד הרב במהר"ם שישב בראש

אריז"ל

ולא רצה, ובקושי גדול ישב מהר"מ בראש ויאכלו וישתו בשמחה רבה, וכמה חידושים נתחדשו בשלחן.

ובבוקר קם מהר"מ אחר התפלה והלך לבית הרב, ויחרד יצחק חרדה גדולה בביאתו, ויאמר לו מר רצונו להמיתני למה בא אלי מה אני מה חיי. אמר לו וענוותך תרבני תדע לך שעד עתה לא הייתי מחשיב לך כלום ואני כלבי כן פי ועתה ידעתי מאחי וגם אני ראיתי חכמתך והדרי בי ממה שחשבתי, ואני מבקש ממך תיקון לנפשי כמו שנתת לאחי. אמר לו חס ושלום מי אני שאתן לך תיקון, אמר לו איני רוצה ממך שתאמר לי שורש נשמתי וכמה גלגולים באתי, אלא כל אשר אני חייב לה' לתקן מיום בואי ראשונה בעולם הזה עד היום, כדי שלא אצטרך עוד לבוא בגלגול, ולתת דין וחשבון, וכל מה שתאמר אלי אעשה אפילו ד' מיתות בית דין. שביאתו של אדם בעולם הזה אינו לבנים ועושר, כי אם לקיים תרי"ג מצוות. חזר הרב לומר לא נביא אנכי, אמר לו, לא תכעיס אותי ולא יחשוב שאיני יודע, ואשביעך בשם המפורש שהיה יוצא מפי כהן גדול ביום הכפורים, שתאמר לי האמת. אז נסתכל הרב בו ואמר לו, מר יש לו ספק גזל, לא הספיק לומר דבר זה עד שקם מהר"מ והלך לו מאצלו, אפילו שלום עליכם לא אמר לו.

ובא לביתו, ומיד פשט לבושו וילבש שק ואפר, והפיל עצמו לארץ והתחיל לומר קינות בבכי גדול ומכה בראשו ופניו בכל יכולתו, ויאמר אוי לי על שברי. וכל בני ביתו נבהלו מראות, ואחר שלא נשאר בו עוד כח לבכות, קרא לשמש ואמר לו שיקרא לכל העושה מלאכתו מלאכת הבגדים אנשים ונשים. ויבואו לפניו ויתמהו האנשים על המראה, ויאמר אליהם הראיתם בצרה שאני בה, אמרו לו ראינו ולא ידענו מה. אמר להם הגידו לי כל מה שאני חייב לכם מיום שאתם עושים מלאכתי, השיבו כולם פה אחד ואמרו לו, אדוננו אין אנו יודעים דבר לפי שכל הנוטל פרוטה מיד מר מתברך, וכל מה שנותן לנו מר בכל שבוע אין אנו מדקדקים בחשבון עם מר, ויש בו אכול ושבוע ומכסה והותר. אז אמר הרב, אכן נודע הדבר לכן בשבילכם

אריז"ל

אני יושב בצרה זו, שכך אמר לי האר"י שיש לי ספק גזל, ולזה אני בוכה לומר איך דיין כמוני יש בידו גזל, מה אומר לשאר בני אדם. אבל זה התיקון אוכל לעשות כדי להנצל מדין שמים, שיש דין ודיין וחשבון, מיד צוה שיביאו לפניו מעות ויביאו, ונתן סך מעות לפניהם ויאמר להם, קחו לכם כל אחד מכם מה שתרצו. השיבו כולם, אדוננו וכי מותר לנו הגזל אחר שאין אנו יודעים דבר, ושמא אינו חייב לנו מר. אמר להם, האמת אתכם, אבל זאת אעשה לינצל מעונש אני ואתם, קחו לכם מה שתרצו, ואני אומר לכם אם זה שלקחתם איני חייב לכם הרי הם במתנה גמורה, ואם אני חייב לכם הרי קבלתם, ואתם גם כן תאמרו אם זה שלקחנו הוא מה שחייב לנו ביושר לא פחות ולא יותר הרי קבלנו שכרנו, ואם באולי עדיין חייב לנו אפילו מאחד עד אלף מחלנו לו מחילה גמורה מחילת עלמין אין לנו עוד עליו אפילו פרוטה קטנה, אמרו כולם הרי אנו אומרים הדברים האלו בלב ובנפש, ואפילו הכי אין אנו נוטלים דבר. והפציר בהם שיקחו ולא רצו, כי אם דוקא אשה אחת לקחה דבר מועט ואמרה הדברים. אמר להם הרב הזהרו ותשמרו מהיום והלאה אם תרצו לעשות מלאכתי צריכים אתם לדקדק בחשבון עמי אפילו בפחות משוה פרוטה, ואם לאו אבטל ממלאכתי מכל, וכל וקבלו עליהם ושלחם. והרב לבש בגדיו על שקו וקם לילך לבית הרב, והרב קדמו בדרך ואמר לו, ומה כל החרדה הזאת אשר עשה מר, כי מה אמרתי לו אמר לו בבקשה ממך תראה אם עבר הספק. אמר לו, כבר עבר ולא נשאר לו עוד שום חטא ועון. אמר לו, חייך היכן היה. אמר לו, בזה המעט שלקחה האשה, והסיבה היא שזאת האשה טווה יותר דק ויש לה יתרון בשכרה, והאדון מרוב הטרדות אינו נותן לב, וכולם אינם מדקדקים בחשבון בשביל הברכה שיש ביד מר. לכן היה בו זה הספק, ועתה כבר נשתלם. ואז נשקו על ראשו מהר"מ, וברכו וילך לביתו. וגם הוא עשה סעודה גדולה וזימן לרב ולחברים ולאחיו. ומשם והלאה היה נוהג מהר"מ כבוד לרב.

איבד מרן יוסף קארו מפתחות בית התבשיל

פעם אחת אחר תפלת מנחה של שבת אמר הארז״ל למהר״י קארו ז״ל, לא היה לך להתבלבל כל כך בתפלה בעבור אבידת מפתחות של בית התבשיל בשביל סעודה שלישית, כי הם מונחים תחת הכר במקום פלוני. וילך אל המקום אשר אמר לו איש האלהים וימצאהו מהר, וישק לו ויספר לאשתו ואמר לה, הן עוד נביא בזמננו, ואין דבר נעלם ממנו הוא הקדוש רבי יצחק לוריא אינו אלא שרף ה׳ ישמרהו ואורך ימים ישביעהו.

האר״י ידע מחשבות מרן יוסף קארו בתפלתו

מרן ז״ל שהיה מתפלל עם האריז״ל בבית הכנסת יחד בכל יום, והרב ז״ל היה מתפלל תפלת שמונה עשרה עם כוונות ומתעכב הרבה, ומרן ז״ל היה מתפלל על דרך הפשט. ופעם אחת התפלל הרב ז״ל כמנהגו והשלים, ומרן ז״ל לא השלים. והרבנים אשר היו עמו בבית הכנסת המה ראו כן תמהו מהו הענין. ואחר כך, קרא הרב ז״ל לשמש בית הכנסת ואמר לו, לך למרן ז״ל ואמור לו באזניו, שזה משנה ערוכה במסכת כלאים (פרק ט׳ משנה ד), המרדעת של חמור אין בה משום כלאים[13]. ושמע מרן ז״ל ואמר, האמת כך, ולא חדשתי שום דבר בתפלתי שום חידוש, אלא כשעמדתי בתפלתי עלה בדעתי מרדעת של חמור אם יש בה משום כלאים, ונתעלמה ממני שהיא משנה ערוכה, ולפיכך הייתי מחשב בדינה ולא התפללתי וכו׳, עד כאן לשון המעשה. מעשה כגון זה שמענו מזקני עיר באופן אחר, בא פעם אחת מרן ז״ל להתפלל בבית הכנסת של האריז״ל, והיה מרן מאריך הרבה בתפלת העמידה והיו כל הקהל ממתינים עליו.

אחר איזה זמן שעדיין לא גמר מרן להתפלל, שלח האר״י ז״ל לומר למרן בזה הלשון, זיעת חמור אינה מחמצת. ומיד כששמע מרן זה גמר תפלתו ופסע לאחוריו, ויכלו הקהל להמשיך בחזרה. אחר התפלה שאלו תלמידיו

---

[13] תערובות אסורות של צמר ופשתן, זרעים, בעלי חיים וכדומה

לפשר הדברים, והשיב להם מרן שכבר קודם לכן סיים השמונה עשרה, אך כאשר נשא עיניו כדי לפסוע לאחור הבחין בעד החלון בשיירת חמורים עמוסים שקי חיטים הולכים בדרך, והיו החמורים מזיעים הרבה מחום היום, ומעומס המשא ומרן היה יודע שאלו החיטים נועדו לאפיית המצות. אזי התחיל מעיין אם יש בהזעת החמורים חשש חימון, ורבינו האריז״ל ראה ברוח קדשו כל זה ושלח לו כנ״ל, עד כאן לשון המעשה.

סעודה שהכין מרן יוסף קארו לרבינו האר״י

רבינו האריז״ל היה נזהר מלאכול בשר של חלק אחוריים מפני הגידין. ופעם אחת זימנו מרן יוסף קרוא זצ״ל לסעודה אצלו, ואמר לו האריז״ל כי לא יוכל לאכול אצלו בשר אם יש בו מעורב גם מחלק האחוריים. ואמר לו מרן יוסף קרוא שלא ידאג מזה כי הוא בעצמו עשה מלאכת הניקור ונעשה על צד היותר טוב, ומילא האריז״ל רצונו והלך להסעודה. ובאמצע הסעודה הרחיק האר״י ז״ל הקערה עם הבשר מלפניו ולא רצה לאכול, ושאלו המרן על זה, ואמר אחר שבעצם ידי ניקרתי הבשר הלא תוכל להיות בטוח שלא נשאר משהו מן הגידין, אז לקח האריז״ל חתיכה של בשר מהקערה והראה להב״י שיש בה איזו גידין, ומרן הב״י נצטער מזה. ובלילה אמר לו המגיד[14] שלו, אל תדאג כלל כי הבשר היה מנוקר על ידך על צד היותר טוב, אבל עם האיש הגדול הזה אין לך להתחרות, כי הוא יכול להמציא גידין גם על כותלי הבית.

הרבנים רוצים לבטל הלולא דרשב״י

יום אחד כשהיו יושבים תלמידי האר״י סביב רבם ולומדים, אמר הרב לחברים תדעו שהרבנים נתקבצו במעמד ורוצים לבטל הלולא דרשב״י, באמור שלא ילכו נשים מקושטות למירון, ואם ילכו בבגדי חול לא ילכו שם זולת זקנות, ואם ככה יעשו ח״ו יבוא מגפה גדולה ויכלה רעים וטובים.

---

[14] מורה שמימי

והשיב הרח"ו, ולמה מר לא יודיע להם הדבר להציל את ישראל, אמר לו הרב, אינם מאמינים בי. אמר הרח"ו, אני אלך ואודיע להם, אמר לו לך. הלך שם והודיע להם, מהם לא האמינו, ומהם אמרו יבוא הרב פה ונראה דבריו. ושלחו אחריו ובא, ודברו עמו שמה שהם רוצים לעשות כן לפי שבימים ההם יש שמחות וגילות במאכל ומשתה, ואם מידי עבירה יצאנו מידי הרהור לא יצאנו, ואין ראוי במקום הקדוש הזה לעשותו. והשיב להם האמת עמכם, ומה נעשה שהרשב"י מרוצה בזה וכמה שנים שנוהגים כן, וח"ו יקפיד עלינו ויבוא הנגף בעם. אבל אני אומר לכם הדבר, אם תאמינו לי שבאלו הימים במירון לא יש ערבות אלא החוטא ימות לבדו, ואז בשמעם דבריו נמנו וגמרו לבטל הסכמה זו ונתבטלה.

מהר"א הלוי ז"ל שנגלה לו ירמיה הנביא

מהר"א הלוי היה רגיל לקרות ספר תהלים בכל ערב שבת קודש על מצבת ירמיה הנביא. ויום אחד ראה שאיש אחד לבוש לבנים וכלי המים מכסף צרוף בידו, והמטפחת על ידו השנית ונתן להרב ז"ל, והרב נבהל ויפול על פניו. ואחר שעה קם ברעדה וישב אל ביתו, ואז גילה לו הרב האריז"ל שהאיש הלזה היה ירמיה הנביא שנגלה אליו שעל ידי אמירת תהלים בקול נעים, אז היתה עת רצון לבא הפקודה. ונתן לו הכלי של מים כדי שיתן הוא לרחוץ לירמיה הנביא, כיון שהוא היה לוי וירמיה היה כהן, ואם היה נותן הכד לרחוץ לירמיה, אז היה מגלה זמן הגאולה. וכיון שנבהל מפניו ולא לקח הכלי ליתן המים על ידי ירמיה הכהן, נתעכבה הגאולה לבא.

אם תגיד לי הכל אחזור בתשובה

יום אחד בא לפני הרב עשיר אחד ויאמר לרב, הגד לי מה עשיתי בזמני, אם תגיד לי הכל אחזור בתשובה שלמה על ידך, ואם לאו אומר ח"ו דלית דין וכו'. ואז צוה הרב שיצאו כל איש מעליו כדי שלא יתבייש בפניהם ואמר לו, אתה פלוני בן פלוני ממשפחת פלוני, וכך שנים יש לך וכך עשית

ביום פלוני במקום פלוני עם אשה פלונית בת פלונית, וכך עשית עם זכור פלוני בן פלוני, וכן עם שפחתך ביום פלוני במקום פלוני, ואפילו שיחה קלה שדיבר עם אשתו הגיד לו, ועל הכל הודה לו חוץ משפחתו שאמר שלא היו דברים מעולם. אמר לו הרב ואם עתה אראה לך שפחתך שהיא קשורה עמך היש לך פה לשקר, אמר לו אז ודאי שאודה לך בכל מיד. נתן הרב ידו על גב האיש והוציא לו שפחתו בדמותה כצלמה, ויהי כראותה כמעט פרחה נשמתו, ונפל לפני רגליו ויתחנן לו שיסירה מעליו. ויאמר הרב, אי אפשר להסירה אם לא בתשובה שלמה ובתיקונים רבים, אמר לו יעשה מר עמי כל מה שהוא צריך לעשות, אפילו עד ד' מיתות בית דין. שאיני מבקש לא אשה ולא בנים ולא ממון זולת תיקון נשמתי, אמר לו הרב תיקונו הוא קשה ואין אתה עושה אותו, אמר לו, אדוני הלא אמרתי למר שאפילו אלף מיתות אקבל עלי מיד, ומה קשה יהיה יותר מהמיתה. אמר לו הרב תיקונו הוא בשריפה, מיד הוציא מעות שיקנו עצים לשרפו, אמר הרב אין דיננו כדין אומות העולם ששורפים ממש אלא השריפה היא להשליך בגרון אבר חם זהו השריפה, אמר לו עשה כמו שיודע מר. מיד שלח להביא עופרת ויביאו לפניו ונתנו באור לפניו, ויאמר לו הרב אמור וידוי כדרך המומתים, אמר וידוי בבכי גדול וכשגמר אמר לו הרב, השלך עצמך בארץ על גבך, וכן עשה, אמר לו פשוט רגלך, פשט, פשוט ידיך, פשט, פתח פיך, פתח, סגור עיניך בטוב, סגר מיד, הרב היה לו מים מתוקים מזומנים והשליך לו בגרונו, וכמעט פרחה נשמתו. ואמר לו הרב גם ה' העביר חטאתך לא תמות, מיד הקימו ונתן לו תיקונים שיעשה, וגם יקרא בכל יום ד' דפים מספר הזוהר אפילו בלא אהבה, וכן עשה. ושלח אחר אשתו ובניו והיה בעל תשובה גמורה. ואמר הרב שהוא ניצוץ מנשה מלך יהודה, ונפטר בצפת בתשובה שלימה.

כבודך משורש נשמתם לכן צריך אתה לתקן עצמך

מעשה מהר״י אבולעאפיא והאר״י זיע״א. יום אחד בא החכם השלם כמה״ר יעקב אבולעאפיא לפני הרב, והרב קדמו ואמר לו, רצונך לילך למצרים. אמר לו כן אדוני, אמר לו וכבודך רוצה ממני שאכתוב לך כתב המלצה, אמר לו כן לפי שאין אני נהנה מההספקה, ומנהגי לילך בכל זמן למצרים שליח לעצמי, ובכל פעם אני הולך לחוסר הנדבה. לכן באתי למר שיכתוב לי כתב, אמר לו, ידעתי הכל ולך לשלום שאתה מוכרח לילך, אמר לו מה הכרח יש בזה, אמר לו, לך ובחזרתך לשלום יודע ההכרח. והפציר ברב שיאמר לו ולא רצה, ויכתוב לו הכתב ונתנו לו, ואמר לו מהר לך, וכן עשה. וילך לשלום, ובמצרים לכבוד כתב הרב עשו לו נדבה חשובה, ובקש לחזור בדרך על הגמלים, ואמרו לו אוהביו למה לו לרכב על הגמל שהוא קשה עליו, שיקנה לו נושא אדם וילך בנחת עם רוכבי הסוסים. וכן עשה, ויצא עם השיירה וכל מה שהיו עושים רוכבי סוסים שהיו מקדימים לשיירה ונחים גם הוא עושה כן, ויהי לימים נחו רוכבי הסוסים כמנהגם, וגם החכם עמהם, ירד מן הבהמה קשרו וישן.

ובאו בני השיירה עם הגמלים והקיצו אותו שילך עמהם, ויקץ וחזר וישן, ובעל הגמל שהיה מוליך סחורתו הקיץ אותו ויקם והתיר הנושא אדם והלך אחר השיירה והוא חזר למקומו וישן, ותרדמה גדולה נפלה עליו. וכשקם אחר חצות היום קם בבהלה לראות שנשאר יחידי בדרך ואינו יודע הדרך, והתחיל לרוץ אורח והיה בצער גדול, וסמוך לערב ראה כנגדו אדם אחד חורש על שני שוורים, ואמר אלך לי אליו ובלילה אלך עמו לכפר ומשם אשכור לשום אדם שיוליכני לשיירה. ויבא לפניו ונתן לו שלום ולא השיבו, וישב שם כמו רביע שעה עד שראה שנהפך החורש לשור והשור נעשה בן אדם, וקשרו בעול והתחיל להכות בשוורים בחוזק, ואז נבהל מראות, וכן על זה הדרך היו חוזרים חלילה השור לבן אדם והבן אדם לשור עד שקיעת החמה, ואז נעשו שלשתם בני אדם, ויאמרו לו, שלום

בואך האדון הוא מצפת, אמר להם כן, אמרו לו הרב אשכנזי הוא בצפת, אמר להם כן. מיד נפלו לרגליו ובכו בכי גדול, וגם הוא בכה עמהם, ויאמרו לו רואה האדון באיזה צער אנחנו יושבים למען ה׳ רחם עלינו כי מבני ישראל אנחנו, שילך מעלת כבוד תורתו ויתנפל ויתחנן לפני הרב בעדנו שיתקן אותנו, שאין אנו יכולים עוד לסבול הצער אשר אנו בו, וכל מה שיאמר הרב שיעשה מעלת כבוד תורתו בעדנו יעשה, ואנו נוליך אותו לשיירה. ובכה החכם עמהם וקבל על עצמו לעשות כן, והשביעוהו שבועה חמורה בכל תוקף וקבל, ואז לקחוהו ותכף נתנוהו בתוך השיירה וילכו להם.

ויבא לצפת ותכף קודם שנכנס לביתו בא לפני הרב. ויאמר לו הרב, בשביל השוורים אתה בא להגיד לי, ידעתי הכל וזה היה ההכרח שאמרתי לך, לכן לך לביתך ומחר תבא אצלי בבקר, וכן עשה. ויבא אליו ויאמר לו, בחיי דמר הודיעני המראה הזאת מהו, אמר לו, פלוני השור הוא פלוני בן פלוני ממקום פלוני, וכן על זה הדרך והם היו הולכים עם השרים והקיפו פאת ראשם, ולזה ענשו אותם בעונש זה, אמר לו אדוני מה שייכות יש לפאה בשוורים, אמר לו הלא אמרתי לך שחושב עצמו לתלמיד חכם ואינו יודע דבר, אמר לו כזה אינו נמצא לו רמז בגמרא ולא בשום ספר, אמר לו מקרא מלא הוא וכבודך אינו יודע לא קרית לא תקיפו פאת ראשכם ראשי תיבות פר, לומר כל המקיף פאת ראשו מתגלגל בפר. ואז הודה לו לרב ואמר לו, האמת הוא שאין אנו יודעים דבר, אמר לו ומה לי ולהם שהוכרחתי לילך, אמר לו כבודך משורש נשמתם, לכן צריך אתה לתקן עצמך, מיד כתב לו הרב סיגופין ותעניות וכוונות שיכוין בעדם, וכן עשה. וביום שגמר כל התיקון באו שלשתם בחלום לאותו החכם ואמרו לו, רוחכם ינוח לעולם הבא כאשר הנחתם לנו, מאותו היום שהתחלת לעשות התיקונים שאמר לך הרב, בתיקון הא׳ שעשיתם הוציאונו מאותה העבודה קשה שראיתם

והכניסונו לגיהנם, וכן על דרך זה בכל תיקון שהייתם עושים היו מוציאין אותנו מעול כבד ליותר קל ממנו, עד שהכניסונו לגן עדן.

שוחט שנתגלגל בתיש

יום אחד בערב שהיו לומדים, נכנס תיש גדול ופתח הדלת ונתקרב לרב, ושם פיו באזני הרב ודבר עמו והשיבו הרב, לך לשלום אנכי אעשה כדברך, וילך התיש. וכל החברים המה ראו כן תמהו, אמר הרב להרח״ו קום ולך וקנה התיש הזה בכל מה שישאלו ממך והבא אותו אלי, אמר לו אדוני מהיכן אני מכיר אותו, אמר לו לך והוא יכירך מי הוא. ויקם וילך חוץ לעיר לעדר הצאן, מיד רץ התיש ויבוא אליו ושם קרנו בחגורו, בא הרועה והכה אותו להסירו מעליו ולא יכול לו, אמר לו הרח״ו למה אתה מכה בו שאני רוצה לקנותו. ואז שחק הרועה ואמר לו, בעליו הוא עשיר גדול ואינו מוכר אותו, אמר לו אני אלך אצלו, וכן היה והלך אליו וידבר עמו. ובעליו שאל ממנו ערך חמישים תיישים ונתן לו, ויבא התיש אחריו.

והרב שלח אחר כל השוחטים שיבואו לפניו ויבואו, אמר להם השחיזו כל אחד סכינו וכן עשו, ולקח הרב סכין אחד מהם ובדקו כולם וגם הרב, ויאמר הרב לתיש הפל עצמך לארץ ותאמר וידוי[15] וכן עשה, וראו כולם שהוא בוכה, וכשגמר אמר לו הרב פשוט צווארך, ופשט. בקשו לקשרו כמנהג אמר הרב, אינו צריך שכבר פשט צווארו מאליו, ואמר להרב סופינו שהוא ישחוט אותו ונתן לו כוונות שיכוון בשחיטתו, וכן עשה, ובקש לבדוק הריאה, אמר הרב אין צריך, שכך אמר לי התיש שהוא כשר מכושר מבפנים, ואז צוה הרב שלא ישליכו ממנו שום דבר זולת דמו, ועורו יעבדו לשם ספר תורה ותפלין, וקרניו לשופרות, ויביאו כל הבשר לפניו וקרא לסופר ואמר לו שיכתוב כוונות, ושלח לכל תלמיד חכם שירצה חתיכת בשר שיאכל אותו בכוונות אלו, וכשגמר הדבר שאלו החברים מה זה הדבר, אמר להם, היה שוחט פלוני ויום אחד הכריחוהו שישחוט במהרה,

---

[15] וידוי על חטאים

אריז"ל

והסכין היה בה פגימה דקה מן הדקה ונעלמה ממנו, ויצא כשר, ונמצא שהאכיל נבלה לישראל. ובא ואמר לי שאתקן אותו שישחטוהו ויזהרו בסכין, שאם יתקלקל הסכין הוא חוזר לגלגולו. לכן תקנתי אותו. ויחרדו כל החברים, ובלילה בא בחלום לרב ואמר לו, רוחך ינוח לעולם הבא כמו שהנחתתי.

לא מצא תרופה למכתו

איש חסיד אחד היה ושמו ר' אברהם בן פואה ז"ל, והיה האיש עשיר גדול, וידו היתה פתוחה לעניים ואביונים מאוד. ואצלו היה שכן אחד אשר היה מתעסק בסחורה משא ומתן עם אשת ר' אברהם הנ"ל, כי אשתו היתה מסוגלת למשא ומתן. ויהי פתאום חלה אותו השכן ונפל למשכב ימים רבים, עד שהתחיל בשרו לרקוב וערותו נרקבה, ונפלו חתיכות חתיכות ממנו. ופיזר ממון הרבה על רופאים ולא מצא תרופה למכתו, והיה צועק תמיד מרוב יסורים, שהיה קולו נשמע בעשרה מבואות. ומת זה השכן מגודל היסורים קשים ומרים. ואחר מותו כמה שנים, ראו תמיד מסבב סמוך לביתו של ר' אברהם כלב שחור מכוער מאד, כשראו אותו האנשים נפחדו בפחד גדול כמו בפני מזיק ר"ל, והיה תמיד מתאוה וממציא דרכים לדחוק עצמו לתוך הבית, והיו תמיד מגרשים אותו מהבית במקלות. ותמיד כשהיה ר' אברהם משכים מביתו לצאת מפתח ביתו לבית הכנסת, היה מוצא תמיד זה הכלב שחור עומד אצל הדלת, והיה ממתין שיפתחו הדלת וישמיט עצמו אל הבית. ותמיד היה ר' אברהם מגרש אותו, וצוה לנעול הדלת אחריו. וכשהיה ר' אברהם חוזר בהשכמה מבית הכנסת לביתו, היה מוצא הכלב גורר ודוחק הדלת לפתוח, והיה מגרשו. ופעם אחת אירע שיצא ר' אברהם בהשכמה מפתח ביתו ושכח לנעול הדלת של הבית ושל החדר בית החיצון, ותיכף דילג הכלב לבית ונכנס לבית החורף, ומבית החורף לחדר שהיה גם כן הדלת פתוח, ונכנס שם למקום אשר שם אשת ר' אברהם שוכבת שם במטה, ומצאה ישנה, וקפץ עליה ונשכה

62

נישוכין הרבה ופצעים וחבורות וברח. והלכו להגיד זה הענין אל האריז״ל, והגיד כי אשה זאת נעשית בעו״ה אשת איש עם השכן, והוא זה הכלב שבאת בו נשמתו, והיא הביאתו בפיתוי דברים ובקירוב מעשיה לחטא זה, על כן עשה בה נקמה. והשביעו את האשה שתגיד את האמת, והודית שכן הוא, שנעשית אשת איש עם זה השכן, ועל כן נרקבה ערותו ובאה נשמתו בכלב. ואח״כ בקשה לעשות תשובה ומתה בתוך תשובתה, אבל החסיד גירשה תכף מביתו.

האר״י ראה מה שיהיה לבחור אחד

יום אחד בא לפני הרב בחור אחד ונשק את ידי הרב, ואמר לו שרצונו לילך לחוצה לארץ, שיגיד לו הרב מה שיקרא אליו בחוצה לארץ. ויאמר לו הרב, נוכח ה׳ דרכך ותלך לשלום, ושם תקח לך אשה יפת תאר מאד, ומוהר ומתן הרבה ותהיה נשוי עמה ששה חודשים ותמות האשה, ולא תירש ממנה כי אם ת״ר זהובים, והסיבה הוא שהאשה ההיא באה בגלגול אחר שהיתה אז איש כמוך, והיה חברך וציער אותך ששה חודשים, ולבסוף הוליך אותך לגוים והפסיד אותך ת״ר זהובים, ועתה בא לפרוע לך כנגד הששה חודשים שציערך שתתענג עמה ביופיה, והת״ר זהובים שתירש כנגד הת״ר זהובים שהפסידך, לכן אפילו הכי תאמר מחול לך, וכן היה.

הזמין רבינו האר״י השבעה רועים

מעשה שהזמין רבינו האר״י לשבעה רועים. פעם אחת אמר הרב לתלמידים ביום שבת קודש, אם תקבלו עליכם שלא תדברו כלום בבית הכנסת בשחרית עד אחר יציאת בית הכנסת, ולא ימלא אחד מכם פיו בשחוק מכל מה שתראו, כי אני אתפלל עמכם היום לפני התיבה ואקרא לספר תורה השבעה רועים, והשיבו התלמידים, אנחנו מקבלים עלינו בשמחה כל אשר צונו אדוננו. ואמר להם, רואה אני ברוח הקודש שאחד מכם יהיה נענש על שישתוק, והם הפצירו בו מאד, עד שעשה את רצונם.

באו לבית הכנסת, וקרא את אהרן לכהן ובא וקרא לעצמו הפרשה שלו ואמר הברכה בתחלה ובסוף, וכן משה במקום לוי וקרא הפרשה שלו ואמר הברכות והלך לו, וכן אברהם יצחק ויעקב, וכן יוסף הצדיק קראו להיות שישי, ולשביעי קרא לדוד בן ישי, והיה מראה עצמו מרקד ומשחק מפזז ומכרכר בכל עוז לפני ארון ברית ה׳, והוא חגור אפוד ומעיל בד על מתניו. והנה מיכל בת שאול נענשה על זה מפני ששחקה בלבה ואמרה כהגלות נגלות אחד הריקים היום לעיני העם ולעיני אמהות עבדיו. והיא לא ידעה הסוד הגדול והנורא הזה, כי מדת מלכות בית דוד היא דמיון הלבנה, דלית לה מגרמה כלום, ואם אין לה אור מהשמש לא תאיר, ואין לה שפע ח״ו, ותמיד בגלות היא אומרת אשובה אל אישי הראשון כי טוב לי אז מעתה. וכן אמרו חז״ל, מעולם לא ראתה חמה פגימתה של לבנה, כי כל זמן שהיא הולכת נגד פניה היא מקבלת אורה, וכשהיא הולכת לאחוריה יש לה פגימה וחסרון, כי החמה אינה יכולה לראות ולהביט בה, לכן תמיד היה דוד חושב מחשבות לתקן אותה, כי היא מדתו ולכן נשבע חי ה׳ אם אתן שינה לעיני ותנומה לעפעפי עד אמצא מקום לה׳ משכנות לאביר יעקב.

וזאת היא התמיהה של שלמה המלך ע״ה שאמר דרך הנשר בשמים, כי טבעו הוא לפרוח עד לשמים ונשרפו נוצותיו ונופל לארץ וישב עד שגדלים נוצותיו והכנפים שלו צומחים, וחוזר ופורח עד לשמים. ובודאי היא תמיהה גדולה מי שנשרף פעם אחת לא ילך לאור פעם שנית, ומכל שכן יותר. אלא להיות שיש חיות במרכבה, ואריה מאבא, וניצוץ שור כאימא, וניצוץ אדם מזעיר, וניצוץ נשר מנוקביה, והכל מיצירה, כי משם באים ניצוצי העופות לעולם, נמצא כי הנשר טבעו וניצוצו כמו מלכות בית דוד, היא תורה שבעל פה רצונה להתדבק בתורה שבכתב, הוא הנקרא שמים והארץ היא מלכות טבעה לעלות למעלה אל זעיר אנפין בעלה, וחשק שלה הוא גדול מאד, שנאמר בקשתי את שאהבה נפשי בקשתיו ולא מצאתיו. ומפני שניצוץ דוד הוא ממלכות הנקראת נשר, כיון שראה התורה שבכתב, רקד כנגדה בשמחה גדולה בכל עוז, וכן בכל פעם שרואה את התורה, ולכן

מיכל בת שאול נענשה על זה. וגם תלמיד אחד ששחק נענש ומת באותה שנה, כי כן דרך הכסילים לשחוק על מה שאינם מבינים. אוי לו ואבוי לו שיהיה נענש על זה, הנה כל מי שיראת אלהים בלבו יעשה ויזהר שיראה כשמוציאים הספר מן ההיכל או כשמחזירים אותו להיכל מיד ילך בזריזות כנגדו ויחבק וינשק אותו באהבה רבה וברחימו ובתשוקה גדולה, כי מימות יהושע בן נון אנחנו עומדים במדריגת הלבנה, ומי שיש לו עינים בראשו יבין זה מעצמו, וה׳ יצוה אתנו את הברכה חיים עד עולם אמן.

מעשה מהרש״ל והרמ״א זיע״א

ידוע ומפורסם מעולם על אודות האריז״ל החי זיע״א אשר האיר פני תבל בנפלאות מתורתו הקדושה לגלות צפונות מסתרי התורה ולעמוד על סודה. והחברים הקדושים ה״ה המהרש״ל והרמ״א מרחוק בשמעם דרכו בקודש להשתמש בשמות הקדושים ולסלול לו דרך אחר ע״ד סוד ה׳ ליריאיו במנהגים אחרים, חשבוהו ליוצא מגדר התורה, כי מוזר היה בעיניהם דרך זה, כי לא ידעו מה הוא, לו אם הוא ראוי לכך, ודנוהו למקדיח תבשילו ח״ו. והוסכם אצלם לנדותו ח״ו, למען ישוב מדרכו ללכת בעקבות רבותינו מעולם בהלכה. וכשנתוודע להאר״י הקדוש מזה שבמחשבתם לעשות לו כן, וידע גדלם בעולם שמעשיהם יקובל בקרב כל אנשי מדינתם, ומי יבוא אחריהם את אשר כבר יעשו מעשה. ויירא מאד, ויצר לו אם יענישם אחר כך על מעשיהם, כי היו צדיקים גמורים בעיניו.

ונתיישב לשלוח להם את תלמידו המובהק הקדוש האלהי הרב חיים ויטאל ז״ל, ומסר לו השמות הקדושים להשתמש בהם לעת הצורך לצורך קפיצת הדרך כמ״ש לקמן וראה בשבחי האר״י עמוד פ״ה הערה ד׳. ובא הרב חיים ויטאל אל המהרש״ל ביום ששי ערב שב״ק, והוא היום שהיה מוסכם אצל המהרש״ל והרמ״א לעשות בו נדויו כל אחד במקומו, והודיעו הרח״ו להרש״ל על מה ולמה הוא בא, וכשמוע הרש״ל דבריו הצר לו מאד על הדבר והשיב לו, לחנם מה שהטרחת כל כך בביאתך זה הדרך רחוק

מאד ולתהו כחך כלית, באשר הוא היום הזה אשר יעשה הרמ״א במקומו המעשה. אמר לו הרח״ו, אך אחת שאלתי מאת כבודכם אותה לבד אבקש מכם, שתתמהמהו עוד בדבר עד יום ראשון לשבוע הבא, ולא תהיו נחפזים כל כך לעשות דבר כזה עד שתתעכבו עוד ב׳ ימים, והשיב לו הרש״ל נרציתי ונעתרתי למבוקשך בדבר הזה, אך מה יועיל לך זאת בטרם תפעול כן גם אצל חברי הרמ״א, וזהו דבר בלתי אפשרי לאשר היום הזה הוא אשר הוגבל בו לעשות מעשה כל אחד במקומו, ובלי ספק יעשה הרמ״א שם במקומו מעשה כמו שהוסכם בינינו ולא ישנה. אמר לו, אם כן אשא רגלי ללכת אל הרמ״א לפעול אצלו כן, והשיב לו איך באפשרותך לעשות כן, הלא הדרך רחוק והיום קצר, וחשב הרש״ל שבלי ספק יתעכב הרח״ו לו בדרך בשב״ק. ואמר לו הרח״ו ז״ל, תדעו כי אהיה עוד חזרה אצלכם קודם שב״ק, ואסעוד אצלכם בשב״ק, וכן היה.

וכשבא אצל הרמ״א אמר לו, היום יצאתי והיום באתי. ורצה הרמ״א לבקש שיסעוד אצלו בשב״ק, והשיב לו הרח״ו, לא אוכל עשוהו באשר כבר הבטחתי להרש״ל חברך לסעוד אצלו בשב״ק, ושב להרש״ל כדבריו. וכל השב״ק לא נתגלה הרח״ו לפניו בשום דיבור מדברי תורה על השולחן כראוי לתלמיד חכם גדול כמוהו, אך נסתתר לפניו בהצנע לכת כדרכם מעולם, וזה היה עושה בכוונה אשר ישאר הרש״ל עדיין בהתנגדותו על רבו ותלמידו המקובלים ולא יתנחם על מעשהו.

וכשבא יום ראשון לשבוע שאחריו והוא היום שהוגבל בו ממנו להרשות להרש״ל והרמ״א לעשות כחפצם נגד האר״י ותלמידיו ז״ל, שאל הרש״ל את הרח״ו מה מענה בפיו על דרכו של רבו שיברר לפניו את אשר רצה לברר צדקת מעשיו של רבו, כי אין נלוז במעגלותיו וכל פעלו תמים על פי התורה וההלכה כאשר יעד להם בבואו, כי אלולי כן הוא מוכרח לעשות בו כמשפט הראשון אשר נועדו ביניהם, למען גדר פרצת בני עוולה שלא יוסיפו לפרוץ גדרי התורה במעשיהם הזרים לסמא עיני ישראל, כאשר חשבו התועים עליו.

והשיב לו הרח״ו בזה הלשון, תדעו כי אי אפשר לי לברר הדבר הזה אם לא שנהיה שנינו יחד בהחבא אשר כל אדם לא יהיה באוהל אשר אנחנו בו, ושאל לו עוד אם לא נמצא אצלו איזה מערה שיוכלו שניהם להסתתר שם באין איש אתם, ואמר לו הרש״ל שיש לו מערה ונכנסו שניהם אל המערה וישבו שם, ונתווכחו בטענותיהם יחד על אודות דרך הקודש של האר״י רבו. ושאל הרש״ל שיתן לו אות ומופת על דרכו האמיתי, והשיב לו הרח״ו בזה הלשון תדעו כי יש בכח רבינו ותלמידיו לעשות עמכם כולכם ככל חפצינו, ואפילו לקחת חייכם מכם, ולעשות תל עולם, כי כל כך דרכנו ישרה לפני השם יתברך, וטהור לפניו שנמסרו לנו סדרי בראשית לשנות הטבע ולשדד המערכות ככל רצוננו, ולא יפלא ממנו דבר. ואמר לו הרש״ל מאן מסהיד ומי יודע אם נאמנו דבריך, והשיב לו מיד תראה, והנה פתאום נשא הרש״ל את עיניו וראה שנתמלאה המערה פלג מים, ואז אמר לו הרח״ו, עתה אמור נא אם תאמין מעתה, והשיב לו עדיין איני מאמין שביכלתכם לעשות בי כחפצכם ולקחת חיותי ממני, ואמר לו הרח״ו, אם כן תראה יותר, והנה פתאום ראה הרש״ל כי המים עולים ומתגברים מאד עד שמגיעים לו למחיצת גופו, ועדיין הקשה רוחו ואמץ את לבבו, עד שראה שבאו מים עד נפש ושבולת תשטפהו, אז קרא הרש״ל בקול צעקת חמס להרח״ו, הצילני נא אחי, שמעתה אני מאמין כי רבכם אמת ותורתו אמת בהראותך נפלאות לטובה אות מאדון צבאות.

האיש תם שהיה מקריב לה׳ לחם ויין

מעשה שרב אחד בעירו הלך בערב שבת תשובה לבית הכנסת, וישב על מקומו ומושבו לסדר הדרשה שידרוש למחר. ובתוך כך, בא אחד מאנשי עירו שהיה ירא את ה׳ אבל רחוק מאד מהתורה, וכמעט אפילו ידיעות בית רבו לא היה לו, והביא צנצנת יין ושני לחמים ונתנן בארון הקודש. וכשהרב ראה זאת אמר לו, מה אתה עושה, אמר לו רבי אני מצמצם פרוטה ופרוטה ממלאכתי וגוזז אני את נכסי, שאזכה להביא קרבן מנחה לה׳ לקיים כבד

את ה׳ מהונך. וגער בו הרב ואמר לו תוכחה ודברי כבושים, הלא הקב״ה אינו גוף ואינו דמות הגוף ואין לפניו לא אכילה ולא שתיה, ואמר לו אותו האיש, רבי אני יודע שקרבני רצוי ומקובל לפני השם, שהרי זה זמני זמנים שאני נוהג כן, וביום השבת בהשכמה כשאני פותח הארון רואה אני שאיננו ולקח אותו האלקים, שכבר נתקבל למעלה לריח ניחוח. ואז נזף בו הרב יותר ויותר בדברי קנטורים, וביושים והסביר לו הענין שטעה בדרך זה, ולא זה הדרך ולא זו העיר לאהוב את השם ולעבדו בדרך כזה, ובודאי שמש בית הכנסת ידע מזה ונטלו, ואז הלך האיש לביתו בפחי נפש ובצער גדול, עבור שנודע לו עתה שלא זכה לקרבת השם ולהיות קרבנו מקובל אצלו. ושלח האר״י ז״ל הקדוש לאותו הרב שיצוה לביתו וימות, עבור שבייש לאותו האיש ומנע מה׳ קרבן שהוא לו באמת לריח ניחוח, כי מיום שחרב בית המקדש ופסקו הקרבנות לא היה לו להקב״ה נחת רוח כמו מהלחמים והיין של אותו האיש. מזה נראה הגם שדברי הרב ותוכחתו אין בהם נפתל ועיקש, ואמת וצדק המה, עם כל זה לא גרע דבר זה מחשב אדם לעשות מצוה ונאנס ולא עשאה, דמעלה עליו הכתוב כאילו עשאה, ואמרו חז״ל, רחמנא לבא בעי.

פטירת האר״י

ויהי בחוליו בירך לחברים כל אחד נוסח ברכה הראויה לו כפי ניצוץ נשמתו, והרח״ו לא היה שם עמהם בשעת הברכה, כי היה הולך עם הנשים ועם החכמים מבית הכנסת לבית הכנסת להתפלל על הרב. והרב שאל לחברים אנה הלך הרח״ו, שאני צריך לברכו ככם ולסמוך את ידי עליו, כי מה שהוא עושה עכשיו לא בשביל זה יכול לבטל הגזירה, כי היא גזירה שיש עמה שבועה שאי אפשר לבטל, לכן שילחו אחריו. וכן עשו החברים. ובבואו לפני הרב ז״ל אמר לו, צר לי עליך בני חיים איך אתפרש ממך, אבל מה אעשה כי אין שלטון ביום המות, ועתה בני שב לפני ושאל מה שתרצה ממני קודם הסתלקותי, שמא תתחרט אחר כך למה לא שאלת כל

הספיקות שהיו לך וכל אשר אתה מתקשה בו עכשיו, התיאש מלהתפלל עלי כי אז לא יועיל שום דבר. אז החזיק בו ונשקו וברכו ברכה מיוחדת לניצוץ נשמתו, וצוה לחברים שישבו לפניו, והוא ישב על המטה, ויצום לאמר הזהרו שיהיה שלום ביניכם מכאן ואילך ונהגו כבוד זה בזה, ואם תזכו אבוא בגלגול אחר ללמוד עמכם, ואגלה לכם רזין מה שלא ניתן לי רשות לגלות אותם עכשיו, והזהרו בכבוד הרח״ו כי תורת חיי״ם בקרבו, וממנו תצא תורה בישראל כי עבד נאמן הוא לי. ופתח פיו ודרש להם סודות ורזין, ובאמצע הדרוש פתח עיניו ונסתכל בכותלי הבית ואמר, חברי מה טוב ומה נעים היום הזה אשר הבית הזה מלא אשר אין מקום להניח אפילו גרגיר חטה, וכל המתיבתות אשר ברקיע ננעלו והצדיקים באו לכאן, ומלאכי השרת אין מספר ומלכם בראשם, ללוות נשמתי עד מקומה הראוי. לכן אחר יציאת נשמה אל תניחו שום אשה או טמא שיגע בי, אלא החברים יתעסקו ברחיצתי, ואחר הרחיצה אל יטבולו אותי בביתי כמנהג, אלא יוליכו אותי לבית הטבילה ושם אני אטביל את עצמי .ויהי כדברו דברים אלה, הביט וראה שם להר״י הכהן עומד, אמר לו מהר וצא לך חוצה, שלא נשאר רגע ליציאת נשמה, ובצאתו נח נפשו.

ויצחק בן ל״ח שנה, לא כהתה עינו ולא נס ליחה ולא נשתנו פניו כשאר מתים, אלא היו פניו מאירות כשמש בגבורתו. אז נפלו כל החברים ושאר החכמים שהיו שם לארץ, וגעו בבכיה גדולה עד שעלתה שועתם לשמים, והרח״ו היה מאפיר עצמו באפר בוכה וצועק אבי אבי רכב ישראל ופרשיו אין מנחם לי. אז טבלו החברים וטהרו עצמם ונתעסקו ברחיצתו, ודמעותיהם נגרים יותר מן המים אשר היו משליכים עליו.

אחר הרחיצה גדולה, הוליכוהו לבית הטבילה, וכך אמרו לו, רבינו עשינו המוטל עלינו, אבל הטבילה אין לנו רשות כי האדון העיד בנו לאמר שנוליך אותו לבית הטבילה והאדון יטבול את עצמו, ועתה האדון בתוך בית הטבילה במים. מיד עמד בקומה זקופה בתוך המים כחי, והרכין בראשו וטבל ד׳ פעמים כנגד ד׳ אותיות של השם. ואחר הטבילה הלבישוהו בגדים

יקרים, והכריזו אין כהונה היום, והוליכוהו מביתו לבית החיים הלוך ובכה עד שהיו הדמעות נגרות לארץ כנחל שוטף, ואפילו הגוים שהכירוהו בכוהו וספדוהו. והרח"ו ושאר החברים היו הולכים יחפים וקרועי בגדים ומלובשים שקים ואפר על ראשם כיום ט' באב, בוכים ואומרים תורה הקדושה מספד יחיד עשי לך על הסתלקות מלאך זה היודע סתריך.
והרח"ו מרוב צערו אותו היום נטרפה דעתו, עד שבשעה שרצו להניחו בקבר, נפל לרגליו ונשקם, ובכה ואמר אי רגלים הממהרות לעשות רצון קונם, איך נלכדו ברשת בעוונותי, ואיך אתאפק שיגנז ארון האלהים ויתכסה ממני. ובקושי גדול הסירו אותו מעליו, וקברוהו בקבורת המלכים מאן מלכי רבנן .והוא הלך אל המנוחה, והניח לחברים וחכמי ישראל ביגון ואנחה. יהי רצון שזכותו יגן עלינו ועל כל עמו ישראל להצילם מכל צרה וצוקה ולגאלם בקרוב למען שמו, אמן וכן יהי רצון.

השמונה שערים

אריז"ל - יצירותיו

השמונה השערים

לאחר הפטירה של האר"י, רבי חיים ויטאל החרים את כל הכתבים שתלמידים אחרים כתבו מהשיעורים של האר"י. הוא חשף שמאז שהאר"י נפטר, כל המקורות של תבונה אלוהית נסגרו והבנה ראויה של הידע שלו לא היה אפשרי יותר.

בשנת 1587 (5347), רבי חיים ויטאל נפל למשכב. רבי יהושע בן נון, חברו הטוב של רבי ויטאל ביקש רשות מאחיו משה ויטאל להשאיל למספר ימים את 600 הדפים של כתבי היד של רבי חיים, והוא הסכים.

רבי בן נון השכיר את שירותיהם של מאה סופרים וביקש מהם להעתיק שישה דפים מכתבי היד תוך שלושה ימים. העתקים הללו היו מלאים בשגיאות והופצו בקרב קבוצה מאוד מוגבלת של מקובלים. לקח לרבי חיים עשרים שנה כדי לסדר את כל הכתבים בסדר הנכון. הוא סידר אותם בשמונה קטעים הידועים כ"שמונה השערים" – שמונת השערים או הכניסות. הוא לא חשב שהעולם מוכן לתורתו של האר"י ולפני שהוא נפטר ב 1620 (5380), הוא הורה שכל כתבי היד שלו יקברו איתו. מספר שנים לאחר מכן, תלמידים של רבי חיים, רבי אברהם אזולאי ורבי יעקב צמח ביצעו טקס קבלה הידוע כשאילת שלום[16] כדי לבקש את רשותו של רבי שלום לקחת את כתבי היד של האר"י מקברו ולפרסם אותם, והוא הסכים.

---

[16] הצגת שאלה מרוחות שמימיות

השמונה שערים

בנו רבי שמואל ויטאל גם תיקן וערך את כתבי היד הללו לתוך שמונה קטעים. הם הפיצו את הצורה הראשונה של כתבי היד ב 1660 (5420) ולאחר מכן הודפסו בירושלים בשבעה כרכים בשנים 1863-1898 (5623- 5658) בתמיכה של ישיבת המקובלים בית-אל.

השמונה השערים - ידועים גם אז עץ חיים או כתבי הארי, הם:

שער ההקדמות: יפתח בכל ההקדמות של החכמה, מראשית האין סוף, דרוש אחר דרוש, מקושרים כשלהבת קשורה בגחלת, עד סוף עולם תעשיה.

שער מאמרי רשב"י: יפתח בכל מאמרי חכמת האמת, כמו ספר יצירה. וספר התקונין. וספר הזהר. פרשה אחר פרשה כסדרה. וגם איזה מדרש של רשב"י ע"ה. או בשיר השירים. או ברות. או באיכה. או כדומה לאלו מדברי רשב"י ע"ה.

שער מאמרי חז"ל: יפתח בכל מאמרי חז"ל, בין בכל התלמיד. בין במדרש רבה ותנחומא. וספרי וספרא. ושאר המדרשים, איש על מקומו יבא בשלום.

שער המצות: יפתח בביאור הפסוקים, וסידרתי אותם פרשה אחר פרשה. ונביא אחר נביא, ראשונים וגם אחרונים. והמה בכתובים דרך ישרה שיבור לו האדם, וקראתי שמו: שער הפסוקים השער החמישי: יפתח מכל פירוש המצות, עשה ולא תעשה מסודרים על סדר הפרשיות, כל מצוה ומצוה במקומה וצביונה.

השמונה שערים

שער הכוונות: יפתח מכל הכוונות שבתפילות. בימי החול, ושבת, וימים טובים. וימי נוראים, וחנוכה, פורים, ותלמוד תורה, ומצות ק"ש וציצית ותפילין.

שער רוח הקודש: יפתח מהקדמות, לנבואה, ולרוח הקודש, וגם יחודים רבים, ואזהרות לתקון הנפש. ותיקונים למי שרוצה לשוב מחטאיו, כל אחד כמשפטו.

שער הגלגולים: יפתח בענין הגלגולים, ומבואר בו כמה הקדמות בענין הנשמות, ושמותם וגלגולם של אנשים פרטיים, וגם כוללים, מאדם הראשון ע"ה, עד דורנו זה. והקדמות בענין שכר הצדיקים, ועונש הרשעים, ודרושים בענין היסודות והנבראים.

זאת המהדורה הראשונה משישה מהדורות שנדפסו.

היום בכתבי הארי מוצאים את הספרים האלה:

עץ חיים

פרי עץ חיים

שער רוח הקודש

שער הגלגולים

שער הכונות

שער המצוות

ספר טעמי המצות

השמונה שערים

שער הפסוקים

ספר לקוטי תורה

שער מאמרי רשב״י

ספר עולת תמיד

שער מאמרי רז״ל

ספר הליקוטים

ספר מבוא שערים

ספר ארבע מאות שקל כסף

שער ההקדמות

בספר החדש שיצאנו : ״קיצור כתבי הארי״ אנחנו מביאים חלק מכל הספרים האלה.

הקדמה עץ חיים

הקדמה עץ חיים

עץ החיים הוא העבודה הכי חשובה של האר״י. זה מסביר את כל הרעיונות המרכזיים של הקבלה. הפרטים על הרעיונות הללו הם עבור לומדים מתקדמים יותר של הקבלה. כאן ניתן לכם מושג מאוד בסיסי של הידע הזה, החל בשתי ההקדמות של רבי חיים ויטאל שהודפסו בתחילת כל המהדורות של הספר הזה.

הקדמת מהרח״ו - הרב חיים ויטאל

אמר הצעיר מעיר, הדל באלפי, חיים ויטאל בן לא״א הרב יוסף ויטאל זלה״ה, בהיותי בן שלשים לכח, תשש כחי, ישבתי משתומם. ומחשבותי תמהים. כי עבר קציר, כלה קיץ, ואנחנו לא נושענו. רפואה לא עלתה למחלתינו. אין מזור לבשרנו. ולא עלתה ארוכה למכתנו, לחרבן בית מקדשינו. הנחרב זה היום אלף ות״ק ודי שנים. אוי לנו, כי פנה היום, יום אחד של הקב״ה, שהוא אלף שנים, וגם נטו צללי ערב, שהם ת״ק וד׳ שנים יותר מחצי היום הב וכלו כל הקצין, ועדיין בן דוד לא בא.

ונודע את אשר ארז״ל [ירושלמי יומא פ״א ה״א] כל דור שלא נבנה בה״מ בימיו, כאלו נחרב בימיו. ואתנה את פני לחקור ולדעת מה זה, ועל מה נתארך קיצינו וגלותינו. ומדוע לא בא בן ישי. ומצאתי און לי ואנינה בקרבי, ולבי דוי. ממאמר א׳ הובא בס׳ התיקונים תיקון ל׳ דף ע״ז ע״ב. וז״ל, תנינא, ורוח אלהיי״ם מרחפת וגו. מאי ורוח, אלא, בודאי בזמנא דשכינתא נחתת בגלותא, האי רוח נשיב על אינון דמתעסקי באורייתא, בגין שכינתא דאשתכחת בינייהו, והאי רוח אתעביד קלא, וימא הכי: איבון דמיכין, דשינתא בחוריהון, סתימין עינין, אטימי לבא, קומו ואתערו לגבי שכינתא, דאית לכרך לבא, בלא סכלתנו למנדע ביה, ואיהו בינייכו,

ורזא דמלה (ישעיה מ) קול אמר קרא. כגון (איוב ה) קרא נא היש עונך וגו, והיא אומרה (ישעיה מ) מה אקרא, כל הבשר חציר.
כלא איבון כבעירן דאכלי חציר. וכל חסדו כציץ השדה, כל חסד דעבדין, לגרמייהו עבדין. ובההוא זמנא מה כתוב (תהלים ע״ח, ויזכור כי בשר המה רוח הולך ולא ישוב דא איהו רוחו של משיח. ווי לון מאן דגרמי דיוזיל ליה מן עלמא, ולא יתוב לעלמא, דאילין אינון דעבדי לאורייתא יבשה, ולא בעאן לאשתדלא בחכמת הקבלה, וגרמין דאסתלק נביעו דחכמה, דאיהו יו״ן מינה, יאשתארת ב״ית, יבשה, ווי לון, היא מופשטת מכל הלבושים הנקרא פשט, מלשון פשטתי את כתנתי, שהוא בחי׳ המלבוש החיצוני, שהוא ע״ג עור אדם המתפשט מעליו לפעמים, וזהו עיקר מלת פשט.

ואמנם בעולם האצילות, אשר שם הקב״ה יושב ועוסק בתורה, כנזכר במדרז״ל, וגם בדברי המתרגם על פסוק דודי צח ואדום, ויכמש״ה ואהיה אצלו אמון וגר, הנדרש לרז״ל על בריאת העולם, שהיה הקב״ה מביט בתורה, ובורא עולמות. ואין ספק, כ׳ לא כמעשה אדה״ר, ולא כמעשה דבני חרי, וכמעשה אתונו דבלעם, וכיוצא בהם, בהיותם כפשוטם, היה משתעשע בהם הקב״ה, אלפים שנה קודם שנברא העולם, ובורא בהם עולמות.

אמנם שעשועות של הקב״ה בתורה, והיותו בורא בה את העולמות, היתד, בהיותו עוסק בתורה בבחי׳ הנשמה הפנימית שבה, הנקרא רזי תורה, הנקרא מעשה מרכבה, היא חכמת הקבלה, כנודע אל היודעים. וטעם הדבר הוא, להיותו עולם האצילות, העליון מאד, טוב ולא רע, ,דלא יכיל לאתערבא עמיה קליפה. ועליה אתמר, וכבודי לאחר לא אתן, כנזכר בספר התיקונין ד׳ ס״ו תיקון י״ח, וכן בסד״ז בפי בראשית דכ״ח ע״א ע״ש.

ולכן גם התורה אשר שם, איננה רק מופשטת מכל לבושי הגופנים. משא״כ למטה בעולם היצירה, עולם דמטטרו״ן, הנק׳ עבד טוב, והוא הנקרא עץ הדעת טוב מסטרא (דטוב, ומסטרא דסמאל, שהוא קליפין דיליה, נקרא עבד רע, כי התורה אשר שם הם שית סד״מ, הנקראים שפחה כנ״ל. וכנזכר בפרשת בראשית שם דף כ״ז ע״א. ולכן נקראת משנה, לפי ששם יש שינויים הפוכים, טוב, מסטרא דעבד טוב, היתר כשר טהור. רע, מסטרא דעבד רע, איסור טמא פסול. גם הוא מלשון כי מרדכי היהודי משנה למלך, שהיה שפחה, הנקרא עבד מלך מלך. גם נקרא מלשון שינה, כנזכר בפרשת פינחס דף רמ״ד ע״ב, קם זמנא תנינא ואמר, מארי מתניתין, נשמתין ורוחין ונפשין דילכון אתערו כען, ואעברו שינתא מניכון, דאיהו ודאי משבה אורח פשט דהאי עלמא, ואנא לא אתערבא בכו אלא ברזין עילאין דעלמא דאתי, דאתון בהון לא ינום ולא ישן. וזה יובן במ״ש יותר למעלה שם, ורבנן דמתניתין ואמוראי, כל תלמודא דלהון על רזין דאורייתא סדרו ליה, ונמצא כי המשנה והש״ם הם הנקרא גופי תורה. והנה דבריהם כחלום בלי פתרון ורזיה וסתריה הפנימים, הנקרא נשמת התורה, הם הם פתרון החלום, הנפתר בהקיץ, בסוד אני ישנה ולבי ער. וכמ״ש חכמים ז״ל (סנהדרין כ״ד) במחשכים הושיבני כמתי עולם, זה תלמוד בבלי אשר איננו מאיר אלא ע״י ס״ה, הם הם רזי תורה וסתריה, אשר עליהם נאמר ותורה אור. ואין ספק, כי כמו שהיצר נקראת עבד ושפחה, בערך האצילות, ונקרא קליפין ולבושין דחול, כנזכר בהקדמת ספר התיקונין ד״ג ע״ב, וז״ל, וביומי דחול לביש עשר כתות דמלאכיא, דמשמשי ל״ס דבריאה. וא״כ אין לתמוה, כי התורה אשר שם, שהיא המשנה, תהיה נקרא שפחה, וקליפין דתורה דאצילות. וז״ס כל הבשר חציר, הנ״ל ׳במאמר הראשון.

כמו שהחטה שהיא בגימטריא כמנין כ״ב אותיות התורה, הגנוזה תוך כמה קליפין ולבושין, שהם הסובין והמורסן והתבן והקש, והעשב הנקרא הציר, כן המשנה אצל סודות התורה, נקרא חציר. הה נרמז בס״ה פרשת

כי תצא, בר״מ דרע״ה ע״ב, אבל רבנן, ווי לאינון דאכלין תבן דאורייתא, ולא ידעי בסתרי אורייתא, אלא קלין וחמורין דאורייתא, קלין איבון תבן דאורייתא. וחמורין אינון חטה דאורייתא. ח״ט ה אלנא דטוב ורע וכר. ואלו באתי להרחיב דרוש זה, לא יספיקו מאה קונטרסין בלי ספק בלי שום גוזמא, האמנם החכם עיניו בראשו, כי דברי אמת אני אומר, ואל יתמה האדם בראותו ס׳ הזוהר, איך קורא אל המשנה שפחה וקליפין, כי עסק המשנה כפי פשטיה, אין ספק שהם לבושין וקליפין חצונים בתכלית, אצל סודות התורה הנגנזים ינרמזים בפנימיותה, כי כל פשטיה הם בעה״ז, בדברים חומרים תחתונים. אמנם הם קליפין טובים למאכל, כקליפת לנה הבושם, ולכן בהיותם מביני פשטי המשנה כהלכתא בלתי טעות, נקרא עץ הדעת טוב. אבל כאשד ח״ו שונים בה, ומטמאים את הטהור, ומכשירין את הפסול, ומתירין את האיסור, אז נהפכת לעץ הדעת רע, ומר להם.

ונחזור עתה למאמרינו הראשון, ולבאר כדש ואפי׳ כל אינון דעסקי באורייתא, כל הסד דעבדי וכר. ואמר עוד שם, כי המשנה היא שפחה, משום דאיהי ע״מ לקבל פרם. פי, כי הנה כל מדותיו יתברך, הם מדה כנגד מדה, ולכן העוסקים בפשטיה הגופניים הטובים, עליהם נאמר בשמאלה עושר וכבוד, הוא הפרם הנתון להם בעה״ז, כי כן עסקם בתורה הוא בבחי׳ היותם בעה״ז׳ בדיני איסור והיתר טומאה וטהרה וכר, והם כנגד העבד, העובד את רבו שבודאי ע״מ לקבל פרם, וכל חסד דעבדי וכר, כעבדים ושפחות המשמשים את רבם ע״מ לקבל פרם. אמנם העוסקים ברזי התורה, שהם בחי׳ התורה כפי מה שעוסקים בה בעה״ב, עליהם נאמר אורך ימים בימינה, לעולם שכולו ארוך, כבן הנכנס לפני ולפנים, ומשמש לפני אביו שלא על מנת לקבל פרס. ונודע, כי ת״ת דאצילות, נקרא בן. ומטטרו״ן דיצירה, נקרא עבד. ועליהם אנו מתפללים ביום ר״ה, אם כבנים אם כעבדים.

והנה במדרש קהלת, אמרו רז״ל, על פסוק כי אם שנים הרבה ישמח וכר, וז״ל, כי אם שנים הרבה וכר, תורה שאדם למד, הבל היא לפני תורתו של משיח. ואם כך נאמר על תודתו של משיח, שהיא בהיותם בגוף ונפש, כמ״ש ז״ל (ברכות ל״ד) אין בין העה״ז לימות המשיח, אלא שעבוד מלכיות בלבד. והוא בטול מלכות הרשעה׳ קליפה החיצונה, הנקרא יצה״ר, כמו שדרשו רז״ל על פסוק וגר זאב עם כבש וכר, וסמיך ליה ומלאה הארץ דעה את ה. ולכן תורת העה״ז, המתלבשת בקליפין, לסבת היות היצה״ר הנקרא קליפה מצויה בעולם, היא הבל לפני תורתו של משיח, שנתפשט קצת מלבושיה וקליפותיה, מאחר שגם בני אדם נתפשטו מקליפת היצה״ר. וק״ו בן בנו של ק״ו, בהיותינו למעלה בעה״ב, עולם הנשמות, נפשטות מכל מיני לבוש כלל, כי עסק התורה אשר להם, איננו רק בנשמת התורה סודותיה הפנימיים. ואמנם אל יאמר אדם, אלכה לי ואעסוק בחכמת הקבלה׳ מקודם שיעסוק בתורה במשנה ובתלמוד כי כבר אמרו רבותינו ז״ל, אל יכנס אדם לפרדס, אא״כ מלא כריסו בבשר ויין.

והרי זה דומה לנשמה בלתי גוף, שאין לה שכר ומעשה וחשבון, עד היותה מתקשרת בתוך הגוף, בהיותו שלם מתוקן במצות התורה, בתרי״ג מצות. וכן בהפך, בהיותו עוסק בחכמת המשנה והתלמוד בבלי, ולא יתן חלק גם אל סודות התורה וסתריה, כי הרי זה דומה לגוף, היושב בחושך, בלתי נשמת אדם, נר ה׳ המאירה בתוכה׳ באופן שהגוף יבש, בלתי שואף ממקור חיים, אשר זהו ענין אומרו במ״א ההוא הנ״ל, וז״ל, דאילין אינון דעבדי לאורייתא יבשה, ולא בעאן לאשתדלא בחכמת הקבלה וכד. באופן, כי הת״ח העוסקים בתורה לשמה, ולא לשמו, לעשות לו שם, צריך שיעסוק בתחילה, בחכמת המקרא והמשנה והתלמוד, כפי מה שיוכל שכלו לסבול, ואח״כ יעסוק לדעת את קונו בחכמת האמת, וכמו שציוה דהע״ד, את שלמה בנו, דע את אלהי אביך ועבדהו.

ואם האיש הזה, יהיה כבד וקשה בענין העיון בתלמוד, מוטב לו שיניח את ידו ממנו, אחר שבחן מזלו בחכמה זאת, ויעסוק בחכמת האמת. וז״ש (חולין כ״ד) כל ת״ח שאינו רואה סימן יפה בתלמוד בחמשה שנים, שוב אינו רואה. ואמנם, כל האיש שהוא קל לעיון, מחויב לתת חלק שעה או ב׳ שעות ביום, בעיון ההלכה, ולכוין ולתרץ הקושיא הנופלת בפשט ההלכה, ויכון כי אין הקליפה הרעה, מצד הנחש סמאל עבד רע נאחזת׳ אלא בקלי׳ הטובה, היא משנה, מטטרון, עולם׳ היצירד״ הנקרא עבד ושפחה דמטרוניתא. אבל לא במטרוניתא, שהיא המוח הפנימי, חכמת האמת, ונקרא עץ החיים ועליו אתמר, אני ה׳ הוא שמי, בסוד כל התורה היא שמותיו של הקב״ה. (עי׳ בזהר האזינו אות רמ״אכלא שמא דקב״ה) וכבודי לאחר לא אתן, דלא יכיל לאתערבא עמה קליפה׳ אלא בעץ הדעת טוב ורע, משנה, טמא וטהור׳ אסור ומיתר׳ כשר ופסול.

ייכון בעיוני להסיר הקליפה הרעה, שהיא הגורמת במחשכים הושיבני, זה תלמוד בבלי. וחכמת ס״ה היא המאירה אותם, ומבארת הדברים הנאמרים בתלמוד מלובשים, כאלו הם חשובים גשמיים, אשר עליהם נאמר ותורה אור, וז״ש ואל השמים ואין אורם. וע״ז נתנבא ישעיה הנביא בגחמותיו, ואמר והולכתי עורים בדרך לא ידעו וגו כי התורה הפשטיית נודעו במספרם. וכמ״ש ר׳ ישמעאל אומר בי״ג מדות התורה נדרשת וכו׳, אמנם ל״ב נתיבות החכמה, שבהם נברא העולם הנזכר בריש ס״י לא נודעו, והנה אלו הל״ב נתיבות החכמת האמת, נעלמים תוך י״ג מדות של הפשט, וכללות כלם הם ל״ב א וכמ״ש למעלה בשם הזהר, בפי פנחס דף רמ״ד ע״ב, ורבנן דמתני׳ ואמוראים כל תלמודא דילהון על רזין דאורייתא סדרו ליה. ובלי ספק כי העוסקים בתלמוד בבלי בלבד, מגששים כעורים קיר, בלבושי התודה, ואין להם עינים רואות ברזי התורה הנסתרים בו, כי לא על חנם, כפי רצונם, פסקו טמא טהור, אסור והיתר, כשר ופסול, אלא מתוך פנימיות התורה, כנודע ליודעי חן. וכמו שקראם במ״א הא׳

שביארים לעיל, סתימין עיינין וכוי, וז״ש מי עור כי אם עבדי, אבל הכוונה היא למעוטי ולאפוקי חכמי האמת, הנקראים בנים, אינון מרי קבלה כנ״ל.

אבל העוסקים במשנה לבדה, בלתי הסתכלותם בסודותיה, וכפי סודותיה יפסקו הדינים אם אסור ואם מותר כנ״ל, הנה אלו עורים בודאי הם, ח״ש מי עור כ״א עבדי, כי העוסק בפשט נקרא עבד כנ״ל, ועליהם נתנבא ישעיה לע״ל, שיזכו ללכת בדרך לא ידעו, הוא דרך חכמת האמת, אשר בעוה״ז ניתן להט החרב והכרובים לשמור את דרך החיים, שלא יובנו רזי התורה, אלא לזוכים אליה. כנזכר בפי נשא דקכ״ג ע״א, וז״ל, ואית נטורין אחתים, כגון נחשים עקרבין ושרפין, ונטרין ההוא טוב, דלא ליעול תמן מאן דלא איהו ראוי למיעל, דאל״ה כל חייביא הוו עאלין ברזא דאורייתא.

ובג״ד מאן דאיהו חייבא, ויעול למנדע רזין דאורייתא, וכמה מלאכי חבלה וכד, מבלבלין מחשבותיה וכר. ח״ש, עוד אשים מחשך לפניהם לאור, כי התלמוד בבלי שהוא מחשך, המספר בפשט העה״ז, אשים לפניהם לאור, ויסתכלו מתוכו רזין דאורייתא הגנוזים בו הנקרא ותורה אור. גם כל הקושיות שבתלמוד, הנאמר עליהם תניא, וה״ק, חמורי מחסרא, והכי קתני, ותיקו, כל אלו נראים בעינינו מעקשים, יחזרו למישור ויראו איך הוכרח הלשון להאמר בלשון הזה החסר והמעוקש, לסבת רמזי התורה הנסתרים ונרמזים בו.

ואל יאמר אדם, א״כ מעתה אני פטור ומותר מלהתעסק בחכמה הזאת עד לע״ל, כי בעוה״ז אין כח ליודעם, ולכן אמר הכתוב, אלה הדברים עשיתים ולא עזבתים, וארז״ל, אעשם אעזבם לא כתיב, שכבר עשיתים, לר׳ עקיבא וחביריו, וכמ״ש ז״ל על ר״ע, שהיה יושב ודורש על כל קוץ וקוץ תלי תלים של הלכות. וא״כ לא דבר ריק הוא, ואם ריק הוא, מכם, ואינכם חפצים לידע, עם שהוא בידכם ובבחירתכם. והרי ר״ע השיג בעוה״ז לסודות אלו.

והנה זהו הנכון, כמ״ש במשנה, (סוטה מ״ט) משמת ר׳ עקיבא בטל כבוד התורה. ופי׳ המפרשים, שהיה יודע להשיב ולדרוש ע״כ קוץ וקוץ תלי תלים של הלכות, וזהו כבוד התורה, והדרה ויפיה. וזה אצלי פי׳ המשנה (אבות פ״ו מ״ב) אריב״ל, בכל יום ויום ב״ק יוצאת מהר חורב, ומכרזת ואומרת, אוי להם לבריות מעלבונה של תורה. כי בלי ספק בהיותם עוסקים בפשטיה ובספוריה לבדם, היא לובשת בגדי אלמנותה, ושק הושת כסותה, וכל האומות יאמרו לישראל, מה דודך מדוד, מה תורתכם מתורתינו, הלא גם תורתכם ספורים בהבלי העולם, אין עלבון תודה גדול מזה. ולכן אוי להם לבריות מעלבונה של תורה. ואינם עוסקים בחכמת הקבלה, שהיא נותנת כבוד לתורה. כי הם מאריכים הגלות, וכל הרעות המתרגשות לבא בעולם, כנ״ל במאמר שהתחלנו בהקדמתינו זאת.

וזה עצמו הוא ב״ק, המכריז בכל יום, ונרמז בפסוק קול אומר קרא. ועל כיוצא בזה אמרו ג״כ בסיד. פרשת בהעלותו דקנ״ב ע״א, וז״ל, רש״א ווי לההוא ב״נ, דאמר דהא אתא לאחזאה ספורין בעלמא ומילי דהדיוטי וכו. ועוד האי מלה דאורייתא לבושא דאורייתא איהי, ומאן דחשיב דההוא לבושא איהי אורייתא ממש, ולא מלה אחרא, תפח רוחיה, ולא יהא ליה חולקא בעלמא דאתי. ובג״כ אמר דהע״ה, גל עיני ואביטה נפלאות מתורתיך. מה דתחות האי לבושא דאורייתא וכר, טפשין דעלמא לא מסתכלי אלא בההוא לבושא, דאיהו ספור דאורייתא ולא יתיר וכר. עוד יש מ״א אחר, כיוצא בזה בפרשה הנזכר עצמה, דקמ״ט ע״ב, וז״ל, ומאן דאמר דההוא ספורא דאורייתא לאחזאה על ההוא ספורא בלבד קאתי תיפח רוחיה, דאי הכי, לאו איהי אורייתא עילאה, אורייתא דקשוט וכר.

והנה בחכמי הפשט עצמם, ב׳ בחי, אם הכת שהם יראי ה, ועוסקים בה לש״ש, אלא שנשארו בתוך החשך מנעוריהם, ולא למדו סודות התורה, ומתייראים לגעת בהם, באמרם מי יעלה לנו השמימה ויקחה לנו, ומי עלה

שמים וירד ויגידה לנו, מה הם רזיה וסודותיה, ועל כיוצא בזה ואל השמים ואין אורם. כי גם שהם נפשות חצובות מן השמים, אין אורם עמהם, ובמחשכים ישבו, ומשם לא יצאו. ועוד יש כת אחרת, והם קצת ת״ח חריפים ומפולפלים, עוקרי הרים, וטוחנן זה בזה בפילפולם בבית המדרש, עליהם נאמר ראיתי את ההרים וגר, רועשים ומתייראים לגשת אל מקום אש אוכלה, הם רזי התורה, דבריהם כגחלי אש, להבת שלהבת, ומתייראים פן יצרבו בם צרבת, כענין ההוא ינוקא דהוה דריש בחשמל, ונפק אשא מיניה ואכלתיה. (חגיגה יג) ומה טוב ומה נעים חלקם, אם עלתה להם כך, וישרפו בקדושת שמו יתברך, כי אש אוכלה הוא. ועל כיוצא באלו נאמר, ראמות לאויל חכמות, ולכן בשער ע״ם לא יפתח פיהו. ובלי ספק כי החושבים כך, אוילים הם, כי לולי שהם חושבים בעיניהם, די להם אותה החכמה הפשוטה, שידעו בה, וכבר הם חכמים, לא היו נמנעים מליכנס בפנימיותה, ועל כיוצא בזה נאמר, דאית איש חכם בעיניו תקוד. לכסיל. ואם שלמה המלך ע״ה, אשר עליו נאמר ויחכם מכל האדם וכוי, אמר לבסוף ימיו, בעת שחבר קהלת אמרתי אחכמה והיא רחוקה ממני, ולא בדעתו כלל לחשוב שכבר נתחכם, אלא חשב שאפשר שלעתיד יתחכם, כמ״ש אמרתי אחכמה לעתיד ע״י היגיעה, ועכ״ז ראה אח״כ כי טעה בזה וכמ״ש והיא רחוקה ממני, ומה יעשו הפתאים היתושים אשר בזמנינו זה, בהיותם חכמים שמחים בחלקם וששים בעבודתם, והרי רז״ל חכמי התלמוד הגדולים והראשונים אמרו, אין אנו אפי׳ כחמורו של ד פנחס ן׳ יאיר.

ואין לתמוה מזה, כי הרי מפורש בכתוב, ויאמר אברהם אל נער שבוייבסופהעם החמור, ודרשו בו רז״ל, (קדושין ס״ה) עם הדומה לחמור. ואין כוונתם כי אמר להם כך, על היותם נעדרים בלתי חכמה, כי הרי הכתוב אמר והעיד על אליעזר, שהוא אחד מהם, הוא דמשק אליעזר, ודרשו חז״ל (יומא כ״ה, דולה ומשקה מתורת רבו לאחרים. אמנם כבר

ביארו חז״ל עצמם, ואמרו הטעם, לפי שלא ראו ענן השכינה קשור על ההר, ולכן קראם עם הדומה לחמור, מה חמור אינו רואה, אף אתם כך. ואף אם במקום אחר נראה, כי קרא כך לאליעזר, מפני שהוא עבד, והנה הוא קנין כספו, כמו בהמתו וחמורו, אין זה רק אסמכתא בעלמא, כי הרי ישמעאל בנו היה שם, והרי ישמעאל ן׳ אברהם היה, והבן הולך אחד משפחת אביו. אמר עוד, וכל הגבעות התקלקלו, כי הגבעות הם הת״ח, הבחורים הנקראים גבעות, אצל בחי׳ ההרים הנזכר, הנה הגבעות אלו נתקלקלו לגמרי, כי בראות התלמידים הקטנים, את הגדולים, ההרים הרמים, רודפים יומם ולילה אחרי הפשטים, ואינם עסוקים בחכמה הזאת, ואינם יודעים כי מיראתם ליכנס בה הם נמנעים מלהתעסק בה כנזכר, וע״כ גבעות אלו נתקלקלו, ולבם שורש פורה ראש ולענה, ועלתה בהם חלוד ת טיט ורפש, לכפור בחכמת האמת, ואומרים שאין בתורה אלא פשטיה ולבושיה בלבד, ע״ד הנ״ל בפי בהעלותך. ואין ספק כי לא יהיה להם חלק בעוה״ב, כנזכר שם בזוהר. וכבר נתבאר למעלה הסבה, כי תורת עוה״ב איננה כפשטה, רק עד שב, עוסקים ברזי התורה וסודותיה, וזה שלא בחר בה, ולא טרח בעוה״ז מע״ש, לא יאכל בשבת. ועליהם נאמר, הנה עבדי יאכלו ואתם תרעבו וגו.

וכנגד כת המתעסקים ברזי התורה, ובחכמות הזוהר, אשר הם נקראים אדם, כנזכר בספר התקונין ד״א, אפרוחים אילין מארי משנה. בנים אילין מארי קבלה. עליהם נאמר ראיתי והנה האדם, ולא אמר אדם, אלא האדם, ירצה כי גם שהוא עוסק בחכמה הזאת, ולכן נקרא אדם, עם כ״ז איננו האדם המיוחד הראוי להתעסק בה, כי אין להם שרשים והקדמות להבין דבריו, וכמו שבארנו לעיל, באומרו בנים סכלים המה ולא נבונים, אבל האדם המיוחד איננו בעוה״ז, ואנחנו בזאת החכמה מגששים כעורים קיר, כי חכמי האמת סעי המה למנוחות, עזבו אותנו לאנחות, וכאשר אין האדם הנזכר נמצא ללמד החכמה, הנה אז גם עופות השמים, אלו

התלמידים אשר נגע ה׳ בלבם, החפצים לעוף השמים בלי כנפיים, ואומרם מי י תן לנו אבר כיונה, נעופה ונשכונה באהלי החכמה הזאת.

והרי נתבארו כל הכתות אשר בעם בני ישראל, אשר כלם כאחד נמנעו מלהחזיק בחכמה הזאת, כל אחד כפי סבתו ופנייתו, עד שנתקיים בנו בעו״ה, אין מנהל לה מכל בנים ילדה וכו, פי כי עם היותם בנים מרי קבלה, עכ״ז נתייאשו מלהתעסק בחכמה הזאת׳ ואין ספק כי דברים אלו בנבואה נאמרו, על דורות אלו האחרונים. שלא כסברת חכמי דורותינו אלה, החושבים בדעתם כי כבר השיגו מה שצריך להם, ושמחים בחלקם, והנה הכתוב מעיד, וירא כי אין איש, וישתומם כי אין מפגיע, בלשון שלילה, אוי לאזנייג שכך שומעות, ואוי לעינים שכך רואות, עדותו יתברך עלינו, ואין לנו לב לדעת, לחזור ולהתעסק בחכמה הזאת, להחזיק יתברך, כמ״ש ואביט ואין עוזר, ואשתומם ואין סומך. והוא בהיותינו עסוקים בחכמה הזאת, כי ע״י תתקרב הגאולה, וכביכול ישועתה לשכינת עוזו, היינו ממהרים להצמיחה, כמ״ש ותושע לי זרועי, לי ממש כביכול, וכנ״ל במאמר שהתחלנו בהקדמתנו זאת, כי הכל תלוי בעסק החכמה הזאת, ומניעתינו מלהתעסק בה, היא גורמת איחור ועכוב בנין בית מקדשנו ותפארתנו, המכונה ונקרא הדר הכרמל, כמש״ה ראשך עליך ככרמל. וזמש״ה, ראיתי והנה הכרמל מדבר.

כי לסבות הנ״ל, היה הכרמל מדבר שמם בעו״ה, כנ״ל כי כל דור שלא נבנה ב״ה בימיו, הרי הוא כאלו נחרב בימיו. וכל עריו הם ערי יהודה נתצו גם הם וכל הרעד. הזאת היא מפני ה׳ מפני חרון אפו. פי מפני החכמה הזאת, אשר עסקה להורות, כי כל התורה שמותיו של הקב״ה, וז״ש מפני ה היא החכמה, שאין מתעסק בה. וגם ומפני חרון אפו פי כי אץ לו להקב״ה קורת רוח בעולמו, אלא כאשר עוסקים בחכמה זו. וכמ״ש בתלמוד (חגיגה י״ד) בכל אותם המעשים של ריב״ז, ושל ר״א בן ערד׳ ור״י הכהן, כשהיו

דורשים במעשה מרכבה, ירדה אש שכינתו יתברך, וסבבה כל האילנות, משא״כ בהיותם עוסקים בפשטים. וכמ״ש במדרש משלי, על פסוק לא ירעיב ה׳ נפש צדיק, וז״ל, אמר ר׳ ישמעאל, בא וראה כמה קשר. יום הדין וכד. היה ר׳ ישמעאל אומר, אוי לה לאותה בושה, אוי לה לאותה כלימה וכו בא מי שיש בידו מקרא ראיון בידומשנה וכר׳ בא מי שיש בידו ב׳ סדרים וכוי, בא מי שיש בידו הלכות וכף, בא מי שיש בידו תורת כהנים וכו בא מי שיש בידו ה׳ חומשי תורה וכו בא מי שיש בידו אגדה, בא מי שיש בידו תלמוד וכו והקב״ה אומר לו, בני הואיל ולא נתעסקת בתלמוד, צפית במרכבה, צפית בגאות שלי, שאין הנאה לי בעולם, אלא בשעה שת״ח יושבים ועוסקים ומביטים ומציצים ורואים והוגים המון התלמוד הזה.

כסא כבודי היאך עומד וכד, חשמל היאך עומד וכד, ברק היאך עומד וכד׳ כרוב וכד, וגדולה מכלם, מצפרני ועד קדקדי וכד, וכי לא זה היא הדרי, זה הוא גדולתי, זהו הדר יפיי, שבני מכירץ את כבודי וכד. הרי מבואר בפירוש, אף בדברי התנאים, שאץ האדם יוצא ידי חובתו לגמרי, בעסק המקרא והמשנה והאגדה והתלמוד בלבד, אלא הוא מחריב לעסוק בכל יכלתו בסתרי תורה. ובמעשה מרכבה, כי אין הנאה להקב״ה מכל מה שברא בעולמו, רק בהיות בניו למטה עוסקים ברזי התורה, להכיר גדולתו ויופיו ומעלתו, כי בפשטי התורה, ובספוריה ובדיניה ובמצותיה, בהיותם כפשטם, אין בהם שום היכר וידיעה לידע את בוראם יתברך, אדרבה יש בהם מצות וחקים שאין הדעת סובלם, וכל אומות העולם מונין את ישראל, ואומרים להם, וכי מה התורה הזאת אשר צוד. אלקיכם אתכם, דברים שנראין כחידות ומשלים ליקח קרן פרה ולתקוע בו ביום ר״ה, ואתם אומרים שעי״כ שטן הרוחני המקטרג העליון מתערב, וכיוצא מדברים אלו כמעט רוב מצות התורה, ובפרט פרטי דיניהם, אין השכל סובלם, וא״כ היכן הוא הדר התורה, ויופיה, וגדולתה.

ועל כיוצא בזה נאמר, אם צדקת מה תתן לו, ואם חטאת מה תפעל בו, כי השכר והעונש אשר עליהם, הוא לך לבדך. אמנם בסודות התורה, ובעסק כוונת המצות, ע״ז נאמר בהפך, אם בטובה, נאמר תנו עוז לאלהים. ואם ברעה, נאמר צור ילדך תשי. ונאמר ויצאו וראו בפגרי האנשים הפושעים בי׳ בי דיקא, ולא לי, בי ממש כביכול, ודברי אלו מבוארים, לאשר נגע אלהים בלבו. וז״ס מ״ש לעיל, כי הקורא במשנה ובתלמוד, נקרא עבד, המשמש את רבו ע״מ לקבל פרס. משא״כ בחכמת האמת, כי הוא מתקן כביכול, ונותן עוז וכח למעלה, וזהו נקרא עוסק בתורה לשמה בלי ספק.

ולא עוד, אלא שלא נברא האדם, אלא כדי שילמוד חכמת הקבלה. אלא שצריך שיהיה גופו נקי בתחלה, ע״י המצות המעשיות, שכל תכליתן לדבר זה, והם מוכרחים עכ״פ ואח״כ תוכל הנשמה, הנקראת נר ה׳ נשמת אדם, להאיר בגוף הזה, כנר הנתונה תוך עששית זכוכית, ומאירה, ונותנת לו כח, להבין סתרי התורה, ומגלה עמוקות מני חשך. וז״ם מש״ה, מצות ה׳ ברה מאירת עינים, ר״ל להבין סתרי תורה על ידה, שהם תכלית הכל, כנזכר בזהר שיר השירים, ע״פ הגידה לי שאהבה נפשי וכו, זכאין אינון כל ממש כביכול, וכנ״ל במאמר שהתחלנו בהקדמתנו זאת, כי הכל תלוי בעסק החכמה הזאת, ומניעתינו מלהתעסק בה, היא גורמת איחור ועכוב בנין בית מקדשנו ותפארתנו, המכונה ונקרא הדר הכרמל, כמש״ה ראשך עליך ככרמל. וזמש״ה, ראיתי והנה הכרמל מדבר.

כי לסבות הנ״ל, היה הכרמל מדבר שמם בעו״ה, כנ״ל כי כל דור שלא נבנה ב״ה בימיו, הרי הוא כאלו נחרב בימיו. וכל עריו הם ערי יהודה נתצו גם הם וכל הרעד. הזאת היא מפני ה׳ מפני חרון אפו. פי מפני החכמה הזאת, אשר עסקה להורות, כי כל התורה שמותיו של הקב״ה, וז״ש מפני ה היא החכמה, שאין מתעסק בה. וגם ומפני חרון אפו פי כי אץ לו להקב״ה קורת

רוח בעולמו, אלא כאשר עוסקים בחכמה זו. וכמ״ש בתלמוד (חגיגה י״ד) בכל אותם המעשים של ריב״ז, ושל ר״א בן ערך׳ ור״י הכהן, כשהיו דורשים במעשה מרכבה, ירדה אש שכינתו יתברך, וסבבה כל האילנות, משא״כ בהיותם עוסקים בפשטים. וכמ״ש במדרש משלי, על פסוק לא ירעיב ה׳ נפש צדיק, וז״ל, אמר ר׳ ישמעאל, בא וראה כמה קשה יום הדין וכו.

היה ר׳ ישמעאל אומר, אוי לה לאותה בושה, אוי לה לאותה כלימה וכו. בא מי שיש בידו מקרא ואין בידו משנה וכו׳ בא מי שיש בידו ב׳ סדרים וכו׳, בא מי שיש בידו הלכות וכף, בא מי שיש בידו תורת כהנים וכו בא מי שיש בידו ה׳ חומשי תורה וכו בא מי שיש בידו אגדה, בא מי שיש בידו תלמוד וכו והקב״ה אומר לו, בני הואיל ולא נתעסקת בתלמוד, צפית במרכבה, צפית בגאות שלי, שאין הנאה לי בעולם, אלא בשעה שת״ח יושבים ועוסקים ומביטים ומציצים ורואים והוגים המון התלמוד הזה. כסא כבודי היאך עומד וכד, חשמל היאך עומד וכד, ברק היאך עומד וכד׳ כרוב וכד, וגדולה מכלם, מצפרני ועד קדקדי וכד, וכי לא זה היא הדרי, זה הוא גדולתי, זהו הדר יפיי, שבני מכירץ את כבודי וכד. הרי מבואר בפירוש, אף בדברי התנאים, שאץ האדם יוצא ידי חובתו לגמרי, בעסק המקרא והמשנה והאגדה והתלמוד בלבד, אלא הוא מחריב לעסוק בכל יכלתו בסתרי תורה. ובמעשה מרכבה, כי אין הנאה להקב״ה מכל מה שברא בעולמו, רק בהיות בניו למטה עוסקים ברזי התורה, להכיר גדולתו ויופיו ומעלתו, כי בפשטי התורה, ובספוריה ובדיניה ובמצותיה, בהיותם כפשטם, אין בהם שום היכר וידיעה לידע את בוראם יתברך, אדרבה יש בהם מצות וחקים שאין הדעת סובלם, וכל אומות העולם מונין את ישראל, ואומרים להם, וכי מה התורה הזאת אשר צוד. אלקיכם אתכם, דברים שנראין כחידות ומשלים ליקח קרן פרה ולתקוע בו ביום ר״ה, ואתם אומרים שע״כ שטן הרוחני המקטרג העליון מתערב, וכיוצא

מדברים אלו כמעט רוב מצות התורה, ובפרט פרטי דיניהם, אין השכל סובלם, ואי״כ היכן הוא הדר התורה, ויופיה, וגדולתה. ועל כיוצא בזה נאמר, אם צדקת מה תתן לו, ואם חטאת מד. תפעל בו, כי השכר והעונש אשר עליהם, הוא לך לבדך.

אמנם בסודות התורה, ובעסק כוונת המצות, ע״ז נאמר בהפך, אם בטובה, נאמר תנו עוז לאלהים. ואם ברעה, נאמר צור ילדך תשי. ונאמר ויצאו וראו בפגרי האנשים הפושעים בי׳ בי דיקא, ולא לי, בי ממש כביכול, ודברי אלו מבוארים, לאשר נגע אלהים בלבו. וז״ס מ״ש לעיל, כי הקורא במשנה ובתלמוד, נקרא עבד, המשמש את רבו ע״מ לקבל פרס. משא״כ בחכמת האמת, כי הוא מתקן כביכול, ונותן עוז וכח למעלה, וזהו נקרא עוסק בתורה לשמה בלי ספק. ולא עוד, אלא שלא נברא האדם, אלא כדי שילמוד חכמת הקבלה. אלא שצריך שיהיה גופו נקי בתחלה, ע״י המצות המעשיות, שכל תכליתן לדבר זה, והם מוכרחים עכ״פ ואח״כ תוכל הנשמה, הנקראת נר ה׳ נשמת אדם, להאיר בגוף הזה, כנר הנתונה תוך עששית זכוכית, ומאירה, ונותנת לו כח, להבין סתרי התורה, ומגלה עמוקות מני חשך. וז״ס מש״ה, מצות ה׳ ברה מאירת עינים, ר״ל להבין סתרי תורה על ידה, שהם תכלית הכל, כנזכר בזהר שיר השירים, ע״פ הגידה לי שאהבה נפשי וכו, זכאין אינון כל דמשתדלין למנדע בחכמתא דמאריהון, ואינין ידעין ומסתכלים ברזין עילאין, בגין דב״ג כד נפיק מהאי עלמא, בהאי איסתלקו מיניה כל דינים דעלמא, ולא עוד אלא דמתפתחאן ליה תריסר תרעי דאפרסמונא דכיא, דכל חכמתא עילאה תליא בהו.

ולא עוד, אלא שהקב״ה הקיק ליה בההוא פורפירא, דכל דיוקנין גליפן תמן, בהאי עלמא ובעלמא דאתי, והקב״ה אישתעשע ביה בג״ע, ואחסין תרין עלמין, עלמא דין, ועלמא דאתי. חכמתא דאיצטדיך ליה לב״נ למנדע ולאסתכלא ברזין דמריה, חד למנדע ליה לגופיה, ולאשתמודעא מאן איהו,

והיד איהו, ותקונא דג ופא היך אתתקן, והיאך איהו זמין למיעל בדינא קמי מלכא דכלא. וחד למנדע ולאסתכלא ברזין דנשמתין, מאן איהי ההיא נפש דביה, ומאן אתייא, ועל מה אתייא להאי גופא סרוחה, דיומא כאן, ומחר בביה קברי.

וחד למנדע דלאסתכלא בהאי עלמא דאיהו ביה, ועל מה אתתקן. ולבתר ברזין עלאין, לאשתמודע למארי. וכל דא יסתכל בר נש, מגו נהירו דאורייתא. ת״ח, כל מאן דאזל לההוא עלמא בלא ידיעה, אע״ג דאית ביה עובדין טבין סגיאין, מפקין ליה מכל תרע ץ דההוא עלמא וכו׳. ת״ח מד, כתיב, אם לא תדעי לך היפה בנשים, אם אנת אתיא בלא ידיעה, ולא אסתכלת בחכמה, עד דלא אתית להכא, ולא ידעת דדן דעלמא עילאה, אע״ג דאנת היפה בנשים, במצות ובמעשים טובים, לית אנת כדאי למעיל הכא, צאי לך וכו׳. גם בפי פקודי ד׳ רמ״ז ע״א, וז״ל, האי היותא קדישא קיימא, כד נשמתא סלקה, ומטאת לגבה, כדין שאיל לה בדזא דחכמתא דמארה, וכפום האי חכמתא דרדיף אבתרא ואדבק, הכי ידביה ליה אגריה, ואי יכיל לאדבקא, ולא אידבק, דחי ליה לבר, ולא עיילא, וקיימה תחות ההוא היכלא בטמירו בכסיפו, וכד נטלי גדפייהו, אינון שרפים דתחותא, כדין כלהו בטשי בגדפייהו, ואוקדון לה וכו׳, וארי אתת ת בכל יומא, נהירת ולא נהירת, ואע״ג דעובדין מבין אית ליה, בגין דלית אגרא בדהוא עלמא, כאינון דמשתדלי בחכמתא, לאסתכלא ביקרא הזאת נתחבטו בה המפרשים, ודי עתה בביאור מאמר זה, שאין עתה מקומו. והנה הנביא ירמיה ע״ה, אחר שניבא כל הפסוקים הנזכר, סיים בנחמה, ואמר, כי כה אמר ה׳ שממה תהיה כל הארץ, וכלה לא אעשה. ואמר כי, בלשון נתינת טעם, והוא כדי לתרץ ענין קושיא אחת, הנולדת מעתה עם האמור, כי הנה למעלה אמר, ראיתי והנה אין אדם, ר״ל אין מי שיודע בחכמה, וא״כ מעתה האדם פטור, ומותר מלהתעסק בחכמה הזאת, אהד שאין לו מי שילמדנה ויקבלנה, ואם קבלה נקבל, ואם לאו איך נוכל לקבלה, לכן אמר

בלשון נתינת טעם, כי אין כך הוא הענין כמו שתחשוב, כי הרי אין הקב״ה בא בטרוניא עם בריותיו כי כה אמר ה, שממה תהיה כל הארץ, ירצה, כי אע״פ אשר עתידה הארץ להיות שממה, באין מי שעוסק בחכמה הזאת, עכ״ז וכלה לא אעשה, כי ה׳ צבאות הותיר לנו שריד, כמעט איש רשום בכל דור ודור, הן רב הן מעט, ואף גם זאת בדור הזה האחרון, לא מאסנו ולא געלנו להפר בריתו אתנו ח״ו.

וכמ״ש בתקונים כנ״ל, דבדרא בתראה בסוף יומיא, יתפרנסון מהאי חבורא, ובגיניה וקראתם דרור בארץ וגר כנ״ל. גם בס״ה פרשת וירא דף קי״ח ע״א, וז״ל, וכד יהא קריב ליומי משיחא, אפי׳ הני רביי דעלמא, זמינין לאשכחא רזין טמירין דחכמתא וכר, הרי מבואר, כי עד עתה, היו דברי חכמת הזוהר נעלמת, ובדרא בתראה תתגלה ותתפרסם חכמה הזאת, ויבינו וישכילו ברזי התורה, שלא השיגו הקודמים אלינו. ובזה נסתלקה השגת הפתאים, המקשים ואומדים איכשור דרי, ואם דורות שלפנינו לא השיגוה, איך נדענה אנחנו, ובזה יסכר פיהם. ואמנם עם היות זה פשוט ומבואר, כי באלו הדורות האחרונים, יתפרנסון מהאי חבורא, ותתגלה אליהם החכמה הזאת, הנה לא כל הרוצה ליטול את השם יבוא ויטול, כי רזי התורה וסתריה, לא יתגלו לבני אדם בכח עיונם החומריי, לולי ע״י שפע אלהי, המושפע ממרום קדשו, ע״י שלוחיו ומלאכיו, או ע״י אליהו הנביא ז״ל, כמו שנבאר בסוף הקדמה זו. ונביא ראיה מדברי רשב״י ע״ה, בספר התיקונים, וע״ש. עוד ראיה לזה, כי רוב דברי הרשב״י ע״ה בס״ה, ובתיקונים, ובמדרש שיר השירים, הכל נגלה אליו ע״י אליהו הנביא ז״ל וכו׳, וע״י נשמת הצדיקים, המתגלים אליו בכל דור ודור, אשד זה ענין ספרא דרע״מ, שכלם ויכוח הרשב״י ע״ה, עם נשמת מרע״ה. וכנזכר בהקדמת ספר התיקונים, ע״ש באורך בהקדמת הב׳ דף י״ג ע״א, וז״ל, בההוא זמנא דאתחבר האי חיבורא, רשותא אתייהב לאליהו הנביא ז״ל, לאסכמא עמהון ביה, ולכל מאדי מתיבתן דלעילא ותתא, וכל חיילין

דמלאכין עילאין ותתאין, ונשמתין עילאין דצדיקים, למהוי עמהון באסכמותא וריעותא וכו׳.

ובזה יסכר פי הדוברי עתק בגאוה ובוז, על הקדוש מלאך ה׳ צבאות רשב״י ע״ה, ועל ספרו ספר הזוהר, אשר אף בתלמודא דידן, במס׳ סוכה בפרק לולב וערבה דמ״ה ע״ב, אמרו שם עליו, א״ר חזקיה א״ר ירמיה משום רשב״י, ילול אני לפטור את כל העולם כלו מיום הדין כוי, ראיתי בני עליה והם מעטים, אם אלף הם, אני ובני מהם. אם מאה הם, אני ובני מהם. אם ב׳ הם, אני ובני מהם. עם היות שהיו בדורו כל התנאים, ר״מ שהיה מאיר עיני חכמים בהלכה, ור״י ור׳ יוסי ע״ה, וכיוצא בהם ראשי תנאים.

וחלילה וחס מלהאמין שהיה משבח את עצמו, אף אם אינו כן, כי לא היה נכתב בתוך התלמוד, ובלי ספק לא יסבור זה, אלא איזה מין, או אפיקורוס. גם בבראשית רבה פ׳ ל״ה, וז״ל, ויאמר אלהים זאת אות הברית וגר לדודות עולם. א״ד יודין לדרת כתיב וכו׳. ר׳ חזקיה מוציא דורן של אנשי כנה״ג, ומביא דורו של רשב״י. ר׳ חזק יה אמר, כן אמר רשב״י, אי בעי אברהם למקרביה עד גבאי, ואנא מקרבנא מגבאי עד מלכא משיחא. והרוצה לידע זכות דור אנשי כנה״ג, ותכלית מעלתם, יסתכל בפרקי היכלות בפ״ל, ועכ״ז אמר ר׳ חזקיה, מוציא דורם של אנכה״ג, ומביא תחתיהן דורו של רשב״י ז״ל. ושם ביאר הטעם, כי בזכותו הוא עצמו לא נראתה הקשת, כנזכר שם משמיה דאליהו ז״ל, דריב״ל ז״ל. גם איתא בתלמוד ירושלמי, וז״ל, א״ר עקיבא לד׳ שמעון, דייך, שאני ובוראך מכירין ערכך עכ״ל.

והנה יש מוציאי דבה על ספר הזוהר, באומרם כי הנה בריש הקדמת התקונים בדף ב׳ ע״ב, כתב שם ההוא מאמר, של אותו אמורא, שהיה נקרא רבה בר בר חנה, דהוה קאזל בחדא ספינתא וחזא חד צפור וכו׳. וכן

בפרשת פנחס בר״מ דף רפ״ג ע״ב, וז״ל, והא אתמר דאיהו צפרא דבר בר חנה וכר. עוד שם בפרשה פנחס דף רי״ו ע״ב, ענין ר׳ אלעזר בן פדת האמורא, וכאלה רבות, ומי פתי יסור הנה ישגיח ויראה, כי כל דברי הרשב״י ע״ה, הם ברוח הקודש, והיה רואה בעיניו, כל גשמות החכמים, אף אותם העתידים להבראות. וכמעשה שאירע גם לר׳ ישמעאל בברייתות דפרקי היכלות ע״ש. וזה ג״כ ענין ריב״ז ע״ה, שאמרו עליו שלא הניח מקרא ומשנה וכר, והויות דאביי ורבא, עם שהיו אמוראים, ושים לבך והבן בדברים אלו.

וזכור נא מאמר רשב״י עצמו, ובאדרא רבא בפ׳ נשא דף קל״ב ע״ב, וז״ל, ארשב״י, כלהו בוצינין חברייא דאתיין בהאי עזקא קדישא, אסהדנא עלי שמיא עילאה דעילאין, וארעא קדישא עילאה דעילאין, דאנא חמי השתא, מה דלא חמא ב״נ, מיומא דסליק משה זמנא תניניא לטורא דסיני וכר. ועוד, דאנא ידע דאנפי נהירין, ומשה לא ידע כי קרן עור פניו וכר. ואל יפלא האדם מזה, כי עם היות שרשב״י אחרון שבתנאים, זכה למעלה כזו, כי דברים אלו כבשונו של עולם, אין רשות בפה, לפרש עניינם, הכמוס והחתום אצלינו. ועד״ז, אל תתפלא ממה שנספר בסוף הקדמה זאת, מענין החכם הקדוש, הנגלה אלינו בזמננו ובדורינו זה, ולא אוכל לפרש, ואם תרצה, תבין מ״ש בספר התקונין, על דור הולך ודור בא, דא משה ר״מ, וכנזכר בתיקונים ס״ט דקי״ע״א, אר״ש, חברייא, בודאי קב״ה אסתכם עמנא עילאין ותתאין, למהוי בהאי הבורא, זכאה דרא דהאי אתגלייא ביה, דעתיד כוליה האי לאתחדשא ע״י דמשה בדרא בהתראה, וכד, והטעם, לפי שהכתיבה קיימת לדורי דודים. להגונים, ובלתי הגונים. ורשב״י נאה דורש ונאה מקיים, והגם שציוה לד׳ אבא שיכתוב, ובהיות שיכתבם בהעלם גדול, כאלו לא נכתבו כלל דמי.

ומעתה יוכל האדם להקשות על דברינו אלה ולומר, א״כ ר׳ אבא טרח על חנם ללא צורך, לכתוב דברים סתומים וחתומים. אמנם תשובתך בצדך,

ממ״א תיקונים הנ״ל, דבדרא בתראה יתפרנסון מהאי חבורא, ועתיד לאתגליא וכד. וכן ממאמרו בתיקון ס״ט דף ק״י ע״א, דעתיד כוליה האי לאתחדשא, ע״י דמשה נביאה, בדרא בתראה וכד. וממאמר פ׳ וירא דף קי״ז ע״א, וכד יהא קריב ליומי משיחא, אפי׳ רביי דעלמא זמינין לאשכחא רזין טמירין דחכמתא וכד. ולכן בראות רשב״י ז״ל ברוח קדשו ענין זה צוה לר׳ אבא לכתוב ספר הזוהר בדרך העלם, להיותו מוצנע למשמרת, עד דרא בתראה קריב ליומיה מלכא משיחא, כדי שבזכות המתעסקים בו, תצמח הגאולה בימינו בע״ה, כנ״ל בפי ויחי דף רי״ז ע״א, על דא כתיב קח צנצנת אחת ותן שמה מלא העומר מן וכד למשמרת: לאצנעותא. והבן זה מאד.

עוד הקדמה למוהרח״ו

אני הכותב משביע בשמו הגדול ית׳ לכל מי שיפלו הקונרטסים אלו לידו שיקרא הקדמה זאת, ואם אותה נפשו לבוא בחדרת החכמה זאת, יקבל עליו לגמור ולקיים כל מה שאכתוב, ויעיד עליו יוצר בראשית שלא יבוא אליו היזק בגופו ונפשו, ובכל אשר לו ולא לאחרים תחת רודפו טוב, והבא לטהר ולקרב ראשית הכל יראת ה׳ להשיג יראת העונש, כי יראת הרוממו׳ שהוא יראה הפנימית לא ישיגוהו רק מתוך גדלות החכמה ועיקר מגמתו בידיעה הזה יהי׳ לבער קוצים מן הכרם, כי לכן נקראים העוסקים בחכמה הזאת מחצדי חקלא, ובודאי שיתעוררו הקליפות נגדו לפתותו ולהחטיאו. לכן יזהר שלא לבוא לידי חטא. אפי׳ שוגג שלא יהיה להם שייכות בו.

לכן צריך ליזהר מהקלות כי הקב״ה מדרדק עם הצדיקים כחוט השערה. לכן צריך לפרוש עצמו מבשר ויין כל ימות השבוע, וצריך הזהרת סור מרע ועשה טוב ובקש שלום, בקש שלום צריך להיות רודף שלום, ולא להקפיד בביתו על דבר קטן וגדול וכ״ש שלא יכעוס ח״ו.

וצריך להתרחק בתכלית הריחוק סור מרע.

א - ליזהר בכל דקדוקי מצות ואפי׳ בדברי חכמים שהם בכלל לא תסור.
ב - לתקן המעוות קודם שיבא לעוה״ב.
ג - יזהר מהכעס אפי׳ בשעה שמוכיח את בניו לא יכעוס כלל ועיקר.
ד - גם צריך ליזהר מהגאוה ובפרט בענין הלכה כי גדול כחה והגאוה בזה עון פלילי.
ה - בכל צער שיבא לו יפשפש במעשיו וישוב אל ה׳.
ו - גם יטבול בעת הצורך לו.
ז - גם יקדש א״ע בתשמיש המטה שלא יהנה.
ח - שלא יעבור כל לילה ויחשוב בכל לילה מה שעשה ביום ויתודה.
ט - גם ימעט בעסקיו ואם אין לו פרנסה כי אם ע״י משא ומתן יכין יום ג׳ ויום ד׳ מחצי היום ואילך ובכונה שהוא לעבודת קונו.
י - כל דבור שאינו של מצוה והכרחי יהיה זהיר ממנו ואפי׳ דבר מצוה ימנע בשעת התפלה.

ועשה טוב.

א - לקום בחצי הלילה ולעשות הסדר בשק ואפר ובכי גדול ובכונה כל אשר יוציא בשפתיו. ואח״כ יעסוק בתורה כל זמן שיוכל להיות בלי שינה ובלבד שחצי שעה קודם עלות השחר יתעורר לעסוק בתורה.
ב - ילך לבה״כ קודם עלות השחר קודם חיוב טלית ותפילין להזהר שיהיה מי׳ ראשונים.
ג - קודם שיכנס ישים אל לבו מ״ע ואהבת לרעך כמוך ואח״כ יכנס.
ד - להשלים רמז צדיק[17] בכל יום שהוא צ׳ אמנים ד׳ קדושות י׳ קדשים ק׳ ברכות.

[17] גימטריה של 204

ה - שלא להסיח דעתו מהתפילין בעת התפילה זולת בעת העמידה ועסק התורה.

ו - צריך שיהי׳ עוסק בתורה מעוטף בטלית ותפילין.

ז - לכוין בתפלה הכונות כמ״ש בע״ה.

ח - שישים תמיד נגד עניו שם בן ד׳ אותיות הוי״ה ויזדעזע ממנו כמ״ש שויתי ה׳ לנגדי תמיד.

ט - שיכוין בכל הברכות בפרט בברכת הנהנין.

י - צריך שיהיה עמל בתורה פרד״ס, שנאמר או יחזיק במעוזי ואל יחשוב שיגלו לו רזי התורה בהיותו ריק, כדכתיב יהב חכמתא לחכימין, וצריך ליזהר שלא יוציא בשפתיו בחכמה זו מה שלא שמע מאדם שראוי לסמוך עליו, וכאזהרת רשב״י וחבריו השגת החכמה, תנאי הראשון צריך למעט דבורו ולשתוק כל מה שיוכל, כדי שלא להוציא שיחה בטילה, כמאמר רז״ל, סייג לחכמה שתיקה. גם תנאי אחר, ע״כ ד״ת שלא תבינהו תבכה עליו כל מה שתוכל.

גם עלית הנשמה בלילה לעולם העליון שלא תשוט בהבלי העולם, תלוי שתישן בבכיה ומרת עצבות מגונה עד מאוד, ובפרט להשיג חכמה והשגה, אין לך דבר מונע השגה יותר מזה[18].

גם בענין השגת האדם, אין לך דבר שמועיל כמו הטהרה והטבילה שיהיה האדם טהור בכל עת. ומורי זלה״ה, עם היות שהיה לו חולי השבר שהקור מזיק לו, עכ״ז לא היה מונע מלטבול בכל עת.

---

[18] כאשר הנשמה שלו לא יכולה לעלות

עץ חיים

בעץ חיים הארי מגלה את הפרטים של מושגי הקבלה. מהפעולה הראשונה של ה׳ בבריאה (צמצום) לעולמות שונים, ספירות, זיווגים (יחוד האנרגיות) ועוד.

סיבת בריאת העולמות

בענין תכלית הכוונה של בריאת העולמות, נבאר עתה ב׳ חקירות, שנתעסקו בהם המקובלים. החקירה הראשונה הוא, מה שחקרו חכמים ראשונים ואחרונים, לדעת סיבת בריאת. העולמות, לאיזה סיבה היתה. ונמנו וגמרו, וגזרו אומר, כי סיבת הדבר היה, לפי שהנה הוא יתברך, מוכרח שיהיה שלם בכל פעולותיו וכוחותיו, ובכל שמותיו של גדולה ומעלה וכבוד, ואם לא היה מוציא פעולותיו וכוחותיו לידי פועל ומעשה, לא היה כביכול, נקרא שלם, לא בפעולותיו, ולא בשמותיו, וכינויו, כי השם הגדול, שהוא בן ד׳ אותיות הוי״ה, נקרא כן על הוראת הודייתו הנצחית״ וקיומו לעד, היה הוד, ויהיה, טרם הבריאה, ובזמן קיום הבריאה, ואחרי התהפכו אל מה שהיה. ואם לא נבראו העולמות, וכל אשר בהם, לא ״יוכל ליראות אמיתת הוראת היותו יתברך הנצחית, בעבר והוד, ועתיד, ולא יהיה נקרא בשם הוי״ה כנ״ל. וכן שם אדנו״ת, נקרא כן, על הוראת אדנות, היות לו עבדים, והוא אדון עליהם. ואם לא היה לו נבראים, לא יוכל ליקרא בשם אדון.

ועד״ז בשאר שמות כולם, וכן בענין הבנויים, כגט: רחום, וחנון, ארך אפים, לא יקרא על שמם, זולת בהיות נבראים בעולם, שיקראו לו ארך אפים, וכיוצא, כזה בשאר הכינוים כולם. אמנם בהיות העולמות נבראים,

אז יצאו פעולותיו וכוחותיו יתברך לידי פועל, ויהיה נקרא שלם בכל מיני פעולותיו וכחותיו וגם יהיה שלם בכל השמות וכינוים, בלתי שום חסרון כלל ח״ו. וענין טעם זה, נתבאר היטב בס״ה[19], פ׳ פנחס דרנ״ז ע״ב, וז״ל פקודא תליסר וכו׳ דא ק״ש, ואית למנדע, דאיהו אקרי חכם, בכל מיני חכמות. ומבין, בכל מיני תבונות וכו. אלא קודם דברא עלמא, אתקרי בכל אילין דרגין, ע״ש בריין דהוו עתידין להבראות, דאי לאו הויין בריין בעלמא, אמאי אתקרי רחום דיין, אלא ע״ש בריין דעתידין וכו. ובפי בא דמ״ב, וז״ל דאי לא אתפשט נהוריה על כל בריין, איך ישתמודעון ליה, ואיך יתקיים מלא כל הארץ כבודו.

החקירה ב, היא קרובה אל שאלת מה למעלה, ומה למטה׳ מה לפנים, ומה לאחור, במס׳ חגיגה פרק אין דורשין. והנה להיות השאלה זו עמרקה מאד, אשר כמעט מסתכן האדם, בהעמיק הסתכלותו בחקירה זו. וענינו כאשר הזכירו חז״ל, במשנה הנ״ל, כל המסתכל בד׳ דברים אלו, ראוי לו שלא בא לעולם [מה למעלה, מ. למטה, מה לפנים, מה לאחור, וכל שלא חס על כבוד קונו ראוי לו שלא בא לעולם. וע״כ לא נוכל להרחיב ולהעמיק בחקירתם. אמנם נבאר בע״ה ראשי פרקים, כמציץ מן החרכים, בלתי הסתכלות בדברים העמוקים, והמשכיל על דברינו אלה, ימצא טוב טעם ודעת, אם יבינהו. והנה, ענין החקירה הזאת, אשר שואלים למה בריאת עוה״ז, היה בזמן שהיה, ולא קודם או אח״כ.

ולכן, צריך שתדע את אשר נבאר בחיבורינו, והוא, כי הנה נודע, כי האור העליוז למעלה למעלה עד אין קץ, הנקרא א״ס[20], שמו מוכיח עליו, שאין בו שום תפיסה, לא במחשבה, ולא בהרהור כלל ועיקר. והוא מופשט ומובדל מכל מחשבות, והוא קודם אל כל הנאצלים והנבראים והיצורים

---

[19] בספר הזהר
[20] אין סוף

והנעשים, ולא היה בו זמן התחלה וראשית, כי תמיד הוא נמצא וקיים לעד, ואין בו ראש וסוף כלל. והנה מן הא״ס, נשתלשל אח״כ מציאות המאור הגדול, הנקרא א״ק לכל הקדומים, כמ״ש בענף ג. ואח״כ, נשתלשלו ממנו האורות הנתלין בא״ק, הנה הם אורות רבים, היוצאים מתוכו, ומאירין חוצה לו:

מהם תלויין ממוחו, ומהם מגולגלתא, ומהם מעיניו, ומהם מאזניו, ומהם מחוטמו, ומהם מפיו, ומהם ממצחו, חוצה לו, ומהם סביבות גופו, שהוא בחי׳ ז׳ תחתונים שלו. ובסביבו חיהם אורות רבים, מאירים ונתלים בהם, הנקרא עולם הנקודים. ואח״כ נשתלשלו ממנו ד׳ עולמות: אבי״ע[21], הידועים ומפורסמים, כנזכר בזוהר ובתיקונים. ואמנם אצילות א״ק הזה, ומכ״ש שאר עולמות שתחתיו כנ״ל, היה להם ראש וסוף, והיה להם זמן התחלה הויותן ואצילותן, משא״כ בא״ס הנ״ל. והנה מן העת וזמן, אשר התחיל התפשטות והשתלשלות האורות והעולמות ד״נ״ל, מאז התחיל הויות הנבראים כולם, זה אח״ז, עד שבא הדבר אל המציאות, אשר הוא עתה.

וכפי סדר ההתפשטות וההשתלשלות כסדר הזמנים, זה אח״ז, כך נעשה, ולא היה אפשר להקדים, או לאחר בריאת עוה״ז, כי כל עולם ועולם נברא, אחר בריאת עולם שלמעלה ממנו, וכל העולמות היו נבראים, ומתפשטים ומשתלשלים והולכים זה תחת זה, בזמנים שונים, ומאוחרים, זא״ז, עד שהגיע זמן בריאת עוה״ז, ואז נברא בזמן הראוי לו, אחר בריאת העולמות העליונים אשר עליו, ודי בזה, כי לא נוכל להרחיב ולהעמיק ביאור זה הענין ככל הצורך, ואיך, וכמה, ומתי.

אור עליון פשוט - צמצום

דע כי טרם שנאצלו הנאצלים ונבראו הנבראים, היה אור עליון פשוט

---

[21] אצילות, בריאה, יצירה, עשיה

ממלא כל המציאות ולא היה שום מקום פנוי בבחי' אויר ריקני וחלל, אלא הכל היה ממולא מן אור א"ס פשוט ההוא, ולא היה לו בחי' ראש ולא בחי' סוף אלא הכל היה אור א' פשוט שוה בהשוואה א' והוא הנק' אור א"ס. וכאשר עלה ברצונו הפשוט לברוא העולמות ולהאציל הנאצלים להוציא לאור שלימות פעולותיו ושמותיו וכנוייו, אשר זאת היה סיבה בריאת העולמות, כמבואר אצלינו בענף הא' בחקירה הראשונה. והנה אז צמצם את עצמו א"ס בנקודה האמצעית אשר בו באמצע אורו ממש.

וצמצם האור ההוא ונתרחק אל צדדי סביבות הנקודה האמצעית, ואז נשאר מקום פנוי ואויר וחלל רקני מנקודה אמצעית ממש, והנה הצמצום הזה היה בהשואה א' בסביבות הנקודה האמצעית ריקנית ההוא, באופן שמקום החלל ההוא היה עגול מכל סביבותיו בהשוואה גמורה, ולא היה בתמונת מרובע בעל זויות נצבת. לפי שגם א"ס צמצם עצמו בבחי' עגול בהשוואה א' מכל צדדים. והסיבה היתה לפי שכיון שאור הא"ס שוה בהשוואה גמורה, הוכרח גם כן שיצמצם עצמו בהשוואה א' מכל הצדדים, ולא שיצמצם עצמו מצד א' יותר משאר הצדדים. ונודע בחכמת השיעור שאין תמונה כ"כ שוה כמו תמונת העיגול, משא"כ בתמונת מרובע בעל זויות נצבת בולטות, וכן תמונת המשולש וכיוצא בשאר התמונות, וע"כ מוכרח הוא להיות צמצום הא"ס בבחי' עיגול והסיבה הוא בעבור שהוא שוה בכל מידותיו כנ"ל.

עוד יש סיבה אחרת, והוא בעבור הנאצלים אשר עתיד להאצילם אחר כך בתוך המקום החלל ההוא הריק ופנוי כנ"ל. והענין הוא כי בהיות הנאצלים בתמונת העגולים, הנה אזי יהיו כולם קרובים ודבוקים בא"ס הסובב אותם בהשוואה א' גמורה, והאור והשפע הצריך להם יקבלום מן א"ס מכל צדדיהם בשיקול א' משא"כ אם היו הנאצלים בבחי' מרובע או משולש וכיוצא בשאר תמונות, כי אז היה בהם זויות בולטות קרובות אל

עץ חיים

הא"ס יותר משאר צדדיהם ולא היה מקבלים אור א"ס בהשוואה אחת. ענין הצמצום הזה הוא לגלות שורש הדינין, כדי לתת מדת הדין אח"כ בעולמות וכח ההוא נקרא בוצינא דקרדינותא קו ישר.

והנה אחר הצמצום הנ"ל אשר אז נשאר מקום החלל ואויר פנוי וריקני באמצע אור הא"ס ממש כנ"ל, הנה כבר היה מקום שיוכלו להיות שם הנאצלים והנבראים ויצורים והנעשים, ואז המשיך מן אור א"ס קו א' ישר מן האור העגול שלו מלמעלה למטה ומשתלשל ויורד תוך החלל ההוא. וראש העליון של הקו נמשך מן הא"ס עצמו ונוגע בו. אמנם סיום הקו הזה למטה בסופו אינו נוגע באור א"ס ודרך הקו הזה נמשך ונתפשט אור א"ס למטה. ובמקום החלל ההוא האציל וברא ויצר ועשה כל העולמות כולם, וקו זה כעין צנור דק א' אשר בו מתפשט ונמשך מימי אור העליון של א"ס אל העולמות אשר במקום האויר והחלל ההוא.

ונבאר עתה קצת ענין חקירת המקובלים לדעת איך יש ראש תוך סוף בספירות הנ"ל. אמנם בהיות כי הקו ההוא ראשו נוגע באור א"ס מצד העליון וסופו אינו נמשך למטה עד מקום אור הא"ס הסובב תחת העולמות ואינו דבוק בו, לכן אז יצדק בו ראש וסוף כי אם דרך ב' הקצוות היה מקבל שפע הא"ס היו ב' הקצוות בחי' ראשים שוים זה לזה ולא היה אז בחי' מעלה ומטה. וכן אם היה הא"ס נמשך מכל סביבות צדדי המקום החלל ההוא לא היה לא מעלה ולא מטה לא פנים ולא אחור לא מזרח ולא מערב וצפון ודרום, אך בהיות אור א"ס נמשך דרך קו א' וצינור דק בלבד, יצדק בו מעלה ומטה פנים ואחור מזרח ומערב וכמ"ש בע"ה בענף זה בכלל דברינו.

ספירות

ואחר שבארנו כי כל הנאצלים כולם בחי׳ א׳ הכוללת כל ד׳ יסודות שהם ד׳ אותיות יהו״ה שהם ד׳ עולמות אבי״ע, ושיש להם בחי׳ עליונה חמישית אמצעי בינם לבין א״ס, נבאר עתה כל עולם ועולם בכללות, ואח״כ נחזור בהם בע״ה לבאר יחד כולם בכללות א׳. והנה כל מה שנברא בעולמות כולם אינם רק ד׳ בחינות, שהם הוי״ה כנ״ל והם בחי׳ רוחני הנקרא נשמה, ובחי׳ איברי הגוף ובחי׳ המלבושים ובחינת הבית, ונדבר בעולם האצילות ומשם יובנו כל השאר, כי הנה פנימית כל האצילות הוא הרוחניות הנקרא נשמה והיא מלובשת תוך איברי הגוף הנקרא כלים שהם הי״ס הנקרא ראש וזרועות וגוף.

ונחזור לענין הגוף, כי זה הבחי׳ הוא י״ס עשר מדות כי יש בהם גבול ומדה כמ״ש בפרקי ההיכלות בשיעור קומה שהוא רל״ו אלפים רבבות פרסאות כו׳, וגוף הזה מלובש תוך לבושי דאצילות וכמו שארז״ל בי׳ לבושים נתלבש הקב״ה, לבוש של גאוה שנאמר ה׳ מלך גאות לבש וז״ס הנזכר בפרקי היכלות כי שם החלוק של הבורא יתברך נקרא זהריא״ל כו׳, אך בנשמה שבפנים אין מדה כלל אמנם בערך הא״ס נוכל לכנותם בשם מדות וספירות גם אל הנשמה. והנה המלבושים האלה הם בתוך בחי׳ הבתים שהם ז׳ היכלות דאצי׳ שהם בחינת העולם בעצמו שהם השמים והארץ והאויר שביניהן, כי כל זה בחי׳ הבתים והם נקראים עולם אצילות, אשר בתוכו יושב האדם העליון שהוא נשמה וגוף ולבושי מל׳ נתונים בהיכל מלך עליון שהוא כללות עולם האצילות.

ואלו הד׳ בחי׳ הם בחי׳ הי״ס[22] המתחילין מחכמה הנ״ל ויש בהם ד׳ בחי׳ כנ״ל, ועוד יש בחי׳ הכתר שהוא בחי׳ הה׳ הנ״ל שורש לכולם, ויש בה ג״כ

[22] 10 ספירות

שורש ד׳ בחי׳ הנ״ל ונמצא שבחי׳ האור והנשמה שבכתר שורש לי״ס הנשמות דאצילות המתחילין מחכמה כנ״ל ובחי׳ הגוף שבכתר הוא שורש לי״ס הגופות שבי״ס דאצילות המתחילין מחכמה כנ״ל, ובחי׳ הלבושים שבכתר הוא שורש לי״ס הלבושים שבי״ס דאצילות המתחילין מחכמה כנ״ל, ובחי׳ היכל שבכתר שורש לי״ס ההיכלות שבי״ס האצילות המתחיל מחכמה כנ״ל.

אח״כ נברא עולם הבריאה, ע״ד הנ״ל ממש כי דרך המסך שהוא קרקע ההיכל דאצילות האיר למטה ונחתם שם חותם כל מה שהיה בעולם האצילות ונקרא עולם הבריאה, יען הוא אור של תולדה ואינו אור עצמו העליון ואמנם כיון שהוא חותם האצילות צריך שיהיו בו כל הבחי׳ אשר באצילות, והוא כי בחי׳ הכתר שהוא בחי׳ הה׳ הכלולה מד׳ בחי׳ הנ״ל החתים כתר בראשש הבריאה כמוהו ומאור הכתר דאצילות נחתם אור הכתר דבריאה, ומגוף כתר דאצילות נחתם גוף כתר דבריאה, ומלבוש כתר דאצילות נחתם לבוש כתר דבריאה, ומהיכל כתר אצילות נחתם היכל כתר בריאה, אלא שלא נמשכו האורות אלו מכתר דאצילות ממש לכתר דבריאה אלא ע״י מלכות שבמלכות דאצילות שהוא עתיק דבריאה כנ״ל המתלבש בכתר דבריאה, והיא המשיכה אלו ד׳ בחי׳ שבכתר דאצילות ובראם בכתר דבריאה, וכעד״ז עשו י״ס דאצילות והמשיכו אורם דרך המל׳ הנ״ל אשר בכתר הנ״ל, והחתימו חותם דאצילות בבריאה, נשמה מנשמה, גוף מגוף, לבוש מלבוש, היכל מהיכל, ועל דרך זה ביצירה, כי המלכות דבריאה היה עתיק מחובר עם א״א דיצירה, ושם נקרא כתר דיצירה וה׳ פרצופים דבריאה המשיכו והחתימו חותמם ביצירה ע״ד, הנ״ל בבריאה נשמות מנשות, וגופים מגופים, ולבושים מלבושים, והיכלות מהיכלות, וכן על דרך זה ה׳ פרצופים דיצירה החתימו בחינותיהן בעשיה, נשמות מנשמות, וגופים מגופים, לבושים מלבושים, והיכלות מהיכלות, וכעד״ז הנ״ל כלהעולמות יחד בכללות א׳.

פרצופים

עלה ברצונו לתקן כל העולמות באופן שיוכלכו לסבול האור הזה, וזהו ע״י התפשטות האור וברחיקותם מן המאציל העליון אשר האורות יבואו יותר מכוסים, ובזה יהיה קיום להעולמות וכח לסבול האור. ולכן מנקודת כתר נעשה התפשטות של פרצוף א׳ שלם מי״ס שהיו כלולים בו מתחלה כנ״ל ועתה הוציאם אל הפועל ואז נק׳ א״א. וכן מנקודה של חכמה נעשה פרצוף א׳ שלם מי״ס ואז נק׳ אבא. וכן מבינה נעשה פרצוף א׳ שלם מי״ס ונק׳ אמא ומן הו׳ נקודות הנשברים עשה מכולם פרצוף שלם מי״ס ונק׳ ז״א ומנקודה עשירית נעשה פרצוף שלם כלול מי״ס ונק׳ בת והוא פרצוף ה׳ ואלו הה׳ פרצופים נרמזין בד׳ אותיות יהוה קוץ של יו״ד בא״א י׳ עצמה באבא ה׳ ראשונה באמא ו׳ בז״א ה׳ תתאה בבת הנק׳ נוק׳ דז״א. וא״ת למה המאציל העליון לא עשה מתחלה ה׳ פרצופין אלו ולא יעשה אותם נקודות יהיו נשברים והלא גלוי וידוע לפניו כי בהיותן נקודות לא יוכלו לסבול האור.

התשובה כי כוונת המאציל העליון היתה כדי שיהיה בחירה ורצון ביד האדם באשר שתהיה טו״ר בעולם, מפני ששורש הרע בא ממאנין תבירין, והטוב בא מהאור הגדול ואם לא היה כן לא היה רק טוב בעולם, ואז לא היה שכר ועונש, אך עתה שיש טוב ורע יש שכר ועונש שכר לצדיקים ועונש לרשעים, שכר לצדיקים שע״י מעשיו הטובים הניצוצין הקדושים שירדו הם מעלין אותם מתוך הקליפות, ועונש לרשעים שהוריד ע״י מעשיו הרעים מאור הגדול אל הקלי׳ והקלי׳ בעצמה היא רצועה של מלקות ליסר הרשע. ועוד ט״א כי להיות עתה קודם התיקון נקודת המל׳ במקום ראש א״א שלאחר התיקון לכ יש כח ע״י תפלתינו ומעשינו הטובים להעלותה למקומה שהיתה שם בתחלה.

דע כי האצילות הם י״ס ונחלקות בזה הסדר, ספי׳ ראשונה כתר והוא א״א ספי׳ ב׳ וג׳ הם חו״ב ונקרא או״א ו׳ ספירות אחרונות הם חג״ת נה״י הם הנקראי׳ ז״א דכורא ומתחלקים לי״ס פרטות שבו כמ״ש בע״ה, ספירה י׳ היא מלכות הנקרא נוקבא דז״א וגם היא מתחלקת לי״ס פרטות שבה.
והענין כי הנה אין בכל מי שיהיה בהם היכא פרצוף וחילוק פרטי איברים כמו אלו ה׳ ספירות, שהם כח״ב תו״מ ואף ע״פ שכל ספירה כלולה מי׳ נ״ל כי כמו שהזרוע של אדם עם היותו כלול מאברי הגוף ובתוכם כולם כנודע שיש בו וורידי הראש ושל לב וכבד ושל כל הגוף כנודע לרופאים שמקיזים דם ממנו לתועלת חולי כל הגוף אבל הגובר בזרוע הוא בחי׳ חסד ועד״ז בכל ספירה וספירה, אבל בה׳ ספירות הנ״ל יש פרצוף בכל אחד מהם וכל פרטי איברים יש בכל א׳ מהם כי כל הפרצוף מתגלה ומתבאר בכל אחד מהם וכ״ז נק׳ אצילות.

והרי נתבאר ענין י״ס דאצילות, ואח״כ מאלו הי״ס דאצילות האירו והוציאו ניצוצין והם סוד החותם והם נקרא י״ס דבריאה, וגם בעולם הבריאה יש בו י״ס הנחלקות לא״א ואו״א וזו״נ דבריאה ע״ד הנ״ל באצילות רק שאלו הם חותם דאצילות אשר נתפשט ממנו, אח״כ מכח אלו י״ס דבריאה האירו והוציאו ניצוצין והם הנקרא י״ס דיצירה והם בחינת חותם ב׳ הנחתם מבריאה המתפשט ממנו וגם הי״ס אלו נחלקין לא״א ואו״א וזו״נ דיצירה ע״ד הנ״ל ואח״כ מכח אלו הי״ס דיצירה נחתמו י״ס דעשיה והם חותם לאותן של יצירה וגם בזה יש א״א ואו״א וזו״נ דעשיה ע״ד הנ״ל.

והנה כל ספירה אלו הנ״ל כולם הם אלהות אחדות גמור מתחלת י״ס דאצילות עד סוף י״ס דעשיה, אמנם צריך שתדע כי בעולם הבריאה אור אותם הי״ס שבה הם נגלין ומאירין להיות יותר עליונים מיצירה ועשיה

לכן הג״ר, שבה הם מאירין ואין האור הז״ת ניכר ונחשב ולכן אמרו בתקונים ג׳ ספירות עלאין מקננן בבריאה שהם הנקרא׳ כורסייא כנודע וזה שאנו אומרים שג״ר דבריאה מאירין אינו רק על ג״ר דנוקבא דז״א דבריאה כי גם היא כלולה מי״ס.

כי כל הג׳ עולמות בי״ע הם דוגמת עולם האצילות כנ״ל והענין הוא כי כל הג׳ עולמות בי״ע הם חלקי אצילות כי הם חיילות המלכות ואע״פ שאנו אומרים שג״ר מקננה בכורסיא ר״ל שהם הג״ר של הנוקבא דז״א של עולם הבריאה עצמה, ובעולם היצירה אין הג״ר של נוקבא דז״א דיצירה מתגלה רק אור ו״ק שלה לבד הם מתגלים ומאירים בה ולא אור ג״ר שלה, וכן העשירית שבה אינה מתגלית מחמת רוב אור הו״ק שלה וז״ש בתקונים ו׳ ספירות מקמן במטטרו״ן, ובעולם עשיה אין ט״ס ראשונות מתגלין כלל רק העשירית של נוקבא דז״א בלבד וז״ס אמא תתאה מקננא באופן ודו״ק.

והרי נתבאר כללות אבי״ע, ונתחיל לבאר י״ס דנוקבא דז״א בבחינת ד׳ עולמות אבי״ע, ודע כי הנה הנוקבא דז״א דאצילות יש בה י״ס ובכל ספירה יש ג׳ מדרגות פנים ואחור ואמצעי וכל אלו הם בחי׳ הגוף של נוקבא דז״א דאצילות כי הם י׳ תוך י׳ וי׳ אחרים בתוכם והם ג׳ לבושים כל אחד כלול מי׳ והנה ג׳ מדרגות אלו שאמרנו הם ל׳ שמות שיש אל נוקבא דז״א שהם גוף שלה כמ״ש בע״ה. והנה אלו ג׳ מדרגות הנ״ל הם מתלבשין בבי״ע (והענין הוא מיעוט הירח).

פי׳ כי כאשר נטרדה השכינה וירדה למטה להיות ראש לשועלים שהם בג׳ עולמות אלו הנקרא בי״ע, הנה הלבוש הפנימי שהם י״ס הפנימי של נוקבא דז״א דאצילות הם ירדו ונכנסו ונתלבשו תוך י״ס הבריאה והיו נשמה להם לי״ס דנוקבא דבריאה, וי״ס אמצעים שלה ירדו ונתלבשו תוך י״ס דנוקבא

דז״א דיצירה, ולבוש החיצון שהם י״ס אחור שלה ירדו ונתלבשו תוך י״ס דנוקבא דעשיה והיו נשמה להם, ואח״כ יש בחי׳ רוחין ונפשין כמ״ש בע״ה.

ד׳ עולמות

הנה נתבאר אצלינו כי ד׳ עולמות אבי״ע הם כלולים בד׳ אותיות הוי״ה, והנה ד׳ אותיות הוי״ה, הי׳ היא בחכמה, ה׳ בבינה, ו׳ בז״א, ה׳ במלכות, נמצא כי אצילות הוא בחינת חכמה בריאה בחינת בינה יצירה בחי׳ ת״ת עשיה בחינת מלכות, ופשוט הוא כי כמו שהאצילות עצמו נחלק לד׳ בחינות אלו, כי הם כללות ד׳ עולמות אלו והנה כנגד האצילות כתיב כולם בחכמה עשית, כי כל האצילות כולו נעשה בסוד חכמה. וביאור הענין הוא, דע כי אור העליון המאיר מן המאציל הוא מתגלה באבא הנקרא חכמה, והוא מתעלם ומתלבש בתוכו בלי שום מסך אחר, משום דעד הכא אתגליא א״ס עד המחשבה הנקרא חכמה, אמנם מחכמה ולמטה אין אור א״ס ממש מתגלה, אבל אבא הוא מתפשט ומתלבש תוך כל האצילות והוא המחיה אותם.

והנה נודע, כי אבא מתלבש באמא, ואמא בז״א כו׳ וא״כ איך אינו אומרים עתה כי אור אבא מתגלה בתוך כל אצילות, אבל ביאור הענין דע כי אור העליון הגיע עד אבא בהתרחבות גדול בלי מחיצות, ולכן עד אבא הנק׳ חכמה נק׳ הכל חכמה, אבל מאבא ולמטה נתוסף שינוי א׳, והוא כי אבא התלבש תוך אמא, ואמא תוך ז״א, ואמנם אור עצמות אבא ממש הוא מתפשט תוך אמא, ואמא אינה מעברת האור אל ז״א דרך מסך ומחיצה כלל אלא דרך חלון שהוא בחי׳ פי היסוד שלה המלובש תוך ז״א (אמנם עצמות אור אבא ממש מתפשט תוך ז״א) כנודע, ומשם מתגלה אור אבא ממש רק האמא נעשית מחיצה ומעכבת שלא יצא אור אבא אל ז״א זולת דרך בה כנ״ל, ונעשית אמא מעברת ודרך לעבור דרך בה אור אבא אל ז״א,

נמצא כי עצמות אור אבא נמשך לז״א והשינוי הנתוסף בו אינו רק שהג״ר נמשך בהם אור עליון.

בהתרחבות גדול אמנם הז״א שהוא ו״ק, ונוקבא שהיא המלכות אע״פ שמקבלים אור עצמות, עכ״ז אינם מקבלין אותו רק דרך חלון שהוא פי היסוד דאמא כנ״ל, אבל האור בעצמו אינו משתנה כלל וזהו הענין כולם בחכמה עשית, כי כל אור העליון הוא באבא ממש בהתרחבות גדול משם ולמטה מקבלין ממנו כולם דרך חלון, אמנם בריאה היא נקראת בחי׳ בינה כנ״ל והטעם לפי שהבריאה אינה מקבלת האור אלא דרך מסך ממש, ונודע כי אור העובר דרך מסך אינו עצמות האור הראשון רק תולדתו, וע״כ נקרא משם ואילך בשם בריאה חדשה, ואיננו מכלל עולם אצילות, וזהו ההפרש שביניהן.

ואמנם ענין מסך זה ביארנו במ״א, והענין בקיצור כי הנה הבינה היא אם הבנים ושומרת אותם כנשר יעיר קנו וגו׳ יפרוש כנפיו יקחהו כדרך העוף הפורש כנפיו ומכסה בניו שלא יקחום עופות אחרים, כך הבינה מחמת יראתה מהחצונים שלא יתאחזו בבניה שהם זו״ן אשר שם יש יכולת להחיצונים להתאחז, משא״כ בבינה עצמה כנודע שאין אחיזה לחיצונים בה, ולכן שומרת אותם תחת כנפיה ונעשית להם מחיצות כדוגמת ענני כבוד שהיו לישראל שהיו נשמרים על ידם מאבני בליסטראות, וחיצים שהיו זורקין בהם המצריים ועמלקים.

פרי עץ חיים

בפרי עץ חיים נמצאִים הפירושים וההסברים של האר״י על התפילות, החגים והמצוות לפי הקבלה.

תפילה היא בעולם העשייה

הנה כל תפילה היא בעולם העשייה מלכות דעשייה. כמ״ש תפלה לעני כי יעטוף. והיא המלכות דלה ועניה ששואלת ומתפללת מז״א בעלה שיתן לה חסרונה. וסימן ואני תפלה כי אני היא המלכות. ולכן כל לשון תפילה שבתורה נזכר בלשון שפיכת נפש, שהיא או בחי׳ מלכות שבאצילות או עולם עשיה כי שניהם נקראים נפש.

וז״ש הכתוב ואשפוך את נפשי לפני ה׳ ורבים כמוהו. לכן התפילה נקראת בלשון שיחה, דכתיב תפלה לעני וכו׳ ישפוך שיחו, כי תפלה היא בחי׳ המלכות לעני דלית לה מגרמא כלום.

בשרשי המנהגים

בשרשי המנהגים שיש חלוקים בין אשכנזים ובין ספרדיים קטאלוניים ואיטליים וכיוצא בהם, שיש בהם מנהגים קדמונים שלהם בסידורי התפלה ולא במה שנוגע לפיוטים ופזמונים האחרונים רק בשרשי התפלות כפי הדין. והיה אומר מורי זלה״ה, שיש י״ב שערים ברקיע נגד י״ב שבטים, וכל אחד עולה תפלתו דרך שער אחד, והם השערים הנזכרים בשלהי ספר יחזקאל.

ואמר שודאי לא היו השערים ודרכי השערים שוין, וכל אחד משונה מחבירו, לכן גם התפלות משונות. לכן כל אחד ואחד ראוי להחזיק כמנהג

תפלתו, כי מי יודע אם הוא משבט ההוא ואין תפילתו עולה אלא ע״י שער ההוא. אך מה שהוא דינין מפורשין בתלמוד זה שוה לכל השבטים.

פזמון או פיוט שחברו האחרונים

מורי זלה״ה לא היה חפץ בשום פזמון או פיוט מאותן שחברו האחרונים, רק מאותן שחברו הראשונים, כגון תפילת ר״ע ור׳ ישמעאל ור״א בן ערך ור״א הקליר ודוגמתן שנתקנו על דרך האמת. אך אלו האחרונים שלא ידעו דרך קבלה, אינם יודעים מה שהם אומרים וטועים בסדר דבורם בלא ידיעה כלל, ולא היה אומרם כלל ובפרט יגדל אלהים וכו׳ וגם וידוי אשמנו באומר ובפועל וכו׳ וכל שאר וידוים כגון וידוי דר׳ ניסן אדנט״ל וכיוצא, לא היה רוצה לאומרם.

מלאך א׳ ממונה על התפילה

דע כי יש מלאך א׳ ממונה על התפילה. ומעלה אותה למעלה בעת ההיא בכח שם ״י. שעמו בנה הקב״ה את העולמים. ולכל עולם ועולם מהלך ת״ק שנה ובעת אחד מהלך אותם. והנה על אלו המלאכים נאמר ורגליהם רגל ישרה כי אותיות ישרה הוא ת״ק י״ה. והנה תפילה כמנין ישרה. וזהו רמז משה ואתחנן אל ה׳ בעת ההיא ר״ל כי בעת ההיא כנ״ל מעלין התפילה ת״ק שנה הליכה לכן ישרה תפלה ואתחנן מנין א׳ לרמוז כל הנ״ל.

אמרו רז״ל שתפילת הבוקר בסוד אריה, ותיקנה אברהם אבינו דכתיב וישכם אברהם בבוקר. וכתיב ויקרא את שם המקום ההוא ה׳ יראה, תכווין שהוא ארי״ה.

תפלת מנחה בסוד שור, ותקנה יצחק שהוא רומז לו שפשט צוארו על גבי המזבח להשחט כשור והוא סוד דין.

תפילת ערבית בסוד נשר, שהיא מרחפת על בניה, כך יעקב בגידול בניו. וכמאמר רז״ל כשהיו מקריב הקרבן היה יורד דמות אריה וכו׳. והאדם המתפלל בכל יום מתקן ד׳ רגלי המרכבה.

ואם ח״ו אינו מכוין יש נגד אלו ג׳ אחרים. והם – כלב, נץ, חמור, קליפות, וז״ש שלמה עיניך לנכח יביטו הזהיר על האדם כשהוא מתפלל יכוין שתהא תפלתו בכוונה מקובלת כדי שיקריב בכל יום תפלתו במקום קרבן, ויפחד פן יחטפוהו ג׳ קליפות הנ״ל, וזהו לנכח ראשי תיבות - כלב נץ חמור. ואם תירא מאלו ותכוין כאמור בזה ועפעפיך יישירו נגדך.

המעשה וסדר התפלה בעצמה

דע כי בכל ד׳ עולמות אבי״ע יש ב׳ בחינות - הא׳ הוא ענין חיצונית שהוא כללות העולמות בחיצונותם. הב׳ הוא ענין פנימיות העולמות שהוא בחי׳ הנשמות שהם נפשות בעשיה ורוחין ביצירה וכו׳. וכנגדם יש ב׳ בחי׳ בתפלה ונזכר בזהר פרשת במדבר ופרשת ויקהל דר״א ע״א והן - המעשה וסדר התפלה בעצמה. וכל בחי׳ מאלו הב׳ נחלקות לד׳. כי המעשה נחלק לד׳, והם - יפנה ויבדוק נקביו, ואח״כ ענין הציצית, ואח״כ תפלה של יד ואחר כך תפלה של ראש. וכנגדן ד׳ חלקי סדר התפלה, והם - הקרבנות שהוא מתחלת כל הברכות עד ברוך שאמר. ואח״כ הזמירות שהם מתחלת ב״ש עד סוף ישתבח. ואח״כ יוצר וכל ברכת ק״ש עד העמידה. ואח״כ העמידה עצמה של ח״י ברכות. הרי נתבאר ד׳ חלקי בחי׳ המעשה וד׳ חלקי בחי׳ התפלה עצמה.

ואמנם ד׳ חלקי המעשה[23] הם כדי לתקן ד׳ עולמות אבי״ע בבחי׳ חיצונותם כנ״ל. וכל זה אינו אלא כדי לתקן מקומם למטה. וד׳ חלקי התפלה הוא כדי להעלותם ולכללם עולם בעולם כמ״ש בעז״ה. אבל בבחי׳ זו שהוא

---

[23] הפעולות הראשונות שעושים בבוקר

להעלותם למעלה זה א״א רק ע״י שיוכללו ויעלו פנימית העולמות כולם שהוא בבחינת הנשמות כנ״ל, ואז גם חיצונותם שהוא בחינת העולמות החיצונותם גם הם עולין ונכללין עמהם. ונבאר תחלה ענין ד׳ חלקי המעשה אשר ענינם הוא לתקן בחינת העולמות בבחינת חיצונותם, וכל זה בהיותם במקומן כל א׳ וא׳.

תחלה ירחץ ידיו ועי״ז מתקן חיצוניות עשיה, וע״י ברכה מקיף. ואח״כ יפנה ויבדוק נקביו ועי״ז מתקן נפש דעשיה. וע״י הברכות שלה שהוא אשר יצר שהוא בחי׳ הבל היוצא מן הפה, נעשה אור מקיף אליו.

ואח״כ ע״י הטלית הוא מתקן עולם יצירה. וע״י כך יורד אח״כ אור מנפש יצירה אל רוח דעשיה שהוא בחי׳ היצירה שבעשיה. ואח״כ ע״י הברכה שבציצית נעשה אור מקיף אל היצירה. ואח״כ על ידי תפלה ש״י נתקן עולם הבריאה, ואז יורד אור מנפש דבריאה אל הנשמה שבעשיה. ואח״כ על ידי הברכה של תפלה של יד נעשה א״מ אל הבריאה. ואח״כ ע״י תפלה של ראש נעשה תיקון עולם האצילות.

אמנם בענין הברכה יש מחלוקת, מר סבר כי גם בעולם אצילות צריך לעשות א״מ וא״כ צריך לברך ברכה אחרת על תפלה של ראש. ומר סבר כי א״מ בבחי׳ נשמה לנשמה שהם עולם אצילות אינו נעשה על ידינו, כי אין בידינו כח לזה. ונמצא עתה כי כל העולמות נתקנו בבחי׳ חיצונותם, שהוא בחי׳ העולמות בכללם עם א״מ שלהם, אך האדם בעצמו לא נתקן עדיין רק בחי׳ הנפש שלו, לפי שכל אלו הם מצות מעשיות מצד הנפש ואפילו הברכות שלהם הוא מצד מצוה מעשיות.

תמיד יכוין שהכל נכלל בימין

כאשר האדם לובש מלבושים, בכל פעם שלובש צריך ליזהר להשים שני צדדי כנפי לבושו בצד ימין, ואוחזן בימינו ואחר כך ילבישנו, וישאר צד כנף ימינו של המלבוש בצד ימינו. ואח״כ יסבב צד שמאל המלבוש דרך

אחוריו עד שמאלו. ואח״כ ילבוש תחלה ידו הימנית בבית יד ימינו של המלבוש. ואח״כ מלביש יד שמאלו. ותמיד יכוין שהכל נכלל בימין, ואח״כ הימין נותנו אל השמאל. ועיין למטה בענין נעילת המנעלים.

לא ילבוש שני מלבושים ביחד

לא ילבוש שני מלבושים ביחד כמו שיש מי שעושין בימי החורף והקור, רק ילבוש כל אחד ואחד בפני עצמו, והעושה כך הוא קשה לשכחה. וטעם הדבר, דע כי מלבוש האדם הוא מן הקדושה, אמנם ע״י העבירות שהאדם עושה גורם שיתלבש בקליפות ושיתאחזו הקליפות במלבושיו. והנה בחינת הלבושים יש בהם בחי׳ אור מקיף מבחוץ כנודע, כי יש אור פניני מבפנים בתוך הגוף, והמלבוש מלביש וסובב את הגוף, וא״כ הם אורות מקיפים העומדים בחוץ על המלבושים. ואמנם לכל לבוש ולבוש יש אור מקיף אחד ואין דבר שהוא דוחה את הקליפות כמו אור מקיף כנודע, כי אין הקליפה נאחז שם כי לכן הוא עומד מבחוץ בבחי׳ מקיף ואינו מתיירא מן הקליפות שיינקו ממנו.

נמצא כי הלובש ב׳ לבושים ביחד אינו נותן מקום אל האור המקיף שיכנוס ויעבור בין כל מלבוש ומלבוש, ועי״כ אין הקליפה נדחה מן הלבושים, ואז השכחה מצויה מצד הקליפות. ועיין בענין הציצית למטה שגם ענינו שהוא אור מקיף מן שערות. ועיין בברכת מלביש ערומים לקמן.

ברכות

ברכת של מלביש ערומים וברכת הנותן ליעף כח צריך לאומרו היפך ממה שפסק בש״ע. הנה האדם בעוה״ז, אין צדיק בארץ אשר יעשה טוב ולא יחטא, ואז אם החטא הוא גדול גורם שיתפשטו מעליו לבושי הקדושה אשר לו, ונותנין עליו ומלבישין אותו לבוש קליפת הנחש דוגמת, ויתנצלו בני ישראל את עדים ונמשך עליהם זוהמת הנחש.

וכן אירע ג״כ לאדם וחוה כאשר חטאו וידעו כי ערומים הם וכו׳. ואם אין

פרי עץ חיים

החטא גדול כ"כ נחלש כח הלבוש אשר בו ואע"פ שנשאר עמו בסוד צור ילדך תשי.

וכאשר האדם מפקיד נשמתו בפסוק בידך אפקיד רוחי קודם שישן ביד המלכות, אז היא מחדשת אותם. ומי שאין לו לבוש נותנין לו לבוש מחדש. ומי שיש לו לבוש אלא שנחלש כחו היא מחזקת אותו ונותנת בו כח.

וכל זה באור הבוקר כמ"ש חדשים לבקרים רבה אמונתיך. וחידוש זה נעשה אז בבוקר ע"י שם אל שהוא חסד המתעורר בבוקר בסוד וישכם אברהם בבוקר.

וזהו מה שאנו אומרים בברכת יוצר המחדש בטובו בכל יום תמיד מעשה בראשית, בסוד חדשים לבקרים כנ"ל.

וכאשר תברך מלביש ערומים תכוין אל זה המלבוש הנ"ל שנעשה למי שנפשט מעליו מלבושו לגמרי. וכנגד מי שיש לו לבוש אלא שנחלש ומחדשין ומחזיקין אותו, אנו אומרים ברכת הנותן ליעף כח.

נעילת נעלים

נודע מה שאמרו רז"ל, תחלה נועל מנעל של ימין ולא יקשרנו. ואח"כ ינעל מנעל של שמאל ולא יקשרנו. ואח"כ קושר מנעל של ימין ואחר כך קושר של שמאל וכו'.

ואם אין קשרים בנעלים, ינעל של ימין תחלה ואח"כ של שמאל. והכוונה בזה כי לעולם הבינה היא הנועלת את זו"ן בניה. וזהו הענין כנשר יעיר קנו על גוזליו ירחף, כי היא משימה אותם תחת כנפיה. וזהו הלבוש החיצון של הבינה הנקרא חשמ"ל, כי חשמל גימטריא מלבוש כנ"ל בברכת מלביש ערומים. והלבוש זה מלביש ומקיף את זו"ן.

ואל תטעה ותחשוב כי הלבוש הזה הוא ענין א"מ[24] דז"א כנודע שהוא ג"כ

---

[24] אור מקיף

מן הבינה. אמנם הלבוש הזה אינו בחי׳[25] א״מ רק הוא בחי׳ לבוש אור חיצוניות של הבינה, המלביש לזו״ן בבחי׳ לבוש לבד ולא בחינת א״מ. וטעם מלבוש זה הוא כבר נודע, כי אין אחיזה אל החיצונים רק בזו״ן אך לא באמא. ובעבור שלא יוכלו החיצונים להאחז בהם, לכן הבינה היא מגנת עליהם והיא מפסקת ביניהם בין החיצונים ובין זו״נ ע״י חשמ״ל הזה אשר אורו מועט מאד מאור של זו״נ. אמנם להיותם מן הבינה אין כח בחיצונים לאחוז בחשמל ההוא, וגם לסבת עביותו מפסקת כמ״ש.

נטילת ידים

וזה ענינו - תחלה נוטל ידיו שחרית בקומו ממטתו, ויכוין לסלק ולהפריד הקליפות מבחי׳ החיצונית של ג״ת[26] דעולם עשייה. אח״כ יפנה ויבדוק נקביו והוא הוצאות הקליפות מהפנימית. ובזה נתקנו ג״ת דעשייה הפנימית שלהם, לפי שבעשייה אפילו בפנימותו יש אחיזה להקליפות כמ״ש בדרוש אבי״ע,[27] כי בעשייה[28] מתערבין טוב ורע, וכן ביצירה כמו שביארנו, והנה נתקנו פנימית וחיצונית ג״ת דעשייה. בבחי׳ אור פנימי שלהם שבב׳ חלקים אלו. וע״י הברכות שלהם שהם - על נטילת ידים ואשר יצר שהם בחי׳ הבל הפה שהוא א״מ כנודע, נתקנו א״מ של ב׳ הבחי׳ והחלקים הנ״ל. ועל ידיהם נתקנו ג״ת דיצירה פנימית וחיצונית כנודע, כי בחי׳ הטלית הנ״ל ביצירה במטטרו״ן אשר מתלבש בטלית כנזכר פרשת פנחס. ועל ידי ב׳ ברכות נתקן א״מ לשניהן. והנה מעשה הפנימית של יצירה אינה פנימית גמור כמו פנימי דעשיה שהוא בתוך הגוף, לפי שאין אחיזת הקליפות ביצירה כמו בעשיה.

והנה בהיותינו בתחלה במעשינו בעולם דעשייה לא נתקנו רק ג״ת דעשייה. אבל עתה שנתקנו כבר גם ג״ת דיצירה ממילא ומאליו נתקנו הז׳ עליונות

---

[25] בחינת
[26] ג ספירות תחתונות
[27] אצילות, בריא, יצירא, עשיא
[28] עולם העשיא

דעשייה בבחי' חיצונית לבד, נמצא כי עתה ע"י מעשים שביצירה נתקנו ג"ת דעשייה פנימית וחיצונית.

תפילין

אח"כ ע"י תפלה ש"י[29] נתקנו ג"ת דבריאה בבחינת חיצונית. וע"י הברכה של תפילין נתקן א"מ שלהם. ועתה כאן בבריאה א"צ לתקן הפנימית כי אין לקליפה אחיזה בפנימית דבריאה. ועתה כיון שנתקנו ג"ת דבריאה מכ"ש שמאליו נתקנו חיצונית הז' עליונות דיצירה, ופנימית ז' ראשונות דעשיה, וכבר היו מתוקנות חיצונית ז' ראשונות דעשיה ופנימית וחיצונית ג"ת דעשיה, ופנימית וחיצונית ג"ת דיצירה.

אח"כ ע"י תפלה ש"ר[30] ג"ת דאצילות בבחי' החיצונית כי הפנימית א"צ תיקון כלל, כי אפילו בפנימית הבריאה לא יש אחיזה לקליפות, וגם א"מ של חיצונית א"צ לתקנו ומאליו נעשה, ולכן א"צ לברך עליהם. ויש חולקין בפוסקים ואומרים, שג"כ צריך לברך עליהם על התפלה ש"ר להמשיך א"מ על ידינו ויש בידינו כח להמשיך.

והנה אחר שנתקנו ג"ת דאצילות כ"ש שנתקנו ז' עליונות דחיצונית דבריאה וז' עליונות דפנימית דיצירה. ונמצא עתה מתוקנים שם י"ס[31] דעשיה החיצונית ופנימית, וכל א' מהן באור פנימי ומקיף. וג"כ עשיה דיצירה ע"ד הנ"ל ג"כ. ועשייה דבריאה חיצונית לבד כי פנימי שבו א"צ לתקנו, ונתקנו ג"ת דאצילות דחיצונית לבד כי פנימי א"צ לתקנו. ומכ"ש שאין צריך לתקן שאר הז' הראשונות דאצילות. והרי נתבאר בחי' המעשה שהוא לתקן ד' עולמות אבי"ע במקומן למטה.

---

[29] של יד
[30] של ראש
[31] 10 ספירות

דיבור של התפלה

ונבאר עתה בחי׳ הדבור, כי הנה עד עתה היה התיקון לסלק ולדחות הקליפות מן הקדושה, ועתה ע״י הדיבור של התפלה נוכל לעלות ולכלול העולמות כל אחד ואחד בעולם שלמעלה ממנו. והנה נבאר בדרך קיצור מה שאנו עושין עתה מתחלת הברכות עד ברוך שאמר, כי כל זה הוא בבחי׳ דעשייה. והנה כל חלק תפלה זו היא להעלות ג״ר[32] דעשייה במקום ג״ת דיצירה, והנה כבר הודעתיך כי בכל העולמות יש פנימית וחיצונית, א״כ צריך בתחלה להאיר בג״ר דחיצונית דעשייה כדי שיוכלו להזדכך ולהיות בחי׳ פנימית ממש, כדי שאח״כ יוכלו לעלות מוחין פנימית ג״ר דעשיה אל היצירה כנזכר.

והנה באמת הארתו וזכוך חיצוניות ג״ר הנ״ל דעשייה, הוא ע״י ברכות של שחר מתחלתו עד פרשת קרבן התמיד, כי הם מתברכין ומקבלין ברכה ושפע שיוכלו להיות בבחי׳ פנימית ממש. ואח״כ ע״י פרשת קרבן התמיד עולין פנימית ג״ר דעשיה למעלה ביצירה, וע״כ נקרא קרבן כי הוא מקרב העולמות כולם, ומקרב התחתון ומעלה אותם במקום העליון.

הברכות

יתבאר בו סוד הברכות וברכות השחר. ההפרש שיש בין ברכות הנהנין לברכות התפלה. שער הברכות לסלק כל המחשבות הטורדות אותו הן בתפלה הן בשעת הלימוד, יכוין בשם זה ובנקודתו כזה - יהוה. והנקודות הם מפסוק לעברך בברית ה׳ אלקיך וכו׳.

כוונה כוללת מאה ברכות שחייב אדם בכל יום אשר תיקנם דוד המלך ע״ה. תחלה צריך להמשיך ק׳ ברכות אלו מאמא עילאה לזעיר, כי מן הבריכה העליונה שהיא אימא עילאה מתפשטים בו הק׳ ברכות והם בחי׳ נה״י דאמא הנכנסים בזעיר בבחי׳ מוחין והם בחי׳ ברכות ממש. וגם זה

---

[32] 3 ראשונות

מלשון ברכיים כי ברכי אמא שהם נה"י הם מתפשטין בו. והנה הם נתבארו בדרוש ו' בני לאה אשת יעקב ודינה ע"ש.

כוונה כוללת בכל ברכת המצות או ברכת הנהנין חוץ מברכת העמידה בלבד, והוא כי בכלם המשכת השפע מלמעלה למטה חוץ מח"י ברכות העמידה שהם להעלותם מ"ן מלמטה למעלה. וכל זה נזכר בזוהר פר' עקב דף ר"ע - ומכאן תבין המאמר ההוא ואף על פי שבמקצת המצות אבאר לך איזה כוונת בסיום הברכות, זכור ואל תשכח כוונת ראשית הברכות כמ"ש לך כאן.

ותחלה נבאר לך דרך כוללת בקיצור, והוא במלת ברוך תכוין להאי שביל דקיק שהוא יסוד דחכמה המחבר חכמה בבינה, אשר ע"י מוריד השפע אל הז"א כדי שיוכל לעלות. וענין עליה זו הוא כלל גדול בכל מיני העבודות והתפלות להשפיע ב' מיני שפע - הא' הוא שצריך שיקבלו בתחלה שפע העליון עד שיהיו ראוים ומוכנים כדי לעלות. ואחר שעלו אז הם מקבלים השפע האמיתי הראוי להם.

הנה בתחלה אנו מורידים השפע העליון מן ברוך הנזכר אל אתה שהוא החסד, בסוד ואתה כהן לעולם. ואח"כ אל התפארת הנקרא יהו"ה. ואחר כך אל הגבורה הנקראת אלהינו. וע"י קבלת השפע יכולים שלשתן לעלות אל מקום הבינה, ואז נקראת בינה מלך כי אין מלך בלא חיילות. והנה הבינה היא הנקראת עולם, ועתה שעלו חיילותיה אליה אז היא נקראת מלך העולם.

ועתה שכבר עלו שם הם מקבלים השפע האמיתי הראוי להם, וזה אשר קדשנו. כי אשר שהוא בבינה קדשנו בסוד התפארת. במצותיו - שהם נצח והוד. וצונו ביסוד. ותשלום הברכה באיזה אופן שהיא היא לעולם במלכות.

כוונה אחרת בדרך פרט הנה עיקר כוונתינו היא להעלות ז"א עם המלכות אל הבינה שתקבל שפע. והיא ע"י ג' הידים המעלים אותה שהם חג"ת דז"א כנודע, שהם בסוד באר חפרוה שרים והנה ענין חג"ת אלו לפי

שבשאר היום כשהוא שלא בשעת התפלה והעמידה, אז זעיר אין לו מוחין ואינו עומד אלא בבחי׳ ו״ק לבד, ואז החג״ת שלו הם בבחי׳ ראש אליו כנודע. ואז המלכות דבוקה עמהם בחזה של התפארת מאחוריו ואז עולין זו״ן יחד שניהם אל הבינה לינק ממנה בסוד היניקה. כי כשהוא תינוק שאין בו רק ו״ק לבד אז הוא יונק משדי אמו. ואז חג״ת שלו הם העולים שם בבינה לינק. וכאשר עלה ת״ת אז גם המלכות הדבוקה עמו שם עולה עמו לינק. ואמנם נה״י דזעיר אין צורך שיעלו כי הוא יונק דרך ג״ר שלו.
ואח״כ הם יורדים ומביאים השפע למטה לזו״נ ולכל העולמות כולם.
וע״כ בתחלה אנו מעלים אותם ע״י שם מ״ב, והוא כי בכל הוי״ה יש מ״ב אותיות שהם - ד׳ פשוטות ועשר אותיות, המילוי וכ״ח אותיות מילוי המילוי, הרי מ״ב.
נמצא דע״י ג׳ מילוים - ע״ב ס״ג מ״ה וע״י ג׳ מ״ב שבהם אנו מעלים חג״ת דז״א הנקראים אתה יהוי״ה אלהינו בדרך ג׳ קוים. תחלה אתה שהוא החסד קו ימין ואח״כ קו האמצעי הת״ת הסמוך אליו ואח״כ קו שמאלי גבורה. ושלשתן עולים אל הבינה לינק משם כנזכר, ואז נקראת הבינה מלך העולם. כי הנה הבנין מתחיל מן החסד, וז״ש אמרתי עולם חסד יבנה. וג׳ אבות הם נקראים עולם וכשהג׳ אבות עלו אל הבינה, אז נקראת הבינה מלך העולם.
והנה גם צריך לרמוז אל המלכות שגם היא עולה עמהם דבוקה בחזה הת״ת מאחוריו, ואז תכוין ג״כ במלת מלך העולם שהוא לשון מלכות. כי כמו שהבינה נקראת מלך עליון בעליונים, כן המלכות היא מלך בתחתונים. ואחר שעלו כולם וינקו משם, השפע אז הם יורדים ומביאים השפע למטה בסיום הברכה, כפי מה שתהיה נוסח הברכה כמ״ש כ״א וא׳ במקומו בע״ה ע״כ.

הנכנס לבה"כ

הנכנס לבה"כ, כבר נודע משאמרו רז"ל, שחייב אדם לנהוג מורא בבה"כ כמ"ש וממקדשי תיראו. וגם זש"ה בבית אלהים נהלך ברגש, ר"ל שירגיש האדם וירתיע בעצמו בהכנסו לבה"כ מרוב פחדו עליו, איך נכנס בבית אלהים ית"ש. ודע כי זה הענין מועיל מאד אל שלימות האדם והשגת רוח הקודש עליו, והוא קודם שתכנס תמתין מעט ותשהה ותכוין ליכנס במורא ופחד לפני אלהים ית"ש, ולא תכנס בפתע פתאום כמי שאינו מתיירא ח"ו, וע"כ קודם שתכנס תאמר פסוק, ואני ברוב חסדיך אבא ביתיך. ותכוין בתיבת ברוב חסדך שהוא סוד החסד עליון שאנו צריכין לו תמיד, ובפרט ליכנס עמו בהיכל המלך כדי שיפיק שאלותיו בכח החסד ההוא, ואחר שתאמר זה הפסוק בכוונה, אח"כ תכנס בבה"כ.

שער הנהגת הלימוד

מורי זלה"ה היה אומר, מי שהוא חריף ובקי בעיון מאוד במהירות טוב, שיעיין שעה אחת או ב' ביום ולא יותר כדי לשבר אגודי הקליפות, אבל מי שאינו מהיר כ"כ והוא קשה העיון, יותר טוב לו שיעיין בפנימיות הדבר שהוא בפרי ממה שיעיין בקליפות. והוא שיעיין ויעסוק במדרשים ובאגדות, ובפרט בזוהר ובספרי קבלה. ומורי זלה"ה מרוב מהירות עיונו היה מעיין ו' דרכים ע"ד הפשוט נגד ו' ימי החול, ואח"כ היה אומר אותה הלכה ע"ד הסוד נגד שבת. והיה אומר שעיקר כוונת הקריאה בתורה תלוי בזה, שיכוין לקשר את נפשו להדביקה לשרשה ע"י התורה, כדי להשלים אילן העליון ולהשלים אדם העליון ולתקנו, כי זה הוא תכלית כל בריאת אדם ותכלית עסקו בתורה.

גם ראיתיו כשהיה קורא בהלכה בין החברים, היה מקשה בכח עד שהיה נלאה מאד ומזיע זיעה גדולה, ושאלתיו למה עושה כן והשיב לי כי עסק ההלכה הוא לשבר את הקליפה שהוא סוד קושיות, ולזה צריך שיטריח

האדם מאוד, וע״ז נקרא תורה תושיה שמתשת כוחו של אדם, וכן ראוי להעיר עצמו ולשבר כוחו. גם העוסק בתורה, צריך לכוין כי כל קושיא שמתרץ כהלכה מסיר קש ותבן מהלכה, שהוא אותיות הכ״לה העליונה ומקשטה בכ״ד קשוטין י״ב שלו וי״ב שלה והם סוד מזה ומזה הם כתובים. ובקראו הלכה ישים לנגד פניו שמקשט הכלה.

היה אומר להר״א הלוי יצ״ו בענין השגת החכמה הוא תנאי הא׳ למעט דיבורו ולשתוק כל מה שיכול שלא להוציא שום שיחה בטילה, כשאמרו רז״ל, סיג לחכמה שתיקה. תנאי ב׳, כל דבר שלא תבין בתורה תבכה עליו ותרבה בבכיה גם עליות הנשמה בעולם עליון ולא תשוט בהבלי העולם תלוי בזה שתישן מתוך הבכיה. עוד אמר לההר״ש אוזידה״א, מי שיושב מ׳ יום בלי שיחה בטילה, ישיג בודאי השגת רוח הקודש בלי ספק.

טוב לאדם שיצייר אותיות הויה נגד פניו בניקוד יראה יהוה, וז״ס שויתי ה׳ לנגדי תמיד, וזהו הגורם להביא יראה גדולה בלב אדם ולזכך נפש הטהורה. צריך האדם להרחיק עצמו מריח הנבילה, כי הוא פוגם מאוד בנפש וראיה מן בשמים במ״ש שמחזירין את הנפש. וגם הריח טוב ארז״ל שעליו נאמר, כל הנשמה תהלל יה. וגם הסתכלות האדם בנהרגין ובנצלבים פוגם מאוד בנפש האדם אף ברחוק מאה אמה פוגם.

שער השבת

סוד קבלת תוספות נר״נ[33] בימי החול להכין לשבת. דע כי צריך האדם להכין עצמו ולקבל אור תוספות שבת בימי החול בענין זה, כי הלא בשבת נתוסף לאדם תוספת המגיע אל הנר״נ, וכבר ידעת כי יש אדם זוכה לקנות תוספות זה מפאת נשמתו ממש, ויש מי שאינו מקבל רק על ידי כללות העולמות לבד. ויש מי שאין לו רק נפש לבד, ומקבל תוספות נפש מפאת

[33] נפש, רוח, נשמה

נפשו עצמו לבד. אך תוספות רוח ונשמה תבוא בו בסוד כללות העולמות לבד, וכן כל כיוצא בזה שאר החלוקות.
נמצא שאין לך אדם שאין לו תוספת נר״נ כפי חלק המגיע לו, וצריך האדם לכוין כדי שישאר לו איזה תוספת ממנו לימי החול, ובזה יכונו דרכיו אם יכוין היטיב, ומובטח לו שלא יחטא ולא יבואו החטאים על ידו ולא יקטרג בו היצה״ר, והכל כפי הכוונה.

ודע כי אי אפשר רק על דרך זה, והוא כי תוספות שבת בסוד ד׳ חלקים - נשמה לנשמה, ונפש רוח נשמה. והנה תוספת נשמה לנשמה מסתלק במ״ש, וביום אחד בשבוע תשאר בו הנשמה. ואחר כך תסתלק גם אותו תוספות נשמה, לכן מצטער האדם כשמתענה ביום א׳ יותר משאר ימים. וז״ס שאמרו בגמרא, אנשי משמר לא היו מתענין ביום א׳ ולא ביום ו׳. כי ביום א׳ מפני תוספות הנשמה שנסתלק ויש סכנה שמא ימותו. וכן ביום ו׳ משום תוספת נשמה והבן זה. ותוספת הרוח ישאר עד יום ב׳ בשבת ואח״כ מסתלקין. ותוספת נפש ישאר עד יום ג׳ בשבת ואחר כך מסתלק. לכן סוד הבדלה בשבת עד יום ג׳. ומיום ג׳ ואילך צריך לכוין ולהכין עצמו לקבלת תוספת של נר״ן של שבת הבאה.

נמצא ג׳ ימי השבוע הראשונים הן מן שבת העבר. וג׳ ימי שבוע האחרונים הן מן שבת הבאה, וזה סוד שבת שהוא. שביעי ורביעי. והנה ביום ד׳ יכוין להכין לקבל תוספת משבת הבאה, תוספת נפש. וביום ה׳ יכוין לקבל תוספות משבת הבאה, תוספת הרוח. וביום ו׳ יכוין לקבל תוספת הנשמה. ועי״כ יבואו ג׳ תוספות אלו ביום השבת.
וכבר בארנו במקום אחר, כי לכן צריך האדם לעשות ביום א׳ דשבת לכוין תמיד בסוד המחשבה, ויחשוב מחשבות וכוונות קדושות ושתהיה פנויה ונקיה המחשבה בסוד הנשמה. ביום ב׳ יעסוק בתורה הרבה לכוין לקבל הרוח שהוא סוד התורה. יום ג׳ יעסוק במצות נגד תוספות הנפש. וכעד״ז

ביום ד׳ מצות ביום ה׳ תורה ביום ו׳ מחשבה. ובכל פניתו תהיה לסוד קבלת תוספת נר״ן שבת הנ״ל.

ודע כי הנה ביום ב׳ וה׳ שאז הוא סוד היצירה להעלות הנפש ברוח שביצירה, ואז תעשה הכנה על שבת לקבל הרוח ע״י שם מ״ב שביצירה שהוא אנא בכח כו׳. לכן צריך שתקשור שם היום בשם שבת. כיצד - יום ב׳ שהוא שם קרעשט״ן תכוין לחבר ולשלב שם זה בשם שבת שהוא שקוצי״ת אות באות, ותכוין לקבל תוספות רוח בשבת. וכן ביום ה׳ שהיא ג״כ כוונת הרוח יכוין אל שם חק״ב טנ״ע עם שם שק״ו צי״ת. וכוונת זה יהיה לך תמיד. ובפרט בעת קביעת התורה בב׳ ימים אלו.
וכן תמיד תאמר היום יום א׳ בשבת, וביום ב׳ תאמר היום יום ב׳ בשבת, וכן בשאר ימים, כי הוא מ״ע הנזכרת בספרי. ובזה תשיג להכנת שבת. וכבר ידעת כי רשות לאדם לומר הבדלה עד יום ג׳ בשבת, והענין - כי תוספת שבת הוא בסוד ד׳ חלוקים, נשמה לנשמה, ונר״ן, ותוספות נשמה לנשמה מסתלקת במוצאי שבת. וביום א׳ נשארת הנשמה, ואח״כ מסתלקת. וביום ב׳ אינו נשאר לו אלא הרוח ואח״כ מסתלק. וביום ג׳ אין נשאר לו רק נפש לבד, ואחר כך מסתלקת.

לכן צריך האדם ביום א׳ לקבוע כל היום ולעסוק במחשבה כדי שיקנה אותה הנשמה. וביום ב׳ יעסוק בסוד עסק התורה בדבור הרבה עם הכוונה הנ״ל כדי לקבל הרוח, שאז הוא סוד היצירה להעלות שם נפש ברוח שביצירה, שהוא אנא בכח וכו׳. וצריך לקשר ולשלב שם זה עם שם דשבת כנ״ל, וכוונה זו תמיד תהיה ובפרט בעת עסק התורה יום ב׳ וה׳ שצריך לעסוק בתורה הרבה כי הרוח בז״א ונקרא תורה. וזה סוד תקנת עזרא לקרוא בתורה בב׳ ימים אלו. גם כי ז״ס עליות משה להר סיני יום ה׳ לקבל לוחות וירד ביום ב׳ עם הלוחות. וביום ג׳ יעסוק במצות מעשיות ובפרט הנעשין ע״י הרגלים, ויכוין להעמיד הנפש.

אמנם ביום ד' יתחיל אדם לקבל להכין עצמו לקבלת תוספת נר"ן ולעשות מצות מעשיות בסוד הנפש, ומלבד כוונת תועלת המצות בעצמן יכוין לתקן לשבת הבאה כדי שיבא לו תוספת נפש וכנ"ל ביום ג'. וכן על דרך זה, ביום ה' יעסוק בסוד דיבור לקנות תוספת הרוח כנ"ל ביום ב'. וביום ו' יכוין הנשמה בסוד המחשבה כנ"ל יום א' וזה תועלת גדול אל תוספות שבת לשמור כלל זה הסוד. ולכן רמוז בספרי שמצות עשה לזכור את יום השבת, שיאמר היום יום א' בשבת וכו' והבן.

שער חג המצות

ענין פסח ויציאת מצרים, הלא ידעת כי הראשונים סלקו השכינה עד רקיע הז' מחמת עונותיהם. אמנם ישראל שבאותו הדור שהיו בגלות מצרים היו סוד אותן ניצוצין של קרי שהוציאם אדה"ר באותן ק"ל שנה, והם סוד דור המבול שהיו ג"כ משחיתים זרעם על הארץ להיותם באים משורש ההוא עד שנימוחו. וז"ס וירא ה' כי רבה רעת האדם ממש, כי סוד הקרי הנקרא רעה, והמוציא שז"ל[34] נקרע רע, כמ"ש בזוהר על פסוק לא יגורך רע. נמצא כי דור המבול הם רעת אדם הראשון ממש. וז"ס ג"כ אמחה את האדם אשר בראתי דייקא.

אח"כ נתגלגלו בדור הפלגה, ושם ג"כ לראות את העיר והמגדל אשר בנו בני אדם בניו דאדם קדמאה עצמו שהיו בניו ממש, רק שהיו מצד קרי מדכורא לחודיה ולא מן הנוקבא ג"כ וגם הם בעצמן חטאו ג"כ. ואח"כ הוצרכו להזדקק כי כבר הודעתיך שהיו נשמות קדושות ועצומות, רק שאחיזת החיצונים בהם הם המקלקלין אותן, ואחר שיצטרפו ויזדככו יהיו נשמות קדושות אחר תום חלאת טומאתן מהם. וכבר ידעת כי אדרבא אין החיצונים אוחזים רק בנשמות שהם יותר קדושים.

ואמנם כל הנשמות הם באים בחסדים וגבורות אשר הם מסוד הדעת אשר שם תלוי מציאת הזיווג, בסוד וידע אדם את חוה, ולכן נקרא דעת כי משם

---
[34] זרע לבטלה

הטפה של הזיווג נמשכת, וגם כי כל הדור ההוא דורו של משה כנודע, והנה משה הוא מבחי׳ הדעת וגם הדור ההוא מבחי׳ הדעת ג״כ כמבואר אצלינו, רק שנמשכו אל הקליפות. אמנם גלות מצרים כל ענינה לא היה רק לצרף נשמות ההם, ולכן באו באותו הגלות הגדול ומררו את חייהם בעבודה קשה, בחומר ובלבנים כנגד החומר והלבנים שהיו עושין בדור הפלגה, והבן זאת.

אמנם בהיות כי חטאם לא היה אלא בסוד הדעת כנ״ל, כי משם יצאו הניצוצין של הנשמות אלו, לכן ידע משה כי הגלות הזה היה נמשך ג״כ משם. והענין כי לעולם כשישראל פוגמים למטה ועושין פגם באיזה מדה חס ושלום וספירות עליונים, הנה החיצונים יונקים משם ובו יתאחזו כולם, וזה סוד גלות מצרים כי יניקת מצרים והטומאה שלהם היו מצד הדעת שלהם, ובפרט במה שהודעתיך כי פרעה ומצרים הוא כנגד העורף העליון שהוא באחוריים של הדעת העליון, ודי בזה.

והנה ודאי כי גלות ההוא היה שכל שפע הדעת היו יונקים אותו פרעה ומצרים, ולכן היו ישראל שבאותו הדור משועבדים אליו. אמנם כבר ידעת כי כשיש ח״ו פגם למעלה ע״י עונות הדור, הכוחות עליונים מסתלקים למעלה כדי שלא ינקו מהם החיצונים, כמו שהודעתיך בענין טעם היות ז״א ו״ק לבד ולא י׳ שלמים רק אחר התיקון. ואמנם בזמן ההוא חוזר הז״א לקדמותו הראשון להיות ג׳ כלילן בג׳, וזה נקרא תמיד אצלינו עבור א׳ והיה תוך בטן אמא עלאה ולא היה מתגלה לחוץ.

הנהגה בבית הכנסת

גם ראיתי למורי זלה״ה שלא היה מדבר בבה״כ אפילו אחר זמן תפלה בשאר היום, וכמעט אפילו בדבר מוסר ויראת שמים לא היה משיב תשובה, עד שיצא מבה״כ, כדי שלא ימשך בדברי חול:

גם ראיתי למורי זלה״ה שלא היה רוקק כלל בבה״כ בכ״ז שהיה שם, ואם נזדמן לו רוק היה מבליעו בכסותו. גם הזהירנו שלא להכניס אצבע תוך האוזן בתפלה, כדי שלא יצטרך נטילה. גם ראיתי למורי זלה״ה שלא היה מרים קולו בתפלתו אפילו בזמירות ובתפלה דמיושב, לפי שצריך להראות הכנעה לפני השי״ת, כעבד המתחנן לקונו. ואמנם ביום השבת, היה מרים קולו מעט יותר מימי החול, והיה אומר בנעימה מפני כבוד השבת. גם כל הזמירות והקרבנות ותפלה דמיושב שהוא דיוצר, היה אומר הכל מסידור שבידו, אמנם בתפלת י״ח היה סותם את עיניו, ואומר בע״פ כל העמידה, ואפילו בחזרת התפלה מש״ץ, היה סותם את עיניו ומכוין ושומע אל הש״ץ:

אסור לאדם להתפלל לפני ה׳ בעצבות

צריך שאחר שישב בבה״כ, קודם שיתחיל להתפלל כלל ועיקר בתפלת שחרית, צריך שיקבל עליו מצות ואהבת לרעך כמוך, ויכוין לאהוב כל איש ישראל כנפשו, כי על ידי זה תעלה תפלתו כלולה מכל ישראל, ותוכל לעלות ולעשות פרי ויצליח. ואסור לאדם להתפלל לפני ה׳ בעצבות, רק כעבד המשמש את קונו בשמחה גדולה, שאל״כ אין כח בנפש לקבל הארה עליונה הנמשכת בו ע״י תפלתו. ואין ראוי להיות עצב רק באומרו וידוי ובהזכרת עונותיו, אך בשאר התפלה לא ישים נגד עיניו שום עצבות, אפילו דאגות עבירות שחטא בהם. אמנם טוב הוא שיהיה נכנע באמרו את התפלה אך בשמחה גדולה, וזה דבר גדול מאד וראוי לזהר בו, ואין ערך לדבר הזה. ודע שהתפלה בדמע מרוצה, לפי שהדמעות נמשכין מחו״ב, וכשאלו ב׳ ספירות נפתחים, אז יחול אור כתר עליהם, וימשכו רחמים לכל המדות. הר״א הלוי להר״מ קורדיווארי:

קריאת ספר תורה

בעת פתיחת ההיכל להוציא ס״ ת ביום שבת, היה נוהג מורי זלה״ה, לומר בריך שמיה מ״ש בזוהר פ׳ ויקהל דף ר״ו. ובקונטריס אומר ג״כ. גם מורי זלה״ה היה אומר הסדר הכתוב בזוהר, שצריך לומר בעת הוצאת ס״ת בריך שמיה, ולא הזכיר יום שבת, אלא סתם בריך שמיה דמארי עלמא עד ולשלם וכו׳

הנה סוד התורה, הוא סוד יסוד דאבא שבתוך ז״א, והנה הזיווג שאנו עושין הוא שהיסוד דאמא נפתח, ויוצאין אורות החסדים והגבורות משם. אך יסוד אבא סתום בכל צדדיו והאורות שבתוכו אינן יוצאין מתוכו, רק הארה בעלמא להוציא את יעקב, אך מוחין עצמן שבפנים אינם יוצאים, לכן עתה אחר זיוג העמידה, אז נבקע יסוד אמא ומאירין המוחין שבתוכן אל יעקב ורחל, העומדין חוץ לז״א בנ״ה שבו:

אמנם לצאת אותן האורות לחוץ, צריך ב׳ מיני בקיעות - א׳, שיבקע יסוד אמא, והחסד שלה המתפשטין בזעיר אנפין, ומלבישין את היסוד אבא כנודע. וכשיבקע, יוצא אור יסוד אבא, תוך ז״א עצמו, לחוץ מן יסוד אמא, הרי ב׳ בקיעות באים כאחד. וזהו פתיחת ההיכל להוציא ס״ת לחוץ ממנה.

פי׳ - ההיכל, יסוד אמא, ס״ת, יסוד ועיין לקמן:

ספר תורה שנוהגין להוציא בב׳ וה׳. כבר הודעתיך בששת ימי המעשה, שיום ב׳ וה׳ הוא סוד היצירה, הנרמז בז״א אות ו׳ שבהוי״ה, הוא הנקרא תורה, לכן בב׳ ימים אלו דווקא אנו מוציאין הס״ת:

מלבושים של שבת

בענין המלבושים של שבת, אמר לי מורי ז״ל ענין א׳ שצריך לכוין, ונלע״ד, כי גם לזולתו תועיל הכוונה, והוא שטוב מאוד ששום מלבוש או כיוצא בו, מכל מה שהאדם לובש בשבת, אין ראוי שיהיה עליו בימי החול. ואפילו החלוק של שבת, אין ראוי ללובשו בימי החול. ואמר לי כשאלבוש בע״ש

החלוק של שבת, אכוין לשם זהריא״ל, שהוא סוד החלוק של הש״י, הנזכר בפרקי היכלות, והוא מועיל מאוד אל הקדושה, להמשיכו אל האדם. וכשילבש הלבוש, יכוין בשם אכתריי״אל, וצריך שילבוש בכל שבת בגדים לבנים. לכן אל יפחת מד׳ בגדי לבן, כמו - מלבוש עליון ותחתון, ואזור, וחלוק. וקבלתי ממורי ז״ל, שכפי הגוון המלבושין שאדם לובש בשבת בעה״ז, כך מלבישין אותו אחר פטירתו בימי השבת תמיד, לכן ראה לחכם א׳ לבוש שחורים אחר פטירתו בימי השבת, והגיד כי כך היה לבוש בעה״ז, והוא נענש במדה זו. וד׳ בגדי לבן אלו, נגד ד׳ אותיות הוי״ה, והם בגדי הבריאה. גם ראיתי למורי ז״ל בחורף בשבת, שהיה לובש מלבוש גיבאני תחת מלבוש הלבן העליון מפני הצינה, ולא היה מקפיד בזה, רק שהיה ד׳ בגדי לבן נגד ד׳ אותיות הוי״ה כנ״ל, ואלו הבגדים הם א״מ מבחוץ:

מורי זלה״ה היה אומר, כי כל המצות שאדם עושה, נרשמות במצחו. וכל מצוה ומצוה, נרשמת באות א׳, דרך אותיות המיוחדת לאותו מצוה. ואם עושה מצוה אחת מאיר האות של אותו מצוה, ואם עשה מצוה אחרת, אז הארת אות מצוה א׳ מסתלקת, ונבלעת בפנים במצחו. אבל אם עשה מצוה של צדקה, אינה נבלעת בפנים כמו בשאר האורות של שאר אותיות, אלא מאיר כל השבוע במצחו, בסוד וצדקתו עומדת לעד, ולא נבלעת תיכף:

שער הגלגולים

בשער הגלגולים האר״י חושף ומסביר את הסודות של גלגולי נשמות. המקור וגלגולי הנשמות השונים של רבנים ידועים, מלכים, נביאים וכדומה.

נשמות מאדם הראשון

דע כי כאשר חטא אדה״ר נפגמו כל הנצוצות של נפשו ורוחו ונשמתו. והענין הוא במה שנודע, כי כמו שגופו של אדם כלול מכמה נצוצות ברמ״ח איברים, ושס״ה גידים ,ויש כמה נצוצות בראשו וכן בעיניו וכן בכל אבר ואבר כן הנפש ההיא. וכמו שדרשו במדרש תנחומא ובמ״ר בפרשת נשא על פסוק איפה היית ביסדי ארץ, מלמד שהיה אדה״ר מוטל גולם וזה תלוי בראשו וכו׳. וכדמיון זה נחלק הרוח שבו. וכן הנשמה שבו. וכשחטא, אז נפגמו רוב הנצוצות של נפשו ורוחו ונשמתו ונתעבר בין הקליפות.

וז״ס מ״ש בספר התקונים בהקדמה על פסוק כצפור נודדת מקנה, כי כמו שהשכינה גלתה בין הקליפות, כן הצדיקים יגלו עמה ואזלין מנדדין אבתרהא מדוך לדוך. וכפי בחינת הנצוצות, כך גלו במקום המכוון להם בתוך הקליפות, ראש בראש, עין בעין וכו׳. וז״ס ענין גלות הנשמות הנזכר שם. והנה גם קין והבל בניו חטאו חטא אחר, זולתי חטא אדם אביהם וגם הם נטבעו נצוצותיהם בעמקי הקליפות אח״כ.

ואמנם בכל דור ודור יוצאות קצת נצוצות ההם ובאים בגלגול בעוה״ז[35], הכל כפי בחינת מחצב נשמות הדור ההוא, או מנצוצי הראש או מנצוצי העין וכיוצא ונתקנים בעוה״ז. ויש מי שאף גם שבא בגלגול להתקן, לא

[35] עולם הזה

נזהר מן החטא וחזר להשתקע עוד בתוך הקליפות כבראשונה, הוא וכל הנצוצות הנמשכות ממנו, ותלויות בו וזו היא בחינה בינונית כוללות גלגול ועבור, כי כל נצוצי הנפש אפילו אותם שנתקנו באים בגלגול גמור עם הנצוץ הפרטי המקולקל מעת שנולד, ואינם נפרדים כלל עד יום המיתה.

גלגוליהם בפעם הראשונה

בסדר כניסת הנר״ן באדם בתחלת גלגוליהם בפעם הראשונה החדשה כמו שיתבאר בע״ה. הנה בעת שנולד גוף האדם ויוצא לאויר העולם נכנסת בו הנפש שלו, ואם יוכשרו מעשיו יזכה ויכנס בו הרוח בתשלום שנת השלש עשרה שאז נקרא איש גמור כנודע. ואם יוכשרו עוד מעשיו מאז ואילך נכנסת בו הנשמה בתשלום שנת העשרים כנזכר בסבא דמשפטים, אבל אם לא תקן את הרוח לגמרי לא תכנס בו הנשמה ויהיו בו נו״ר בלבד. וכן אם לא תקן את הנפש לגמרי אין בו רק נפש בלבד, וישאר מבלי רוח ונשמה וישארו הרוח והנשמה באתר ידוע לקב״ה ותמן אזדמן דוכתייהו לכל חד וחד מנהון.

ואמנם אם לא תקן את הנפש לגמרי בפעם א׳ ונפטר מן העולם, אז צריך שתחזור הנפש ההיא בגלגול עד כמה פעמים עד שתזדכך כל צרכה לגמרי, ואז אע״פ שנשלמה אין הרוח שלה נכנס בה כיון שלא נתקן הנפש אלא ע״י גלגול, אם לא בדוחק גדול כמו שיתבאר לקמן בע״ה. ולכן צריך שיפטר מן העולם ותחזור הנפש להתגלגל, ואז תזכה אל הרוח שלה. ואם יתקן גם הרוח, אז צריך שיפטר מן העולם ואח״כ יתגלגל ותבא בו גם הנשמה ע״ד הנז׳ בענין הרוח. ואם לא תקן הרוח, צריך שיתגלגלו כמה פעמים הנפש עם הרוח עד שיתוקן הרוח, ואז ימות האדם ויחזור ויתגלגל הנפש והרוח וגם הנשמה עד שיתוקנו שלשתם, ואז אין לו צורך עוד להתגלגל כלל, כי בהיות גם הנשמה נתקנת הרי הוא אדם שלם כנודע.

שער הגלגולים

שנתקנה הנפש וחזרה

צריך שתדע כי כאשר נתקנה הנפש וחזרה אח"כ לבא בגלגול כדי לקחת את הרוח שלה כנזכר כדי לתקן גם אותו, הנה אם באותו גלגול יחטא האדם איזה חטא, אין פגם ההוא פוגם בנפש כדי שנאמר שצריכה עוד הנפש ההיא להתגלגל פעם אחרת יחידית להתקן ע"ד הנזכר, לפי שכיון שיש שם רוח הנה הפגם ההוא פוגם ברוח לבדו עד שיתוקן. ולכן אם יצטרך איזה גלגולים אחרים כדי לתקן את הרוח, באים נפש ורוח ביחד ומתגלגלים שניהם עד ישתלם תקון הרוח, ואז יפטר האדם ויחזור ויתגלגלו הנפש והרוח גם הנשמה שלשתם ביחד עד שישתלם גם תקון הנשמה, ואז בגלגולים ההם אם חטא אדם אין הפגם פוגם רק בנשמה לבדה ע"ד שביארנו בענין תקון הרוח.

נפש הגר

והנה לפעמים יהיה שהנפש בעת תקון שלה נשלמה ונזדככה בתכלית גדול, ואז איננה צריכה לחזור להתגלגל עם הרוח בעת תקון הרוח, אבל הנפש נשארת למעלה במקום הראוי לה בצרור החיים, והרוח לבדו ירד בגלגול לתקן עצמו, והנה אינו יכול לבא יחידי אלא מלבוש תוך נפש, ולכן הנה הוא מתלבש תוך נפש הגר כנזכר בסבא דמשפטים, ומתגלגלים יחד שניהם עד שיתקן הרוח הזה, ואז יפטר מן העולם ויחזור להתגלגל, ואז תתחבר עמו הנפש הראשונה שלו ויתגלגלו יחד שניהם כדי לקבל גם את הנשמה שלהם, עד שתתוקן גם הנשמה גם היא. ולפעמים ג"כ יבא הרוח לבדו בגלגול עם הנשמה עד שתתקן הנשמה, ואז אין לאדם הזה עוד שום גלגול, ויתחברו שלשתם יחד למעלה בצרור החיים כראוי אליהם.

ודע כי עכ"ז אותה נפש הגר כיון שנתחברה בעה"ז עם הרוח ההוא וסייעו להטיב מעשיו והיתה מרכבה אליו בעה"ז, ועל ידה זכה הרוח ההוא להתקן לכן גם נפש הגר ההיא, תעלה עם נפש העיקרית של הרוח ההוא ויהיו שתיהם במדריגה אחת בעה"ב שכנים יחד ולא תתפרד ממנה.

שתזכה אל מדרגת הרוח

דע כי לפעמים יהיה שכאשר תתגלגל הנפש לבדה לתקן עצמה, תשתלם כ"כ במעשיה עד שתזכה אל מדרגת הרוח שלה, והנה אז אין יכולת אל הרוח שלה לבא עמה כנז"ל לפי שהכלל הוא שאין שניהם או שלשתם יכולים להתמבר יחד בגלגול אחד, אם לא בדוחק גדול כמו שיתבאר בדרוש אחר שם, אלא כל אחת תתגלגל לבדה כנז"ל, כי תחלה צריך לתקן הנפש ואף אשר נתקנה אי אפשר לרוח לבא עמה, אבל צריך שימות ואחר כך תחזור הנפש להתגלגל, ואז תזכה אל הרוח. וכן אחר שנתחברו שניהם נפש ורוח ונתקנו שניהם אי אפשר שיקבלו הנשמה שלהם, עד שיתגלגלו פעם אחרת ואז יזכו אל הנשמה.

סוד העבור

צריך לידע מה נעשה לנפש בעוד שכבר נתקן לבדה בלתי הרוח שלה כנזכר. ואמנם סוד הענין הוא, כי כפי מדרגת הזדככות ומעלת תקון הנפש ההיא, כך במדרגה ההיא עצמה יתגלגל אז בגוף האדם ההוא בעודו בחיים חיותו נפש אחד של איזה צדיק אשר כבר נשלם להתקן ולהתגלגל ולא נצרך להתגלגל, ונכנס כאן ונעשת נפש הצדיק הזה במקום רוח אל נפש האדם הזה, ולפעמים אפשר שיתגלגלו שם נפשות ראשונים עד אברהם אבינו ע"ה וכיוצא בו, כפי תקון והזדככות נפש האדם הזה.

שער הגלגולים

וענין זה שהוא גלגול בחיים נקרא אצל החכמים סוד העבור, וזהו ההפרש שיש בין גלגול לעבור. ולפעמים אפשר שיתעבר בו רוח ממש של אדם צדיק אפילו שיהיה מרוחות הצדיקים הראשונים עד האבות, נ״ע אפילו בזמנינו זה האחרון, והכל תלוי כפי ערך מצות שעושה האדם הזה, כי יש מצות שיש בסגולתם כח להמשיך נפש הצדיק בסוד עבור, ויש מצות ממשיכות רוח צדיק כנזכר.

גם אפשר שלפעמים יארע כי יתעבר בו נפש איזה צדיק ואח״כ יזכה ויתעבר בו עוד נפש צדיק אחר יותר גדול מן הראשון. ונמצא כי יש בו נפש מפאת עצמו והנפש של הצדיק שבאה לו בתחלה הוא לו במקום רוח. והנפש השנית של הצדיק היותר מעולה שבאה לו באחרונה תהיה לו בבחי׳ נשמה.

ולפעמים יתוקן נפש האדם כ״כ עד שיזכה להשיג נפש איזה צדיק, ואח״כ ישיג בחי׳ רוח ממש של איזה צדיק אחד מעולה מכלם, עד שיוכל להיות שישיג רוחו של אברהם אבינו ע״ה. וז״ס מ״ש ז״ל במדרשים ובפרט במדרש שמואל אין לך דור שאין בו כאברהם אבינו ע״ה וכיצחק וכיעקב ומשה ושמואל וכו׳. והנה בהתחלקות פרטים אלו כשל כח הקולמוס להעלות כלם על ספר והמשכיל יבין ויקיש מעצמו אל שאר החלוקים והפרטים.

ואמנם הכלל הוא כי כפי ערך תקון וזכוך מעשה הנפש ההיא של האדם, כך תוכל לזכות להשיג נשמה מנשמות הראשונים עד תכלית העליון שבכולם. ואפילו בדורינו זה יוכל להיות כך. ועד״ז תוכל להקיש ג״כ כאשר נתגלגלו יחד הנפש והרוח של האדם וכבר נתקנו שניהם והנה אינם יכולים להשיג הנשמה שלהם עד גלגול אחר כנזכר. והנה בעודם בחיים אז אירע להם ע״ד הנז״ל כי נכנס עמהם בסוד העבור איזו נפש או רוח או נשמה של איזה צדיק והיא להם בבחינת נשמתם. וכל הפרטים שנתבארו בענין היות הנפש לבדו מתוקנת הם ג״כ עתה ממש ואין להאריך.

גם לפעמים יארע שאחר שנתגלגלו יחד שלשת חלקיו נר"ן שלו ונתקנו כולם, כי אז יתעבר בו איזו נפש או רוח של איזה צדיק כנזכר, הנה כשיפטר מן העולם יוכל להתעלות כפי בחי' הצדיק ההוא שנתעבר בו, ושם בעולם הבא יהיו שניהם במעלה ובמדרגה אחת. וז"ס מ"ש בהקדמת בראשית בספר הזוהר דף ז' ע"ב, שנפל הרשב"י ע"ה על פניו וראה את רב המנונא סבא ז"ל, וא"ל דבההוא עלמא יהווין שכיבין יחד הוא ורב המנונא סבא ודי בזה.

והנה ענין העבור הזה הוא לשתי סבות, האחת היא כי ע"י עבור נפש הצדיק באיש הזה תתוקן נפש האיש הזה ותזדכך כדוגמת ערך נפש הצדיק ההוא, וע"י תוכל לעלות בעוה"ב במדרגת מעלת הצדיק ההוא כנזכר, כי הצדיק ההוא יעזרהו ויסייעהו להוסיף מצות וקדושות יתירות, והנה סבה זו היא לצורך האיש הזה. עוד סבה שנית לתועלת הצדיק עצמו המתעבר בו, כי כיון שהוא מסייעו להוסיף מצות ותקונם נוטל חלק בהם, וז"ס מ"ש ז"ל גדולים צדיקים שאפילו במיתתם זוכים לבנים וכו'. והוא כי הוא מזכה אל האיש הזה ונעשה לו כאב להדריכו ולסייעו וזוכה בסבתו כנזכר.

ודע כי הצדיק הזה כיון שנכנס בו לסייעו בחיים חייתו בסוד העבור כנזכר ולא בסוד גלגול, לכן הוא קרוב לשכר ורחוק להפסד, כ"א האיש הזה יעשה מצות נוטל חלק בשכר ההוא. וז"ס מ"ש ז"ל כי הצדיק נוטל חלקו וחלק חבירו בג"ע, והבן סוד העמוק הזה, ואין עתה עת להאריך בו. אמנם אם ירשיע האיש הזה אין לצדיק ההוא שום עונש והפסד עמו יען כי הוא איננו מתעבר בו רק להיטיב אליו ולא להרע לו, ואדרבא אם האיש ההוא חוזר בו מאשר תקן להטיב, אז הצדיק ההוא נפרש ממנו והולך לו. וטעם הדבר הוא במה שנתבאר, כי סוד העבור הוא בחיים של האדם ואיננו דבוק ונקשר עם גוף האדם, כמו הנפש של האדם עצמו בגלגול שנכנסה בו בעת שנולד ונתקשרה ונתדבקה שם בתכלית הדבוק, ואינה יכולה לצאת משם

עד יום המיתה. משא״כ בנפש הצדיק שנכנסת שם בסוד העבור, כי נכנסת ברצונה ויוצאת ברצונה. ואם האדם יתמיד בצדקתו, גם הצדיק ההוא יתמיד שכונתו אצלי כדי ליטול חלק במעשה האיש הזה ועומד שם עד שיפטר האיש הזה מן העולם, ויעלו שניהם יחד במדרגה אחת כנז״ל. ואם האיש הזה ירשיע מעשיו, אז הצדיק ההוא מואס בחברתו והולך לו, כי הנה איננו עומד שם בקבע רק בהשאלה כדמיון אושפיזא המתאכסן בבית בעל הבית עד זמן שיוכשר בעיניו, ואם אינו מוצא שם נחת רוח הולך לו ולסבה זו ג״כ כאשר יקרה איזה יסורין אל האיש הזה, אין הצדיק ההוא מרגיש בצער כלל ואינו סובלם עמו, יען כי איננו דבוק שם רק בהשאלה.

הכלל העולה כי לפעמים יעשה האדם איזו מצוה גדולה אשר על ידה יזכה שיתעבר בו נפש איזה צדיק מן הראשונים, ואז אפשר להיות כי יתוקן ויזדכך כל כך עד שתשוב נפשו של האיש הזה במדרגת נפש הצדיק ההוא ממש, ואז צריך שישלים האדם גם רוחו ונשמתו בתכלית הזכוך עד אשר יהיו ראויים להתלבש בנפש המזוככת ההיא. ואחרי זה יהיה שקול במדרגת הצדיק ההוא ממש ויעלה למעלה ממקום שרש נשמתו אשר ממנה חוצבה. וכל זה הוא לסבת עזר וסיוע הצדיק ההוא.
אמנם הגלגול של הנצוצות המתוקנות נקרא עבור לפי שאינה נוטלת חלק בעבירות של זה הגוף רק בזכיותיו בלבד. כדרך שנתבאר בנפשות הצדיקים שכבר מתו ובאות בסוד עיבור ממש בחיים ולא מיום שנולד.

ונמצא כי הניצוץ שלא נתקן כלל ע״י קיום המצות המתייחסות לו או שעבר עבירה מאותם שאין לו תחיה הוא המתגלגל בגוף השני ונקרא על שמו. והנצוצות שנתקנו במצות אלא שנפגמו בעבירה קלה באים בעבור הנז׳ אע״פ שהוא ג״כ גלגול. אך הנצוצות שלא נפגמו בעבירה אחר שנתקנו במצות, אינם באים כלל זולתי ע״י עבור בחיים וגם זה אינו אלא אם יזכה. העולה מזה הוא, כי כאשר הנפש מתגלגלת בעוה״ז אין עיקר גולגולה אלא

באותו חלק הפרטי הפגום המתייחס אל הגוף ההוא, ושאר חלקי הנפש שכבר באו בגופות אחרים ונתקנו שם, אינם באות שם אלא בבחינת עבור. ולכן כאשר החלק המתייחס אל הגוף ההוא יעשה איזו מצוה בעוה״ז, גם שאר חלקי הנפש המתעברת בו תטול חלקה במצוה ההיא, כי גם היא מסייעתו בעשותו המצוה הזאת ע״ד הנז״ל בסוד העבור של איזה צדיק אחד. משא״כ כשחוטא זה החלק הפרטיי, כי אז אין לשאר הנפש חלק בענשו, יען כי היא מסייעתו להטיב ולא להרע.

נפש האדם

ודע כי לפעמים אפשר שתתעלה נפש האדם עד שתהיה נפשו מעולם האצילות, והוא כי הנה כלל הדבר הוא כי הנפש מן עשיה, והרוח מן יצירה, והנשמה מן בריאה, ואמנם בדרך פרט הנה בכל עולם מאלו יש בו בח׳ נר״ן, ונמצא כי לפעמים יהיו באדם נר״ן מעשיה יצירה בריאה. ולפעמים יהיו לו נר״ן ממלכות ומז״א ומאימא דעשיה, ולפעמים שלשתם מן היצירה, ולפעמים שלשתם מעולם הבריאה, ולפעמים כלם מן האצילות, נפש מנוקבא דז״א, רוח מז״א, נשמה מאימא, חיה מאבא. ולפעמים נפש מעשיה ורוח ונשמה מיצירה. ולפעמים נפש מיצירה, ורוח ונשמה מבריאה. ולפעמים נפש מבריאה, ורוח ונשמה מאצילות. וכן עד״ז בכל פרט ופרט שבכל עולם מד׳ עולמות אבי״ע כנודע, כי כל עולם מאלו הד׳ עולמות כלול הוא מכל ד׳ עולמות אבי״ע ומי״ס, וכן עשר מעשר עד אין מספר, ואין כח בקולמוס להאריך בכל פרטים אלו כלם, כי עצמו מספר והמשכיל יבין ויקיש מעצמו.

אבל צריך שתדע כי מה שאמרנו שפעמים יהיו לו נר״ן מן היצירה או מן הבריאה וכו׳ ,אין כונתינו לומר שאין לו נפש מצד העשיה כלל, כי הנה נודע שאפילו השכינה הנקראת מלכות היא מקננא בעשיה ומכ״ש בנפש של

שער הגלגולים

האדם. אבל כונתינו לומר כי הנפש של האדם הבאה מעשיה תזדכך כל כך עד שאינה נרגשת בערך סבת אור הנפש דיצירה שבו, ואז נקרא הכל נפש דיצירה. וכן עד"ז בשאר החלוקות, כי אפילו כשאנו אומרים שיהיו לו נר"ן מן האצילות הוא בהיותם מתלבשים תוך הנפש ורוח ונשמה דעשיה יצירה בריאה, אלא שאינם עולים בשם וכלם נטפלים ונקראים בשם אצילות. ומזה תקיש אל שאר הפרטים הנזכרים.

סוד היבום

עוד יש חלוק אחר בבחי' הגלגול בעצמה אם בענין המתגלגל בבחי' גלגול בכל גוף שיזדמן או במתגלגל ע"י אחיו אשר זה נקרא סוד היבום, והוא כי כשבא בבחי' גלגול לכך הנה אינם מתגלים ביחד שלשתם הנר"ן ולא שניהם יחד, אלא הנפש לבדה עד שתתקן ואח"כ בגלגול אחר הנפש והרוח לבדם עד יתוקן הרוח. ואח"כ בגלגול אחר הנר"ן עד שתתקן הנשמה, ואז נשלמו גלגוליו כנז"ל. או לפעמים, כל אחד משלשתם יתגלגל לבדו בפני עצמו כנז"ל. אבל כשמתגלגל ע"י אחיו ובא בסוד יבום, יכולים להתגלגל שם יחד שלשתם הנר"ן. אמר הכותב חיים, הנה מן הסבא דמשפטים משם דאפילו בסוד היבום אינם באים יחד, אלא הנפש והרוח לבדם ולא הנשמה וצ"ע.

בענין הגלגול והיבום והעבור וז"ל וראיתי להרחיב יותר בדרוש זה של הגלגול והיבום והעבור. הנה בחי' העבור היא בחיים כנז"ל, ר"ל כי לפעמים יזדמן ליד האדם איזו מצוה ויעשנה כתקנה, ואז יזדמן לו נפש אחד מן איזה צדיק קדמון שעשה אותה המצוה עצמה כתקנה, וכיון שנתדמו יחד בענין מצוה זאת, יתעבר בו נפש הצדיק ההוא. ולא עוד אלא שגם אפשר שבהיות גם הצדיק ההוא נמצא עמו בזמנו בחייו, תתעבר בו נפשו לסבה הנז', כי כאשר האיש הזה יעשה איזו מצוה או מצות המתייחסות אל הצדיק ההוא, כי גם הוא עשאם כמוהו כתקנם, אז

תתעבר בו נפש הצדיק ההוא עם היות שניהם ביחד בחיים. וז״ס פסוק ותדבק נפש דוד ביהונתן, כי בהיות שניהם יחד בחיים, נתעברה נפש דוד ביונתן. ואמנם בחי׳ הגלגול צריך להרחיב מעט בענינה, ולכן נתחיל ענינה מאדם הראשון לכשיובנו הדברים בנקל. נראה כי במצוה אחת כתקנה, יספיק להמשיך התחלת העבור ולא יצטרך להישתלם בכל המצות, עד כאן.

אמנם בבחי׳ היבום, לפי שהמתגלגל לסבות אחרות מחמת כל שאר העבירות שבתורה, יש לו תקנה על ידי היסורין שסובל בעוה״ז או בגיהנם, ולכן כל חלקי הנפש אינם צריכים אל הגלגול אלא בדרך עבור כנזכר, והנצוץ הפרטיי הוא המתגלגל. אבל מי שבא בסוד היבום, הוא לסבת שמת בלא בנים, והרי הוא כאלו לא הצליח כלל ועיקר וכאלו לא היה בעולם, וגוף הראשון הוי כלא היה כנזכר בפרשת וישב, ולכן צריך שהנפש ההיא שהיה בגוף הראשון בכל חלקיה חוזרת להתגלגל לגמרי עתה מחדש לצורך עצמה, וגוף השני זה הוא גופו העיקרי וכשנתקן בו, ויפטר מן העה״ז, הנה בעת תחית המתים לא תשוב הנפש כי אם בו, אבל בגוף הא׳ אינו נכנס בו רק ההוא רוחא דשבק באנתתיה כנזכר בסבא דמשפטים. והרי נתבאר חלוק שיש בין מי שמת בלא בנים ובא בסוד היבום, למי שמת לסבת שאר עבירות שבתורה שבא בגלגול כפי ההזדמן ולא על ידי יבום. והנה גם כל הפרטים הנז׳ נוהגים ברוח ונשמה ע״ד מה שביארנו בענין נצוצי הנפש.

עוד יש חלוק אחר בין היבום אל הגלגול, והוא מה שנתבאר אצלינו בתחלת הדרוש הזה, כי הנה המתגלגל בסוד יבום כיון שגופו הראשון נחשב כלא היה כלל כנזכר אשר לסבה זו, תבא הנפש בגלגול בכללות חלקיה כנזכר ונמצא כי זהו בנין חדש ממש, ולכן יתגלגלו עמה גם הרוח, והנשמה שלשתם ביחד, אמנם לא בפעם אחת רק כאשר יזכה ויעשה מצות הראויות אל הרוח יכנס בו הרוח. וכן בענין הנשמה. כדוגמת מה שביארנו למעלה בתחלת כל הדרוש בענין תחילת ביאת האדם בעה״ז בהיותו חדש ממש, אשר עליו נזכר בסבא דמשפטים זכה יתיר יהבין ליה רוחא וכו׳, זכה יתיר

יהבין ליה נשמתא וכו׳. משא״כ במגולגל כמו שיתבאר. ולכן גם הבא בסוד היבום שהוה דומה לבנין חדש, יכול להשיג שלשתם נר״ן יחד בפעם ההיא כפי מעשיו כנזכר.

וז״ס פסוק אם ישים אליו לבו רוחו ונשמתו אליו ,יאסוף הנדרש בענין הבא בסוד היבום בסבא דמשפטים. וביאורו הוא כאמור כי כמו שיש כח ביד היבם להחזיר חלק הנפש של אביו בעה״ז ע״י היבום, כן יש כמ ביבום ההוא להחזיר ולאסוף אליו כל הנפש ההיא גם את רוחו ונשמתו יחד. אבל ע״י מעשים טובים כמש״ה אם ישים אליו לבו.

אמנם הגלגול שלא ע״י יבום אין כח בהם להמשיך שלשתם רק אחד לאחד בלבד כנז״ל, כי בתחלה תתגלגל הנפש לבדה עד אשר תתוקן לגמרי וימות. אח״כ יתגלגל הרוח לבדו בגוף אחר, עד שיתוקן ואמנם גם הנפש מתגלגלת עמו אלא שהוא בסוד עבור בלבד, כיון שהיא מתוקנת ואינה באה עמו אלא לעזרו להיטיב אליו ולא להרע, ולכן לוקחת חלק במעשה הרוח הטובים ולא ברעים ממש ע״ד מש״ל בענין הנפש בעצמה המתגלגלת כלה עם חלק אחד פרטיי שלה ויושבת עמו בסוד עבור וכו׳. וגם בזה יתבאר איך יש סוף אל גלגולי הנפש ויכולה להתתקן כיון שאין לה חלק בעבירות הרוח כנזכר. ואח״כ ימות ואח״כ תתגלגל הנשמה לתקן עצמה, ואז הנפש והרוח באים בו עמו בסוד עבור לבד כנזכר עד שתזדכך. ואז אין עוד צורך לאיש ההוא להתגלגל בעה״ז כלל לצורך עצמו, אמנם אפשר שיבא בסוד עבור בעוה״ז בעוד אדם אחר בחיים לסייעו ולזכותו וליטול חלק עמו כנז״ל באורך.

לתקן ממה שפגם בגוף הקודם

ונמצא כי בעת שנולד האדם בגלגול, כל הנפש בכללות חלקיה מתגלגלים שם, אבל עיקר הגלגול איננו אלא לאותו החלק הפרטיי המתייחס אל הגוף ההוא הבא ליתקן, ממה שפגם בגוף הקודם, ובו תלוי השכר והעונש. אבל שארית חלקי הנפש נוטלים חלק בשכר ולא בעונש כנזכר. והנה כיון

שער הגלגולים

שהנפש הזו בכללותה סובלת עתה היסורין והעונשים הבאים אל הגוף הזה בחייו מלבד, מה שסבלה כבר בגופים הראשונים של שאר נצוצותיה, וגם סובלת צער המיתה הזאת וצער שלאחר המיתה עי״כ מתכפרים עונותיה הראשונים. ואמנם המצות שעשתה בגלגולים הראשונים וגם המצות שעשה זה הנצוץ עתה, יש לה חלק בהם כנזכר ועי״כ נשלמת תקוניה ושלימותה. ואמנם אם היתה נוטלת חלק גם בעבירות שעושה עתה, זה הנצוץ לא היה לעולם שום תקון אל הנפש בכל הגלגולים שבעולם, כי לעולם האדם חוטא ומוסיף פשעים על חטאיו הראשונים שקדמו לו בגלגולים אחרים ואין קץ אליהם. אבל כיון ששאר חלקי הנפש אינם נוטלים חלק ברשעת הנצוץ הזה אלא בזכיותיו נמצא שהעבירות נשלמים להתכפר ואינם נתוספים. והזכיות מתחדשים ונוספים בכל גלגול נצוץ ונצוץ ועי״כ יש סיום אל בחי׳ הגלגול ואל תקוני הנפש, והבן זה היטב. והנה עד״ז נשלמת הנפש בכל נצוצותיה ע״י הגלגולים עד שיושלמו להתגלגל ולהתקן כל הנצוצות מראש הנפש ועד רגליה, וכדין יסתיימין רגלין ליתיי משיחא כנזכר בזוהר פרשת פקודי דף רנ״ח ובסוף פרשת ויקהל.

ועתה נבאר מה שידענו למעלה בתחלת הדרוש לבאר, והוא כי גם בסוד הגלגול בדוחק גדול, אפשר שיזכה החדשה קצת להשיג שלשתם ביחד נר״ן בפעם אחד בגוף אחד, ולא יצטרך לגלגולים רבים וישלים תקון שלשתם בגלגול אחד לבדו. והענין הוא, כי הנה כאשר נתגלגל הנפש לבדה בתחלה אם נתקנה בתכלית הזכוך לגמרי והנה אז אין הרוח יכול לבא עמה כנז״ל לפי שהיא שלימה והוא חסר התקון, אמנם יש לו תקנה אחת כיון שנתקן הנפש לגמרי כנז״ל, והוא כאשר האדם ישן בלילה ואז מפקיד נפשו בידו יתברך כנודע, אפשר שתשאר נפשו למעלה דבוקה בבאר העליון בסוד מיין נוקבים כמבואר אצלינו בשער התפלה בשכיבת הלילה וע״ש, וכאשר יעור משנתו בבקר יכנס בו הרוח לבדו, והרי זה כאלו נתגלגל ממש פעם אחרת

שער הגלגולים

בגוף אחר והולך ונתקן עד שיושלם לגמרי ואז יכולה הנפש לחזור בגוף כבראשונה, כיון ששניהם נתקנים ויתלבש הרוח בנפש, ותהיה הנפש מרכבה אליו. ואח״כ אם יזדכך הרוח לגמרי, אפשר כי גם יצאו הנפש והרוח בלילה בעת השינה בסוד פקדון כנזכר, וישארו שם למעלה, ואז בבקר בהקיצו משנתו תכנס בו הנשמה ותתקן בו. ואחרי שנשלם תקונה יחזרו לבא הנפש והרוח המתוקנים ויתחברו שלשתם יחד בגוף הזה, ויעשה זה מרכבה לזה כנודע ולא יצטרך עוד לגלגולים אחרים.

בלילה בעת פקדון הנפשות

והנה ענין התקון הזה נרמז בפסוק, נפשי אויתיך בלילה אף רוחי בקרבי אשחרך. פירוש כי הנה בחי׳ הנפש שלי כאשר נזדככה בתכלית הזכוך עד שתוכל להתדבק עמך בסוד ולדבקה בו, אז אויתיך ונשתוקקתי מאד לדבקה בך, וענין תאוה וחשק הזה הוא בלילה בעת פקדון הנפשות שעולות שם בסוד מיין נוקבים לעורר זווג עליון. ומכח תאוה זו כיון שהיא מזוככת ויכולה להתדבק שם דבוק גמור, נשארת שם ואינה יורדת. וכאשר הגיע השחר עת ירידת הנפשות, היא אינה יורדת אלא רוחי ירד ונכנס בקרבי אז בשחר. ולכן לא אשחרך בבחי׳ נפשי אלא בבחי׳ רוחי הנכנס אז בקרבי להתקן כנזכר. ולכן ר״ת של תיבות ׳בלילה ׳אף ׳רוחי הוא באר, לרמוז אל הנז״ל כי נפשי אויתיך לעלות אל בא״ר העליון כנזכר. ואמנם האדם היודע בעצמו שהשלים בחי׳ נפשו, נכון הוא לו שיאמר פסוק זה של נפשי אויתיך בלילה וגו׳ בכל הכונה הנז״ל, כשישכב על מטתו ועי״כ ישיג אל סוד הרוח וכן אל הנשמה ולא יצטרך עוד לגלגולים אחרים, והבן זה הסוד הנעלם והזהר בו.

ואמנם מה שאנו אומרים פסוק, בידך אפקיד רוחי וגו׳, איננו מועיל אל הנזכר כי אין כונתינו בו רק שיעלו נפשותינו בבחי׳ פקדון לבד ויחזרו לירד בבקר. אבל פסוק נפשי אויתיך הוא להשאיר הנפש למעלה ולהוריד הרוח

או הנשמה כנז"ל. אמר שמואל, ענין זה של פסוק נפשי אויתיך נתבאר בשער הכונות ע"ש.

ונבאר עתה ההפרש שיש בענין הגלגול לצדיק ולרשע. ובזה יובן חלוק הנמצא בפסוקים ובדברי רז"ל, כי פעמים ראינו שאין הגלגול נוהג אלא עד שלשה גלגולים בסוד פעמים שלש עם גבר. ובסוד על שלשה פשעי ישראל ועל ארבעה לא אשיבנו. ובסוד פוקד עון אבות על בנים על שלישים ועל רבעים. ומצאנו בספר התקונים תקון ס"ט דצדיק אתגלגל עד אלף דרין וכיוצא בזה. ואמנם הפסוק עצמו תירץ זה כי ענין ארבע דורות הוא לרשע כמש"ה פוקד עון אבות וגו' לשנאי. אבל למי עושה חסד לאלפים לגלגולם לאוהביו ולשומרי מצותי.

כאשר לא נתקנה כלל שום תקון

ובאור הענין הוא, דע כי כאשר נפש האדם אחר שבא מחדש בפעם א' וחטא ופגם בה, הנה אח"כ מתגלגלת בגוף אחד להתקן, וזה נקרא גלגול א'. ואם לא נתקנה אז חוזרת בגלגול שני. ואם לא נתקנה אז חוזרת בגלגול שלישי. ומשם ואילך אין לה עוד תקנה בגלגול, ואז נאמר בה ונכרתה הנפש ההיא מעמיה לגמרי. אמנם אין זה רק בשום פעם מאלו אבל אם באיזה פעם מאלו השלשה התחילה לתקן קצת, אינה נכרתת אמנם יכולה לחזור ולהתקן אפילו עד אלף דור אם יצטרך. ולכן הראשון שלא תקן כלל נקרא רשע. והאחרון שתקן קצת נקרא צדיק. וכל מה שמתגלגל הולך ומשלים תקונו.

ונלע"ד ששמעתי ממורי ז"ל, כי אין זה נוהג אלא בנפש לפי שהיא מן העשיה הטבועה בעמקי הקליפות. ולכן לא נזכר בתורה כרת אלא בנפש כי נכרתה מן הקדושה ונטבעה בקליפות. אבל בר"ן שהם מיצירה ובריאה

שאין שם כ״כ תגבורת אחיזת הקליפות, ודאי הוא שיתוקנו כלם אלא שיש שנתקנים מהרה ויש באורך זמן אחר כמה גלגולים. ועוד נבאר טעם ההפרש הנזכר שיש בין הצדיק לרשע, ויובן במ״ש ז״ל על אלישע אחר לא מידן לדייניה משום דעסק בתורה וכו׳. כי הנה הצדיק העוסק בתורה ובפרט אם יהיה מן הקדמונים אין דנים אותו בגיהנם. והנה מוכרח הוא שיתמרקו עונותיו כדי שיכנס בג״ע ולכן אין לו תקנה אחרת אלא בגלגול כי על כל עון ועון אשר יש לו שלא נתכפרו לו ע״י יסורין בחייו וגם לא נכנס בגיהנם לקבל ענשו עליהם צריך גלגול אחר לכל עון מהם לתקנו ולכן הוא מתגלגל גלגולים רבים לכפר ולתקן עונותיו. משא״כ ברשע שנכנס לגיהנם ומתמרקים שם כל עונותיו יחד ואין לו צורך לחזור בגלגולים.

ויש בזה מקום שאלה כי כפי הנראה לכאורה שיותר טובה הוא ליכנס לגיהנם למרק תכף כל עונותיו ולא לחזור בכמה גלגולים. והנלע״ד חיים לתרץ כי הקב״ה צופה ומביט כי הרשע הזה אם יחזור בגלגול יוסיף על חטאיו, וירבה בעבירות על הזכיות, ולכן בראותיו שכבר השלים אותם המצות המועטות המוכרחות לו כפי שרש נפשו, מסלקו מן העולם ומורידו לגיהנם ומתמרקין עונותיו ונשארים זכיותיו שלימים, כי חפץ חסד הוא. אמנם הצדיק שעונותיו מועטים מזכיותיו הם מתמרקים ע״י כל היסורין שסובל בגלגולים, ונשארים לו זכיותיו המרובים הנוספים לו בכל גלגול עד אין קץ, וגם שכרו נפלא ע״ד מ״ש רז״ל רצה הקב״ה לזכות את ישראל לפיכך הרבה להם תורה ומצות.

גלגול רב ששת

כבר נתבאר בדרושים שקדמו ענין גלגול כפול, והנה זהו ג״כ ענין מ״ש בגמרא על רב ששת שהיה סגי נהור וכשהיה עוסק בתורה היה שמח ואומר, חדאי נפשאי לך קראי לך תנאי וכו׳. ולכאורה אין הבנה בדברים אלו כי

לעצמו היה מטיב ולא לזולתו וכמש״ה אם חכמת חכמת לך. גם נדקדק אומרו נפשי וגם מה ענין זה אל רב ששת מזולתו.

ולהבין זה נקדים תחלה ענין רב ששת מי היה גלגולו. דע כי בבא בן בוטא החסיד מתלמידי שמאי הזקן שכל ימיו היה מקריב אשם ספק הוא שחזר עתה להתגלגל ברב ששת להשלים איזה תקון שהיה צריך לו עדיין, ולפי שהורדוס המלך נקר את עיניו גם עתה היה ג״כ סגי נהור כנודע. והנה אותיות בב״א הם שש״ת בא״ת ב״ש. ובזה נבא אל הבאור דע כי הנה מי שלא השלים תקונו בגלגול א׳ מוכרח להתגלגל עוד שנית להשתלם אף אם חסרונו דבר מועט. והנה אם בגלגול א׳ השלים נפשו ולא חסר לו כי אם דבר מועט, הנה כשחוזר להתגלגל שנית כל השכר של התורה והמצות שעשה בגלגול השני הוא לצורך נפשו הבאה עתה בגוף השני הזה להשתלם, וכאשר יקומו בזמן התחיה תחזור נפשו אל הגוף הראשון שבו עסק בתורה ובמצות רוב הצריך לו ולא בא בגוף הב׳ הזה אלא בהשאלה.

לכן רב ששת ידע בנפשו כי היה בראשונה בגוף בבא בן בוטא שהיה אדם גדול בתורה ובחסידות מפורסם, ולא חזר להתגלגל עתה בזה הגוף הב׳ אלא על דבר מועט שהיה חסר ממנו, ולכן היה גופו עצב על הדבר הזה כי הנה כל עמלו לוקחו הנפש ההיא וסופו ללכת לחזור בגוף הא׳ בזמן התחיה. באופן כי כל מה שהיה עוסק בתורה ובמצות תועלת נפשו הוא ולא לגופו, ולכן הנפש ראויה לשמוח ולא הגוף. וז״ש חדאי נפשי וכו׳ ולא אני יען כי לך אני קורא ולך אני שונה לתועלתך ולא לתועלתי.

שמונה חלקי התשובה

אמנם נבאר עתה ענין חלוקי פרטי התשובה הצריכה לבני אדם, ובהם יובן קצת מן הדרוש הזה, הנה חלקי התשובה הם שמונה האחת היא כי מי

שער הגלגולים

שיש בו נפש מעולם העשיה, הנה כשהוטא אדם גורם להפריד העשיה מן היצירה בבחי׳ פרטיות המקום שהוא תלוי בו שרש נפשו, ולכן היא תשובתו שיתקן עד שיחזיר להתחבר עשיה ביצירה בבחי׳ המקום ההוא של שרש נפשו. וכן מי שיש בו רוח מן היצירה וחטא צריך לחבר יצירה בבריאה בפרטות בחי׳ שרשו כנזכר.

ומי שיש בו נשמ״ה מן בריאה צריך לחבר בריאה באצילות עד הנז״ל. והרי אלו שלשה חלקי תשובה תחתונים כי הם בעולמות בי״ע. וצריך שתדע כי כפי מעלת מקום נשמת האדם כך חוזק וחומר פגימת חטאו, כי מי שיהיה לו נפש ממלכות דאצילות יעלה פגמו עד שם ויפגום בחלק שרשו אשר שם, ועד״ז בשאר הבחי׳. גם צריך שתדע כי אם איזה אדם מן הראשונים שקדמו אליו שהיו מבחי׳ בעלי נשמתו היו לו נפש ורוח מן העשיה ויצירה וחטא ופגם בחי׳ רוחו והוצרך להתגלגל באדם הזה הב׳ אשר נולד עתה, הנה עם היות שהאדם הזה לא נכנסה בו רק בחינת הנפש בלבד, הנה כאשר חוטא הוא פוגם עד למעלה ביצירה כאלו נכנס בו גם בחי׳ רוח. וכאשר ירצה לשוב בתשובה צריך שיתקן כאילו היה בו רוח ונפש ונפגמו שניהם, ועד״ז בשאר הפרטים.

עונש הנשמות של הרשעים, וגלגוליהם

מדברת בענין עונש הנשמות של הרשעים, וגלגוליהם, ובאיזה דבר מתגלגלים. ועתה אכתוב מעט בענין עונש הנשמות של הרשעים בעוה״ז, שמתגלגלים ובאים בכמה גלגולים לכפר עונם. ודע, כי כמעט אין אדם בארץ אשר ימלט מגלגולים אלו. ודע, כי הנה הרשעים אחר מיתתם, נכנסים בגיהנם, ומקבלים שם ענשם, ומתכפר להם. ומשפטם י״ב חדש. ויש רשעים שכתוב בהם ואת נפש אויבך יקלענה בתוך כף הקלע, ואינם זוכים ליכנס לגיהנם אחר פטירתם למרק עונם, אמנם נפשם הולכת מדחי

אל דחי בגלגולים משונים, עד ימרק ענשו קצת ויוכל ליכנס אח״כ בגיהנם י״ב חדש להתכפר לגמרי. ולאלו אין זמן קצוב, כי לפעמים ילכו בגלגולים ההם עשרים שנים, או מאה, או אלף, והכל תלוי כפי ערך העונות שעשה בתחלה בעה״ז. אמנם הצדיקים ות״ח, אין אור של גיהנם שולטת בהם, כמ״ש ז״ל על אלישע אחר לא מידן נדייניה משום דעסק באורייתא, ולכן הם צריכים להתגלגל בעה״ז למרק איזה חטא אשר להם, כי אדם אין צדיק בארץ אשר יעשה טוב ולא יחטא, והנה, (הצדיק אחר פטירתו מן העוה״ז, הוא מוכן לעלות במדרגה במעלות גדולות בעוה״ב, אבל לא בפעם אחד, האמנם תכף אחר פטירתו יענישוהו, למרק העונות היותר חמורים אשר לו, ואז יכניסוהו במחיצה אחת במעלה, ובהגיע תור עלייתו למחיצה יותר עליונה, יחזירוהו להענישו למרק החטאים היותר קלים מן הראשונים, ואז יעלה במדרגה שנית יותר עליונה, אח״כ יחזרו להענישוהו עוד על דקדוקי מצות שהם כחוט השערה, בסוד וסביביו נשערה מאד, ואז יעלוהו במחיצתו האמיתיית הראוייה אליו. ולקמן יתבאר מציאות ענשים אלו איך ענינם :

והנה הצדיקים גמורים כדוד המלך ע״ה ודניאל, הוצרכו להתבשר מאתו יתברך, שינוחו בעה״ב ולא יצטרכו לעונשים ולגלגולים האלה, וכמ״ש דוד המלך ע״ה לולי האמנתי לראות בטוב ה׳ בארץ החיים וגו׳. וכתיב אחת שאלתי מאת ה׳ אותה אבקש שבתי בבית ה׳ כל ימי חיי וגו׳. ונתבשר ע״י אביגיל הנבואה, באמרה והיתה נפש אדוני צרורה בצרור החיים וגו׳. גם דניאל נתבשר, ואתה לך לקץ ותנוח ותעמוד. ועכ״ז מצינו במדרש הנעלם של הזוהר בכתיבת. יד, בפסוק על כל הטובה אשר עשה ה׳ לדוד ולישראל עמו, שישב דוד בעה״ב שבעה שנים אחר פטירתו, קודם שהכניסוהו בירושלים של מעלה. גם מצינו בשמואל הנביא שקול כמשה ואהרן, כשהעלהו שאול באוב, שאמר למה הרגזתני לעלות, וארז״ל שנתיירא אולי היה יום הדין הגדול. כנראה שאפילו שכבר עומד לדין בעת פטירתו, עדיין

יש דינים ועונשים אחרים. גם ריב״ז שלא הניח מקרא ומשנה וכו׳, והיה בוכה בעת פטירתו, כנזכר במסכת ברכות ומה יעשו שאר הצדיקים שאינם דומים אליהם, ומכ״ש שאר בני האדם בעו״ה, ואין להאריך במקום שראוי לקצר:

וכבר כמה פעמים הייתי עם מורי ז״ל הולך בשדה, והיה אומר לי, הנה איש אחד הנקרא בשם כך, והוא צדיק ות״ח, ולסבת עון אחד פלוני שעשה בחייו, הוא עתה מתגלגל תוך אבן זה, או צומח זה, וכיוצא בו, וכמו שיתבאר לקמן. ומעולם לא הכיר בו מורי ז״ל, והיינו חוקרים אחר הנפטר ההוא, ומצאנו דבריו כנים ואמיתיים ואין להאריך בדברים אלו, כי לא יכלם ספר. ולפעמים היה מסתכל מרחוק ת״ק אמה בקבר אחד, שבין עשרים אלף קברים אחרים, והיה רואה נפש המת הנקבר שם עומד על הקבר ההוא, והיה אומר לנו הקבר ההוא קבור בו איש פלוני ושמו פלוני, ומענישים אותו עונש פלוני, על עון פלוני. והיינו חוקרים על האיש ההוא, ומצאנו דבריו אמתיים, וכאלה רבות וגדולות לא יכילם רעיון:

ונחזור אל הדרוש שלנו, כי הנה אחר פטירת האדם, נפרעים ממנו על חטאתיו, קודם שיכניסוהו בגיהנם, בהרבה מציאיות של עונש, וכלם נקראים גלגולים. רוצה לומר, כי יתגלגל או בדומם, או בצמח, או בחי, או במדבר. וכמעט רוב בני האדם לא ימלטו מלהתגלגל בגלגולים אלה. והטעם הוא, כי אינו יכול לקבל ענשו, עד שיהיה מוגשם בגוף ונפש, ואז בהתגלגלו שם, סובל ומרגיש הצער ההוא, ועי״כ מתכפרים עונותיו. ואמנם כפי ערך חטא האדם, כך בחי׳ אופני גלגולו, אם בצומח, אם בב״ח וכו׳. ולכן אפילו הצדיקים ות״ח, יש קצתם אשר מתגלגלים ע״ד הנז״ל, מחמת שבחייהם בא לידם איזה עון, הצודק כפי עונש הגלגול ההוא, ואח״כ עולים במעלה הראויה להם, כי בהכרח העון צריך להמחק, והקב״ה אינו ותרן, כי הוא תמים פעלו, כי כל דרכיו משפט. ואע״פ שהוא צדיק גמור, לא יקבל ממנו שום שוחד על מצוה כמ״ש ז״ל, ולא עוד אלא שגם כשירצו להעלותו

במדרגה יותר עליונה, חוזרים ומתגלגלים אותו בגלגולים הנז׳, אם עדיין נשאר להם למרק איזה עון שצריך גלגול כזה:

ופעם אחת הייתי עם מורי ז״ל, וא״ל, כ. היה רואה בעיניו איש אחד, מזמן דור התנאים שמגולגל בעז אחת נקבה, לסבת שהיה משמש מטתו לאור הנר, ונודע דהויין ליה בנים נכפים, ונמצא שגרם לבניו שיהיו נכפים, ושימותו בקטנותם, וה״ז שופך דמים ממש. ולא עוד אלא ששופך דם בניו. ופעם אחרת אמר לנו, שהיה רואה בעיניו חכם אחד גדול מדור שלפנינו זה כמה שנים, שהגיע זמנו להעלות עתה למחיצה יותר עליונה ממה שהיה בתחלה, ולכן עתה בעת ההיא עצמה, ראה בעיניו שחזרו להענישו על דקדוקי מצות קלות כנז״ל, כדי להעלותו אל המעלה הגדולה ההיא, כי כפי ערך המעלה שמעלים אותו, צריך שיזדכך יותר, אפילו בדקדוקי מצות כחוט השערה כנז״ל. ומכלל הדברים שהיה נענש אז, לשתי סבות, האחת, על שהסיח עצמו מן התפלין, באומרו יהר״מ שלא נגע לריק ולא נלד לבהלה, כמו שאומרים אחר קדושת ובא לציון גואל, ולהיותו מכוין בתפלה ההיא, הסיח דעתו מן התפילין, ונענשין על זה הדקדוק הקל. ומה יעשה מי שאינו מכוין בתפלתו, ולא בתפילין שעל ראשו. גם נענש, לפי שיום שבת אחת יצא לרשות הרבים, ונכנס מעט עפר תוך מנעליו, והלך בו ארבע אמות ברשות הרבים בלי כונה. ובזה תבין כי אין מנוחה אל הצדיקים בעה״ב כמ״ש ז״ל על פסוק ילכו מחיל אל חיל. והטעם הוא, כי בכל מדרגה ומדרגה שעולים, צריכים מרוק מחדש כנז״ל:

וראוי עתה לבאר, מה ענין גלגולים אלו. הנה נתבאר אצלינו, כי כל העולמות כלם, נבראו מברורי אותם ז׳ מלכים שמלכו בארץ אדום אשר מתו, והיותר זך הוברר בעולם האצילות, ואחריו הוברר לצורך עולם הבריאה, ואחריו ליצירה, ואחריו לעשיה. והיותר זך שבעשיה, הוא האדם. והוברר תחלה, ואחריו ב״ח בלי מדבר, ואחריו הצומח, ואחריו הדומם. ואמנם הצדיק ע״י מעשיו, וע״י המצות שעושה באכילתו וכיוצא, יש כח

לברור עוד מחלק הדומם, להעלותו אל הצומח, ואל החי, ואל האדם. כמבואר אצלינו בשער המצות בפ׳ עקב, במצות ברכת המזון:

ואמנם הרשע ע״י מעשיו, גורם להפך שמורידים ולא מעלים, ויש מיני עונות שגורמים שחלק האדם ירד עד בחי׳ הדומם, ויש עד הצומח, ויש עד החי בלי מדבר. ולכן כנגד זה, יש רשע שאחר מותו מתגלגל באבן דומם, כפי מה שחטא בחייו, ויש רשע שמתגלגל בצומח ויש שמתגלגל בבעלי חיים, כי ע״י עונם נמשל כבהמות נדמו, ובמעלה אחת הם עומדים ונדמים זה לזה. והנה אלו המתגלגלים בגלגולים אלו, יושבים שם זמן קבוע, עד שימרק עונו שגרם לו להתגלגל שם בצומח, וככלות זמנו עולה ומתגלגל בבעל חי, וככלות זמנו עולה ומתגלגל באדם ממש:

ואמנם ענין זה הגלגול שמתגלגל באדם, הוא בא׳ מב׳ פנים, הא׳, ענין אלו הנשמות של הרשעים אחר שמתו, ולא זכו ליכנס בגיהנם, נכנסים בגופות בני אדם החיים בע״ה, ומדברים ומספרים כל הקורות אותם שם כנודע רחמנא לשזבן. והב׳ הוא, כי מתעברים באדם בסוד עבור, כנז״ל בדרושים שקדמו, ומתדבקים בו בהסתר גדול, ואז אם האדם ההוא יחטא, מתגבר עליו נפש ההיא המתעברת בו, ומחטיאו, ומסיתו לדרך רע, ע״ד מה שנתבאר אצלינו בדרושים הקודמים, שכאשר נשמת הצדיק מתעברת באדם, מסייעו להיטב. כך נפש הרשע מסיתו להרשיע וכבר נתבאר אצלנו ענין זה, כי לפעמים המתעבר באדם, הוא לתועלת עצמו, כדי להתקן עצמו המתעבר עצמו. ולפעמים הוא תועלת האדם, כדי שהנפש ההיא מסייעתו להטיב. וב׳ בחי׳ אלו, ישנם גם בנפש הרשע המתעבר באדם, או יהיה לתועלת הנפש ההיא המתעברת, לפי שהאדם הזה הוא צדיק, או יהיה האדם רשע ותתעבר בו הנפש ההיא להחזיקו ברשעתו, עד יאבדוהו מן העולם ח״ו. והנה שהנפש המתגלגלת באדם באחד מב׳ פנים הנזכר, השלים זמנו הקצוב לו לעמוד שם, ונתכפרו עונותיו, אז יוכל לבא אח״כ בעה״ז בגלגול גמור אמיתי, ויולד בגוף בעה״ז כשאר בני אדם:

שער הגלגולים

ונחזור לענין, כי ראוי שתדע, כי לא בכל זמן יש כח אל המגולגלים הנז', בדומם ובצומח וכו', לעלות משם ולהתקן, כי לכל זמן ועת לכל חפץ. אמנם זהו זמן עלייתם, דע, כי מי שנתגלגל בדומם, וגזרו עליו זמן קצוב של כך וכך שנים, הנה כאשר יגיע זמן עלייתו מן הדומם, להתגלגל במדרגת הצומח, אינו עולה רק בארבעה חדשים אמצעיים שבי"ב חדשי השנה, והם, אב, אלול, תשרי, חשון. ואם זמן הקצוב להם לעלות, נשלם בארבעה חדשים אלו, עולה. ועם לאו, צריך להמתין עד שנה אחרת, בארבעה חדשים אמצעיים הנז', אשר בה. וזמן עלייתם מן הצומח אל החי, הוא בארבעה חדשים ראשונים, שהם, ניסן, אייר, סיון, תמוז. וזמן עלייתם מן החי אל האדם, הוא בד' חדשים אחרונים, שהם, כסליו, טבת, שבט, אדר:

ואמנם אע"פ שסדר עלייתם הוא ע"ד הנז"ל מן הדומם אל הצומח, ומן הצומח אל החי, ומן החי אל המדבר. הנה לפעמים ויעלה המגולגל שתי מדרגות יחד, כמו מי שנתגלגל בתחלה בדומם שהוא העפר, ותבא איזו בהמה ותאכל עשב, ובו מעורב מעט עפר, אשר בו היה מגולגל הנפש ההיא, והנה עתה נפש זו נתגלגלה בבהמה ההיא, ועלה ב' מדרגות יחד, שהוא מן הדומם אל הב"ח. או באופן אחר, כי אם יהיה מגולגל בצומח, שהוא הירקות ופירות האילן, ויאכלם האדם, נמצא כי המגולגל ההוא עלה מן הצומח אל האדם, והם ב' מדרגות ביחד. ולפעמים יעלה המגולגל כל המדרגות בפעם אחת, שהוא מן הדומם לאדם, כגון הרי שהאדם אכל מעט עפר שנתערב בתוך התבשיל, ובאותו עפר היה מגולגל אחד, נמצא שעלה מן הדומם לאדם:

ודע, כי המגולגל במים ובמלח, אינם נקראים דומם רק צומח, והטעם הוא, לפי שהמים הם חיים ונגרים ונובעים ואינם דוממים כמו העפר. והמלח נעשה מן המים, ולכן נקרא גם הוא צומח. וז"ש רז"ל במסכת שבת, הנוטל מלח מן המחצב שלו, חייב משום קוצר. וידוע הוא, כי אין קצירה אלא בצומח:

והנה ענין המגולגלים נתבאר ענינם במקומות רבים, וכנזכר בפסוק הצילה מחרב נפשי מיד כלב יחידתי, גם רמזו רז״ל באמרם ריש תורא בדיקולא סליק לאגרא וכו׳, כי הרואה שור שחור בימי ניסן, יברח ממנו, ויעלה לגג, מפני שהשטן מרקד בין קרניו. והענין הוא, כי השור שהוא דינא קשיא, יותר מוכן להתגלגל בו הנפש, יותר משאר הבהמות, ולכן יברח ממנו, משא״כ בשאר הבהמות. לפי שקדם לנו, שאין זמן עליית המגולגל בצומח לב״ח, אלא מניסן ואילך, לכן ביומי ניסן, שאז נכנס בו המגולגל הרשע ההוא, אולי ע״י תוספת העבור ההוא הרע, יזיק למי שיפגע בו. אבל אחר שהורגל בו, אינו מזיק, ולכן אין קפידא אלא בחדש הא׳ לעלייתו, הוא חדש ניסן, שהשור באכלו העשב הצומח, נתגלגל בו הרשע ההוא, שהיה בתחלה בצומח ההוא. וכבר נתבאר אצלינו בשער הפסוקים בענין יונוס ויומברוס, בני בלעם הרשע, שעשו את העגל בחדש תמוז, ועליו נאמר בתבנית שור אוכל עשב. (הגהה - ובמקום אחר מ״כ משם מהרח״ו ז״ל, כי עשב ר״ת שבעה עשר בתמוז:

וענין המתגלגל בדומם, נתבאר בענין נבל הכרמלי, שכתוב בו וימת לבו בקרבו, והוא היה לאבן. וסוד הענין יובן במש״ל, כי לבן נתגלגל בבלעם, ואח״כ בנבל הכרמלי. והנה בלעם הרשע, היה לקראת נחשים, ואין כחו אלא בפיו לקלל בני אדם, וכשנהרג בלעם נתגלגל באבן אחת, שהיא בחי׳ דומם, לכפר לחישתו בפיו כנזכר. וכשנתגלגל אח״כ בנבל הכרמלי, כי אז היתה תחלת ביאתו בעולם הזה להתקן, הנה כשאירע אותו המעשה שחרף את דוד, ואמר מי דוד ומי בן ישי וגו׳, ורצה דוד להרגו, יען כי בא לתקן דבור הרע של בלעם, והיסיף פשע, וחזר וחטא בדבור, לקלל את דוד מלך ישראל, ואז זכר נבל וידע כי בתחלה נתגלגל באבן לתקן דבור הרע של בלעם, ועתה חזר לקלקולו, ולכן וימת לבו בקרבו בזכרו כי הוא היה לאבן בתחלה כנזכר, ולכן לא כתיב ויהי, אלא והוא היה לאבן. והנה נבל היה אדם גדול, ואין תימא איך ידע זה. גם אפשר שהגיד לו איזה נביא או חכם.

שער הגלגולים

גם אפשר דמזליהו חזי, אע"ג דאיהו לא חזי. גם ענין הגלגול בדומם, נרמז אצלינו בפסוק כי אבן מקיר תזעק, כי יש מגולגלים באבן שבקיר שהיא בדומם, או בכפיס מעץ יעננה שהוא הצומח, ומשם זועקים מרוב העונש אשר להם שם, ועוד יתבארו קצת פסוקים אחרים עתה בע"ה :

והנה נבאר עתה קצת מיני מגולגלים, דע, כי המדבר לשון הרע וכיוצא בו, מתגלגל באבן דומם, כמו שביארנו בענין נבל, שכתוב בו ויהי לאבן, כי תמורת הדבור הוא דומם :

המאכיל נבלות לישראל, מתגלגל בעלה האילן, והוא הצומח, ואז ענשו הוא, שהרוח מכה בעלה ההוא, ומחזירתו לכאן ולכאן, ואין לו מנוחה. וכשנשלם זמן הקצוב לו, נעקרת העלה ההיא מן האילן, ונובלת ונופלת לארץ. וזהו בדוגמת מיתה ממש אצלו שנכרת ונעקר מן העולם. וז"ס פסוק והעלה נובל. כי מי שמאכיל נבלות לישראל, מתגלגל בעלה הנובלת לארץ. גם ז"ס כי תהיו כאלה נובלת עליה. ולפעמים כי אחר שהעלה הזאת נובלת, חוזר להתגלגל בעלה אחרת, וגם היא נובלת עד כמה פעמים, ע"ד האדם שמתגלגל בעה"ז כמה פעמים כפי העונש הראוי להם :

ויש מי שמתגלגלים במים, והם גם כן נקראים צומח, כנז"ל והם אלו, מי ששופך דמים בעה"ז, מתגלגל במים, וסימניך על הארץ תשפכנו כמים, ונאמר שופך דם האדם באדם דמו ישפך, וענשו הוא שעומד בקלוח המים, ושם המים נקלחים עליו תמיד, והוא רוצה לקום ולעמוד, והמים מפילים אותו בכל רגע, ואין לו מנוחה כלל, ותמיד הוא מתגלגל סביב במקום קלוח המים ההם. גם נרמז זה בפסוק (שמואל ב' י"ד) כי מות נמות וכמים הנגרים ארצה. גם כל מי שמיתתו בחנק, ולא נענש בב"ד של מטה, מתגלגל במים, ושם נחנק בכל רגע כנזכר :

והנה הבא על אשת איש, אשר מיתתו בתנק, מתגלגל בריחיים, שנותנים בהם החטים, וטוחנים על ידי המים המגלגלים הריחים, ושם נידונים האיש והאשה ההיא, בסוד תטחן לאחר אשתי:

גם המזלזל בנטילת ידים, מתגלגל במים. וז״ס פסוק אזי עבר על נפשנו המים הזדונים ברוך ה׳ שלא נתננו טרף לשניהם. כי הנה ר״ת ׳נתננו ׳טרף ׳לשניהם, ר״ת נטל. וז״ס מ״ש ז״ל האוכל בלא נטילת ידים נעקר מן העולם, ונדון במים כנז״ל. גם ממילא רמז להפך ואמר, ברוך ה׳ שלא נתננו טרף לשניהם, ר״ת שנטל, כי ע״י שנטלנו ידינו, לא נתננו טרף לשניהם של המים הזדונים הנז״ל, ולכן ברוך ה׳, שלא עשנו כמו הרשעים, שאינם נוטלים ידיהם, גם מי שאינו מברך ברכת הנהנין, ומזלזל בהם, גוזל אביו ואמו חבר הוא לאיש משחית, וגם הוא מתגלגל במים:

ויש מי שמתגלגלים בבעלי חיים, והנה הפרנס המתגאה על הצבור יתגלגל בדבורים. וכמ״ש רב נחמן בר יצחק, לא יאי יהרותא לנשי, חדא שמה כרכושתא, וחדא שמה זבורתה. והם דבורה הנביאה, שנתגאה על ברק, ושלחה אחריו לקראו והיא לא רצתה ללכת אצלו גם חולדה הנביאה, בזתה לצדקיהו המלך, ואמרה אמרו לאיש הזה אשר שלח אתכם אלי, (מלכים ב׳ כ״ב) כמ״ש ז״ל והנה בתוך דבריהם רמזו, כי דבורה היא בעלת גאוה, ולכן אינה עושה מלאכה, וגם היא דברנית, כי בכל שעה לא תשקוט פיה. ולכן פרנס המתגאה על הצבור, וכן מי שמדבר דברים שלא כהוגן, שניהם מתגלגלים בדבורה, שיש בה שני מדות אלו:

ודע, כי אין לך שום אחד מאלו המתגלגלים כנזכר, או שום נשמה שנענשת בב״ד של מעלה, שאין לפניו כרוז אחד שמכריז ענשו ועונו תמיד בכל הזמן ההוא שהיא מתגלגל שם, או שנענש שם כנזכר, ואינו זז מאצלו. גם יש עמו שוטר א׳, שמעניש אותו באותו ענש הראוי לו, או שמגלגלו באותו גלגול הראוי לו, כגון מי שנתגלגל במים, הנה השוטר ההוא עומד עליו תמיד,

שער הגלגולים

להפילו במים בכל רגע, עד זמן הקצוב לו. גם רוב המתגלגלים או הנענשים כנזכר, יש לפניהם ב"ד שדנים אותו בעת גלגולו או ענשו, ומשנים את ענשו מעת לעת, מעונש זה אל עונש אחר, כפי הדין והמשפט הראוי לו

כעס

בשנת השל"ב, יצאנו אל השדה, ועברנו על קבר גוי אחד קדמון יותר מאלף שנים, וראה נפשי על ציונו, ובקש להמיתני ולהזיקני, והיו מלאכים רבים, ונשמות צדיקים שלא ישוערו, מימיני ומשמאלי, ולא יכול לי, ויצוני מורי ז"ל, שבחזרתי לא אחזור בדרך הזה עוד, ואח"כ הלך עמי נפש הגוי רחוקה ממני, ושם בשדה נתכעסתי עם הרב יהודה משען, ותחל נפש הגוי להתחבר בי, ותחטאני עוד, ולא רציתי לשמוע דרשת מורי ז"ל, והתחיל לבכות ויאמר, הנה כל הנשמות הצדיקים והמלאכים הלכו להם, ע"י הכעס, ולפיכך שלט בו הנפש ההיא, ומה אעשה, והלואי שיזקוהו ויניחוהו חי, כי אוכל לרפאתו, אבל ירא אני פן ימיתוהו, ולא יתקיים כל מה שאני חושב שיתוקן העולם על ידו כנודע לי.

ואיני יכול להגיד כי לא ניתן רשות להגיד, וכי לריק יגעתי, ונחרב העולם, ולא אכל כל הלילה מרוב צערו ודאגתו, והלכתי וחזרתי בדרך ההוא לבדי, וכשהגעתי על קברו, רוח נשאתני ממש, וראיתי עצמי רץ באויר, גבוה עשרים קומה מעל גבי הקרקע, עד שהגעתי למדינה בעת צאת הכוכבים, והניחוני שם, והלכתי לישן בריא עד אור הבקר, ורציתי לקום, והיו איברי נחלשים אחד לאחד, והרגישו בי, והוליכנו עד פתח מורי ז"ל לאט לאט, ובהגיעי שם, לא נותרה בי נשמה כלל כענין יונה, והשכיבני מורי ז"ל על מטתו, וסגר הדלת, והתפלל, ואח"כ נכנס לאותו בית הוא לבד, והיה הולך בבית וחוזר על המטה, וגוהר עלי בה, וכה עשה עד חצי היום שהייתי מת לגמרי, ובחצי היום ראיתי בעצמי, כי חזרה נשמתי בי מעט מעט, עד

שפתחתי עיני, וקמתי, וברכתי ברכת מחיה המתים, וכל זה אמת ויציב בלי שום ספק:

אמר שמואל, עוד אכתוב לקוטים אחרים. הנלע״ד בלי ספק, כי נודע שאצילות נמשך עד סוף העשיה, ומתלבש תוך בריאה, שגם היא מתפשטת שם, והבריאה מתלבשת ביצירה, שגם היא מתלבשת עד שם. ונמצא, כי בעשיה מתלבשים ארבעה עולמות אבי״ע, זה בתוך זה, וביצירה שלשה לבד, והם אבי״. ובבריאה שנים, והם א״ב. והאצילות אינו אלא א׳:

והנה בחי׳ קין והבל, הם כוללים כל בחי׳ אצילות שיש, מתחלת נפש דאצילות, עד סוף האצילות אשר עד סוף העשיה. וזהו מה שהורישם אדם אביהם, אבל הם עצמם, הם כל בחי׳ בי״ע, המלבישים את כל חלקי נפש האצילות הנזכר, המתפשטים עד סוף העשיה, והם הנפש של הכתרים שבבי״ע, ר״ל מלכות שבכתרים. ועוד יש בהי׳ יותר עליונות מאלו, שהם ט״ס עליונות שבכל כתר מהם, והם נקראים, זיהרא דיחידה וחיה ונשמה ורוח. וכל שאר בחי׳ זולת הכתרים, הם שאר כל הנשמות, שהם למטה מבחי׳ ירושת אדם לקין והבל הנזכר:

וזהו הסדר הקצר שצוני מורי ז״ל, בענין ההשגה כפי הצריך לנשמתי, ראשונה שאתנהג תמיד בזו ההנהגה, להזהר בקצה האחרון, מן הכעס וההקפדה, והעצבון, והגאוה, והרכילות, והליצנות, ולשון הרע, ושיחה בטלה, וקרי, ונדה, וחלב, והלבנת פנים, ושחיטה, והריגת שום חי, אפילו מן הרמשים. ואתנהג בשפלות, ובשמחה, ושתיקה, וביראת חטא. ואקבע בכל יום מקרא משנה תלמוד קבלה בכוונתיהם ועיקר עסקי יהיה בספר הזוהר.

כל היום תהיה יראת ההוי״ה דב״י נגד עיני תמיד. תמיד אחשוב להדבק בנפש מורי ז״ל, קודם כל תפלה, אתדבק בר׳ עקיבא ז״ל, בהזכירי שמו י׳

פעמים רצופים, תפלת לדוד הטה אלי אזנך בכונה גדולה. לקום אחר חצות בכל לילה, לבכות על גלות השכינה רחל אחר חצות בעולם הבריאה, ועל חרבן בית המקדש, וגלות ישראל, ולבכות על העונות. התמדת היחודים, ובפרט לילי החול אחר חצות. יחוד של יודי״ן ווי״ן, ויחוד של פסוק חדשים לבקרים. ולילי ר״ח אחר חצות לילה יחוד של שם שד״י, ולילי שבת קודם חצות אחר הסעודה ב׳ יחודים הנז״ל בלילי החול, יחוד של עשר הויו״ת שבדעת:

גם הזהירני בשמירת שבת ובכבודו, בכל הפרטים, במעשה, ובדבור, יותר מכל המצות כלם, וכן בכל ברכת הנהנין בכונה, ותפילין של ר״ת בכל יום. גם אטרח להבין מה שאני מבין בספר הזוהר בכל מאמר ומאמר בלי ליאות, עד שאבין. שמחה גדולה כשאעסוק בתורה ובמצוה ובתפלה. עסק התורה באופן זה, קביעות מקרא, משנה, תלמוד, קבלה, בכונותיהם. ויכוין לקשור נפשך בשרשה העליון ע״י התורה, ועי״כ יתוקן האדם העליון. ולקום אחר חצות, ולכוין במזמור הללויה, ואחר סיומו בשם מנצפ״ך

שער הכוונות

בשער הכוונות האר״י מסביר את הסודות של התפילות והשיטות של הכוונות. הריכוז שמרומם את התפילות והמצוות כדי לבצע את הזיווגים[36] והיחודים[37] השונים, ולהשתתף ולעזור בתיקונים השונים של הבאת השפע וההרמוניה של העולמות.

יש הפרש ושינוי גדול בין התפילות

ענין הק״ש והתפילה שמתפללין בכל יום תמיד ג״פ ערב ובקר וצהרים בחול ובשבת ויו״ט, דע לך כי יש הפרש ושינוי גדול בין התפילות של חול אל תפלת השבת ור״ח ואל תפילת היו״ט ואל חול המועד. ולא עוד אלא אפילו בימים טובים עצמם, אין תפילת חג הפסח דומה לתפלת החג השבועות, או לתפילת החג הסוכות וכיוצא בזה, ולא עוד אלא כי גם בכל יום ויום בעצמו אינו דומה תפילת השחר לתפילת המוסף או לתפלת מנחה או לתפלת ערבית. ולא עוד אלא שבימי החול עצמם, יש שנוי גדול בין תפלת יום זה לתפלת יום שלאחריו, ולא ראי זה כראי זה, ואין לך שום תפלה מיום שנברא העולם עד סוף העולם שתדמה לחברתה כלל ועיקר.

והענין בקיצור הוא לפי שתכלית מצות התפלה היא לברר הבירורין של השבעת מלכי אדום שמתו, ובכל יום ויום ובכל תפלה ותפלה מתבררים ברורי נצוצות חדשות שלא נתבררו מעולם עד העת ההיא. ובכל תפלה ותפלה מתבררים ניצוצות שעדיין לא עלו בשום זמן, והנה כפי ערך הניצוצות המתבררות ועולות ממטה למעלה בכל תפלה ותפלה, כן כפי ערך ההוא הוא ערך הזווג העליון ולקחתם המוחין והמשכתם, וז״ס טעם החיוב הגדול המוטל עלינו להתפלל בכל יום ובכל שעה, לפי שבכל תפלה

---

36 איחוד של אנרגיות גבוהות יותר

37 איחוד של שמות קדושים

ותפלה נעשין בחי' מחודשות מה שלא נעשית בשום תפלה אחרת זולתה. וגם כי על הדרך הזה הוא ענין מצות הק"ש שנצטוינו לקרותה בבקר ובערב בכל יום תמיד, לפי שבכל ק"ש נעשה דבר מחודש למעלה מה שלא נעשה כן בק"ש אחרת זולתה מעולם. האמנם כל זה הוא בבחי' הפרטי' אמנם בדרך הכלל יתבאר לפנים בע"ה. וגם נתבאר למעלה איך כל הק"ש וכל התפלה של שחרית בימי החול יש להם כונה אחד בדרך כלל, וכן כל התפלות דמנחה דחול כוונה אחד להם, וכן כל הק"ש והתפלי' של ערבית דחול כוונה אחד להם, וכעד"ז בשבתות ובר"ח וי"ט והבן זה מאד. ובדרוש התפילי' למה אנו מניחין התפילין ביום ולא בלילה כו'.

בכל תפלתינו אנו מעלים העולמות העליונות

גם דע כי בכל תפלתינו אנו מעלים העולמות העליונות ומקשרים אותם זה בזה כנזכר בפ' בראשית בענין ההיכלות, וג"כ בפ' פקודי, אבל צריך שתדע כי אין אנו יכולים להעלות עולמות בי"ע עד האצילות לכלול אותם שם, אלא מבחי' הנפשות והרוחין והנשמות אשר בג' עולמות אלו. ואלו הם העולים עם השכינה למעלה שהיא המלכות העליונה וכמ"ש בתפי' ר"ה, כי הנשמות הם יותר פנימיי' מן המלאכים, ולכן המלאכים אינם עולים רק בשבת לבד. וז"ס הן אראלם צעקו חוצה ר"ל צעקו לסיבת שהם חוצה ולא מהפנים, לכן אינן יכולים לעלות עם המלכות אבל בחי' העולמות בעצמם אינם יכולים לעלות עד ביאת המשיח בב"א. כי אז יתעלו ויעלו העולמות עצמם, אבל עתה לא יש עליה והתכללות העולמות למעלה אלא בבחי' הנשמות בלבד עם המלכות וכמ"ש לקמן שאין שום חיצוניות עולה רק נשאר במקומו וחוזר להיות פנימיות.

השינוי׳ שיש בג׳ תפלות שחרית מנחה ערבית

דע כי בחול עולה רחל הנקבה בהוד ויעקב יורד בנצח, ושם מזדווגים ביחד, וזהו בתפלת לחש, ואח״כ בחזרת התפלה בקו״ר, אז מאירים חסד וגבורא בזו״ן העומדים בנצח והוד כנז׳ וכמ״ש במקומו בחזרת התפלה בש״צ. ואז אנו מחבריאה את שניהם ע״י היסוד, וז״ס ענית אמן שאנו עונין בברכות חזרת התפלה. וענין זה הוא בכל ג׳ התפילות אבל יש חילוק ביניהם, והוא כי בתפלת שחרית עולין עד פנימיות נצח והוד דז״א, ובמנחה עולים באמצעותם בלבד, ובערבית עולים בחיצונות. וכמו שהודעתיך בבאור שמות הספירות איך יש בכל ספירה וספירה שלשה כלי׳ פנימי ואמצעי וחיצון וע״ש. וגם בב׳ כונות בברכת אבות ומשם תבין הענין היטב עם היות ששם מדבר בג׳ בחינות, או״א חיצון ואמצעי ופנימי וכאן מדבר בז״א אבל הדברים דומין זל״ז. ונמצא כי בתפלת ערבית הם עומדים חיצוניות בחיצוניות והוא סוד אחור באחור, כמבואר שם. ולקמן בענין השינויים שיש בין תפלת החול והשבת נתבאר ענין זה היטב, כי כאן צ״ע ואינו מבואר.

ובענין החילוק שיש בין ג״פ שאנו קורין ק״ש בכל יום שם נתבאר ג״כ השינויים אחרים שיש בין ג׳ תפלות וע״ש. עוד יש שינוי אחר בענין הזווגים כולם דשבת וחול ונתבארו בסדר תפלת ערבית וע״ש היטב. עוד יש שני שינוים אחרים בין שחרית ומנחה וערבית וחצות לילה וכבר ביארנום למעלה.

לחבק שתי ידיך

עוד יש שינוי אחר בשלש התפלות הנז׳ והוא זה כי בתפלת שחרית בעת העמידה בלבד שאתה מתפלל תפלה י״ח בלחש, אתה צריך לחבק שתי ידיך ולהניח יד ימינך על יד שמאלך, פני כף ימין ע״ג אחורי כף שמאלית. וטעם הדבר הוא לפי שבתפילת י״ח אז הוא כניסת המוחין בז״א כנודע ואז הם

יורדים ומתפשטים בכל גופו, ואז צריך לכלול ולחבק ימינא בשמאלא ושמאלא בימינא ולהמתיק יד השמאל עם יד הימין. וכן בתפלת המנחה בעת העמידה בלבד תאסור ותחבק שתי ידיך, זעג״ז כנז׳ כי כבר הודעתיך כי עיקר תפלת המנחה הוא העמידה בלבד וכל אותם המזמורים שאומרים קודם תפלת המנחה אינו אלא מנהג בעלמא. אבל בתפלת ערבית תאסור ותחבק ידיך מתחילה ועד סוף, פירוש משעה שתתחיל ברכת אשר בדברו מעריב ערבים עד שתשלים כל העמידה. והטעם הוא לפי שהרשימו של החסדים המתפשטים בגופא דז״א כבר נשאר שם מן היום, ולכן צריך שבכל תפלה ערבית תחבק ידיך כנז׳.

גם צריך שתזהר בענין סגירת העינים בכל ג׳ התפלות ממש ע״ד החילוק הנז׳ בענין חיבוק ב׳ הידים, והענין הוא כי תעצום ותסגור עיניך בשחרית ובמנחה בעת העמידה בלבד, ובתפלת ערבית תסתום עיניך בכל התפלה בין בברכו׳ ק״ש ובין בתפלת העמידה. וסוד עצימת העינים נרמז במ״ש בסבא דמשפטים דצ״ה ע״ב וז״ל ומהו עולימתא שפירתא דלית לה עיינין כו׳ וביאור המאמר הזה הוא מדבר בענין רחל נוקבה דז״א כי היא נק׳ עולימתא שפירתא כמש״ה ורחל היתה יפ״ת ויפת מראה אבל לית לה עיינין לפי ששיעור קומתה הוא מן החזה ולמטה דז״א, ואין כנגדה בחי׳ העינים דז״א כדי להמשיך מהם אליה בחי׳ עיני׳ ג״כ.

אבל לאה יש לה עינים בסוד ועיני לאה רכות, לפי שמקום לאה הוא למעל׳ במקום רישא דז״א אשר שם יש בחי׳ העינים דז״א, ומשם הולכת הארתם ונמשכת בלאה אשר היא כנגדם ובורא ויוצר בה בחי׳ עינים משא״כ ברחל התחתונה ולכן הכתוב יחס העינים בלאה ולא ברחל כמ״ש ועיני לאה רכות אמנם ברחל הזכיר היופי כמ״ש ורחל היתה יפ״ת ויפ״מ ולא בלאה. והטעם הוא לפי שלאה היא למעלה במקום כיסוי האורות, אבל רחל היא למטה מן החזה אשר שם הוא גילוי אורות החסדים בתוך ז״א כנודע, כי שם נסתיים יסוד דאימא המלביש ומכסה את החסדים, ואז האורות ההם המגולים מאירים בה ומיפים אותה. והרי נתבאר טעם סגירת העינים.

אמנם טעם הצטרכות סגירתם בתפילת ערבית מתחיל וע״ס הוא לפי שעתה הוא סוד זמן לילה שהוא זמן החשך. ואמנם ביום היו נמשכים לרחל עינים מלמעלה אבל בערבית שהוא זמן לילה נחשכים עיני רחל ובזה תבין כמה מאמרי הזוהר שאומריי ענין הלילה איך החשך יכסה ארץ בלילה, ותבין מה הוא ענין החשך הזה וגם למה הוא בלילה ולא ביום.

אסור לאדם להתפלל תפילתו בעצבון

אסור לאדם להתפלל תפילתו בעצבון, ואם נעשה כך אין נפשו יכול לקבל האור העליון הנמשך עליו בעת התפילה. אמנם בעת שמתודה הוידוי ומפרט חטאיו אז טוב להתעצב בלבד אבל בשאר התפילה נמשך לו נזק נפלא גדול על ידי עצבותו. אבל צריך להראות לפניו ית׳ הכנעה גדולה באימה ויראה, אמנם תהיה בשמחה יתירה וגדולה בכל האפשר כדמיון העבד המשמש את רבו בשמחה יתירה. ואם משמשו בעצבות עבודתו נמאסת לפניו וכמעט שעיקר המעלה והשלמות והשגת רוח הקודש תלויה בדבר זה, בין בעת תפילתו ובין כשעושה איזה מצוה משאר המצות, וכמו שאמרו בגמרא מההוא דהוה קבדח טובא כו׳ ואמר תפילין קא מנחנא. ואל תבוז לענין זה כי שכרו גדול מאד.

לקבל עליו מצות ואהבת לרעך כמוך

קודם שהאדם יסדר תפילתו בבית הכנסת מפרשת העקידה ואילך, צריך שיקבל עליו מצות ואהבת לרעך כמוך, ויכוין לאהוב כל אחד מבני ישראל כנפשו, כי ע״ז תעלה תפילתו כלולה מכל תפילות ישראל ותוכל לעלות למעלה ולעשות פרי. ובפרט אהבת החברים העוסקים בתורה ביחד, צריך כל אחד ואחד לכלול עצמו כאלו הוא אבר אחד מן החברים שלו. ובפרט אם יש להאדם ידיעה והשגה לדעת ולהכיר לחברו בבחינת הנשמה. ואם

יש איזה חבר מהם בצרה, צריכים כולם לשתף עצמם בצערו, או מחמת חולי או מחמת בנים ח״ו ויתפללו עליו. וכן בכל תפילותיו וצרכיו ודבריו ישתף את חברו עמו, ומאד הזהירני מורי ז״ל בענין אהבת החברים שלנו של חברתינו. גם הזהירני מאד מורי ז״ל שלא להכניס האצבע לתוך האזנים כדי לנקות הזוהמא שבהם בתוך התפלה כלל, מהתחלת הברכות עד גמר עלינו לשבח, ואם עשה כך צריך נטילה.

לתקן ד׳ עולמות

על הנז׳ בסדר חילוק תפילת השחר דחול. הנה תחילה צריך לתקן ד׳ עולמות אבי״ע ע״י מצות מעשיות שאנו עושים למטה בעה״ז, וכונת התיקון הזה הוא לתקנם במקומם עצמם, שהקליפה אשר סביבותיהם שנתאחזו בהם בלילה יתפרדו עתה מהם, לפי שהוא יום ואין הקלי׳ גוברת. והנה תחילה נוטל אדם ידיו שחרית ויכוין כי ע״י נטילה זו נפרדים הקליפה דג׳ אחרו׳ דעולם העשיה ונפרדים מהם בבחינת החיצוניות. ואחר כך יפנה ויעשה צרכיו ועי״כ יתקן גם הפנימיות ג׳ אחרונות דעולם הנעשיה הנז׳. כי הנה בעולם העשיה יש אחיזת הקלי׳ אפי׳ בפנימיות כנודע, כי בעשיה ויצירה יש תערובות טוב ורע, וע״י מה שנפנה גורם להפריד ולהוציא הקלי׳ מן פנימיות דעשיה. והנה ע״י ב׳ דברים אלו שהם יטול ידיו, ויפנה נתקנו ג׳ אחרונות דעשיה בבחי׳ אור פנימי מבחינת חיצוניות ופנימיות שבהם. ואמנם ע״י שני ברכות שמברכיןענ״י, כשנוטל ידיו ואשר יצר כשיפנה נתקן אוה״מ שלהם בבחינת פנימיות ובבחינת חיצוניות כנודע, כי כל מצוה הנעשית בדיבור ובהבל הפה הוא בחינת אור מקיף. והרי נתקנו ג׳ אחרונות דעשיה במקומם עצמ׳ בבחינת חיצוניות ובבחינת פנימיות ע״י ב׳ מעשים הנז׳. ואח״כ ע״י ב׳ הטליתות טלית קטן וגדול הם שני תיקונים אל ג׳ אחרונות דעולם היצירה כנודע, כי סוד טלית היא במטטרו״ן אשר ביצירה כנז׳ בפ׳ פנחס דף רכ״ו ע״ב בר״מ.

כאשר האדם איזה פעם מתבטל מלהתפלל

בד׳ אותיות של הויה ואלו הם תפילה וציצית ותפילין וק״ש, דע כי ד׳ כוונות יש בד׳ מצות הרמוזות בד׳ אותיות הויה. וטוב הוא לכוין בהם תמיד באופן שנבאר, הנה לפעמים האדם מבטל א׳ מד׳ מצות הנז׳ בשוגג או אפי׳ במזיד, וארבעתן הם מ״ע מן התורה. וכאשר האדם איזה פעם מתבטל מלהתפלל ביטל מ״ע, שנאמר ועבדתם את ה׳ אלקיכם זו תפלה, והעובר על מצוה זו פוגם בה׳ אחרונה של הויה, והמבטל מצות ציצית פוגם באות ו׳ של הויה, והמבטל מצות תפילין פוגם בה׳ ראשונה של הויה, והמבטל ק״ש פוגם באות י׳ של ההויה. הרי ארבעתן כסדרן מלמטה למעלה וכדי לתקן הפגמים הנז׳, צריך האדם לייחד ד׳ יחודים שנזכיר כל יחוד כפי הפגם שכנגדו.

צריך להסתכל בציציות

ודע כי האדם צריך להסתכל בציציות בכל שעה ורגע כמש״ה וראית׳ אותו והוא תועלת גדול לנשמה שלא יזדמן חטא לידו אם יזהר בכך וגם ישיג תועלת גדול אבל בכונת ההסתכלו׳ יש ב׳ כונות כי המסתכל בהם בעת תפלת שחרית בק״ש דהיינו כשאומר פרשת ציצית צריך לכוין באופן אחר וכמו שנבאר שם במקומ׳ בע״ה אבל המסתכל בהם שלא בזמן התפילה צריך לכוין כונה אחרת שנבארה בע״ה שם במקומה והיא זו. דע כי צריך להסתכל בהם ב״פ זא״ז ומה שצריך לכוין הוא זה כי הנה עין ג״ ק״ל והוא בחי׳ רבוע שם מ״ה כזה יו״ד יו״ד ה״א יו״ד ה״א וא״ו יוד ה״א וא״ו ה״א ובעת שהוא מסתכל יכוין כי הכנף הוא סוד אהיה דמילוי ההין וכשתסיר ממנו הפשוט ישארו אותיות המילוי בגי׳ ק״ל כמספר עין כנז׳ וכאשר יסתכל ב״פ רצופות יהיו ב״פ ק״ל שהם ב״פ עין והם בגי׳ ר״ס וז״ס וירא ה׳ כי סר לראות כי ע״י ס״ר הנז׳ הוא הראות ותכוין אל עשרה הויות

פשטות של החו"ג שעולים בגי' ס"ר ואח"כ תכוין אל שאר הכונות הנ"ל בדרוש זה אם תרצה ואמר לנו מורינו ז"ל שעדיין לא היה בנו כח לכוין בהסתכלות ציציות דז"א רק בציצית יעקב כנ"ל שיש ציצית לז"א וציצית ליעקב ויש לי ספק אם שמעתי ממנו שנכוין בציציות היוצאות לרחל והראשון עיקר ע"כ הגיעו דרושי הציציות:

אין טוב לאדם ללבוש ב' מלבושיו ביחד

ודע שאין טוב לאדם ללבוש ב' מלבושיו ביחד והעושה כן קשה לשכחה וסוד הדבר הוא כי הנה מלבוש האדם הוא מן הקדושי' וע"י העבירות שהאדם עושי' גורם להתלבש בקלי' ושיתאחזו הקלי' במלבושיו והנה המלבושים יש בהם בחי' אור המקיף מחוץ להם כנודע כי יש אור פנימי בפנים ונכלל בתוך הגוף והמלבוש סובב את הגוף ועל המלבוש הם האורו' המקיפים ועומדים מחוץ המלבושים והנה לכל לבוש ולבוש יש בחי' אור מקיף ואין לך דבר שדוחה את הקלי' כמו אוה"מ לפי שאין יכולת בקלי' לינק ולהתאחז באוה"מ לכן הוא עומד בחוץ ואין לו פחד מן הקלי' ונמצא כי המחבר שני מלבושיו ולובשם ביחד אינו נותן מקום לאוה"מ ליכנס תוך שני המלבושים יחד ולהקיף בין כל לבוש ולבוש וע"כ אין הקלי' נדחות משם ונודע שאין השכחה מצוי' אלא מחמת הקלי' כי הזכירה היא מצד הקדושה בסוד ואין שכחה לפני כסא כבודך וכאשר האדם לובש מלבושיו בכל פעם שלובשם צריך לזהר לקחת ב' צדי הלבוש ביד ימינו בצד ימינו ואח"כ ישאיר צד הימני ביד ימינו ואח"כ יתן צד שמאל של המלבוש ביד שמאלו דרך האחו' ואח"כ ילבש צד הימני של המלבוש ביד ימינו ואח"כ ילבש צד שמאלי של המלבוש ביד שמאלו ותמיד יכוין לכלול הכל בימין ואח"כ הימין נותנו אל השמאל ועיין במש"ת עתה בענין לבישת המנעלים:

כוונת ברכת על נטילת ידים

ועתה נבאר כוונת ברכת על נטילת ידים. הנה בברכה זו יש י״ג תיבות והם כנגד י״ג מידות דא״א דעשיה וכמו שביארתי לך כי נט״י היא בעשיה בסוד יפנ״ה ויטול ידיו כנ״ל ואנו צריכים להעלותם ולזוקפם ולמתק חמש הגבורות שבהם ע״י מימי החסד שהם ה׳ חסדים ולפי שאין המים ניטלים בזרועות אלא בידים לכן לפחות אנו צריכין לחבר יחד שתי הזרועות באופן שלא יצאו קשרי הזרועות לאחור בסוד כל אחוריהם ביתה. גם צריך לפשוט כפות הידים כמי שרוצה לקבל בהם איזה דבר וזה לרמוז קבלת הטהרה והנה ענין עליתם אינם עולים לעולם אלא בשם בן מ״ב והנה נרמז שם בן מ״ב בשלשה הידים הנזכרין בתקונין בסוד יד הגדולה ויד החזקה ויד רמה באמצעיתא. כיצד יהו״ה אלקינ״ו יהו״ה בימין. כו״זו במוכס״ז כו״זו ביד שמאל. יהו״ה יו״ד ה״א וא״ו ה״א באמצע הרי מ״ב. ואמנם יד ימין הם סוד חצי הראשון של שם הוי״ה שהוא י״ה יו״ד וא״ו דל״ת ה״א אל״ף ויד שמאל הוא חצי השם האחרון שהוא ו״ה וא״ו אל״ף וא״ו ה״א אל״ף ויד אמצעית היא שורש השם בעצמו שממנו נתפשטו אלו הידים ולכן הוא באמצע ולכן ר״ת על נט״י ענ״י שהוא בעולם העשיה הנקרא עני.

אסור לאדם להתפלל תפילתו בעצבון

אסור לאדם להתפלל תפילתו בעצבון, ואם נעשה כך אין נפשו יכול לקבל האור העליון הנמשך עליו בעת התפילה. אמנם בעת שמתודה הוידוי ומפרט חטאיו אז טוב להתעצב בלבד, אבל בשאר התפילה נמשך לו נזק נפלא גדול על ידי עצבותו, אבל צריך להראות לפניו יתי׳ הכנעה גדולה באימה ויראה, אמנם תהיה בשמחה יתירה וגדולה בכל האפשר כדמיון העבד המשמש את רבו בשמחה יתירה, ואם משמשו בעצבות עבודתו נמאסת לפניו, וכמעט שעיקר המעלה והשלמות והשגת רוח הקודש תלויה בדבר זה, בין בעת תפילתו ובין כשעושה איזה מצוה משאר המצות וכמו

שאמרו בגמרא מההוא דהוה קבדח טובא כו' ואמר תפילין קא מנחנא. ואל תבוז לענין זה כי שכרו גדול מאד:

שיקבל עליו מצות ואהבת לרעך כמוך

קודם שהאדם יסדר תפילתו בבית הכנסת מפרשת העקידה ואילך צריך שיקבל עליו מצות ואהבת לרעך כמוך ויכוין לאהוב כל אחד מבני ישראל כנפשו כי ע״ז תעלה תפילתו כלולה מכל תפילות ישראל ותוכל לעלות למעלה ולעשות פרי ובפרט אהבת החברים העוסקים בתורה ביחד צריך כל אחד ואחד לכלול עצמו כאלו הוא אבר אחד מן החברים שלו ובפרט אם יש להאדם ידיעה והשגה לדעת ולהכיר לחברו בבחינת הנשמה ואם יש איזה חבר מהם בצרה צריכים כולם לשתף עצמם בצערו או מחמת חולי או מחמת בנים ח״ו ויתפללו עליו וכן בכל תפילותיו וצרכיו ודבריו ישתף את חברו עמו ומאד הזהירני מורי ז״ל בענין אהבת החברים שלנו של חברתינו. גם הזהירני מאד מורי ז״ל שלא להכניס האצבע לתוך האזנים כדי לנקות הזוהמא שבהם בתוך התפלה כלל מהתחלת הברכות עד גמר עלינו לשבח ואם עשה כך צריך נטילה:

לא התפלל תפילתו בקול רם

גם מעולם לא התפלל תפילתו בקול רם אפילו סדר התפילה של מיושב כגון הזמירות וכיוצא בהם להורות הכנעה ואימה ויראה לפני השי״ת ואמנם ביום שבת היה מרים ומגביה קולו בנעימה בתפילה דמיושב יותר מעט ממה שהיה עושה בחול ואף זה לא היה עושה אלא מפני כבוד השבת גם הייתי נוהג לומר בכל בקר קודם התפלה פרשת המן ועשרת הדברות וכיוצא בזה בפרשיות אחרות ומנעני מורי ז״ל שלא לאומרם ובפרט בעשרת הדברות הזכיר לי טעמו של דבר כי הרי בימי הראשונים קבעום בתפלה ומפני המינין שלא יאמרו שאין עוד ח״ו תורה מן השמים אלא

עשרת הדברות בלבד לכן בטלום ומי זה יערב אל לבו לחזק את המינין ולנהוג מה שביטלו רז״ל בגמרא. ענין מורי ז״ל בקומו בלילה אף אם היה קודם אור היום היה מסדר כל הברכות של שחר עד פרשת העקידה. ואח״כ היה קורא ועוסק בתורה ובהאיר היום היה מתעטף בתחילה בציצית ואח״כ היה מניח תפילין הפך מן המקדימין התפילין אל הטלית וטעות גמור הוא בידם כמו שיתבאר סודם למטה בע״ה ואח״כ היה מתחיל תפלתו ואומר מן פרשת העקידה ואילך:

ארבעה מצות הרמוזות בארבעה אותיות

בכוונת האדם בעת שמתעטף בציצית ובו יתבאר ד׳ כוונות שיש בד׳ מצות הרמוזות בד׳ אותיו׳ של הויה ואלו הם תפילה וציצית ותפילין וק״ש דע כי ד׳ כוונות יש בד׳ מצות הרמוזות בד׳ אותיות הויה וטוב הוא לכוין בהם תמיד באופן שנבאר הנה לפעמים האדם מבטל א׳ מד׳ מצות הנז׳ בשוגג או אפי׳ במזיד וארבעתן הם מ״ע מן התורה וכאשר האדם איזה פעם מתבטל מלהתפלל ביטל מ״ע שנאמר ועבדתם את ה׳ אלקיכם זו תפלה והעובר על מצוה זו פוגם בה׳ אחרונה של הויה והמבטל מצות ציצית פוגם באות ו׳ של הויה והמבטל מצות תפילין פוגם בה׳ ראשונה של הויה והמבטל ק״ש פוגם באות י׳ של ההויה הרי ארבעתן כסדרן מלמטה למעלה

סדר תיקון תפלת השחר

ונבאר עתה כללים שיש בסדר תיקון תפלת השחר דע כי מן תחילת התפלה עד ברוך שאמר הוא עולם העשיה ומברוך שאמר עד יוצר אור הוא עולם היצירה ומן יוצר אור עד סוף ברכת אבות הוא עולם הבריאה ושאר כל העמידה הוא עולם האצילות וסדר העשיה הוא מתתא לעילא וכדי ליחד את העשיה ביצירה והנה יש בה קלי׳ קשות וחזקות לכן צריך ליחד תחילה ראש היצירה בראש העשיה ואח״כ שאר היצירה הוא מתתא לעילא וכן

הבריאה הוא מתתא לעילא וברכת אבות הוא ראש הבריאה הנקרא היכל ק״ק דבריאה עד סוף בא״י מגן אברהם ושאר כל העמידה כולה היא באצילות וזה ביאור כל הנז׳ כי הי״ח ברכות שיש מן ענ״י עד ברכת התורה הם ח״י ברכאן דיסוד דעשיה ומן הודו עד ב״ש הוא רישי׳ דעשי׳ היכל ק״ק שלה וב״ש הוא היכל ק״ק ראש היצירה ולכן הם י״ג ברוך כמנין אחד והוא סוד י״ג מכילן דרחמי אשר בעולם היצירה

סדר תפלת שחרית

סדר תפלת שחרית כבר נת״ל כי מן התחלת הי״ח ברכות עד ב״ש הוא בעולם העשיה ומשם עד יוצר אור עולם היצירה ומשם עד תפלת י״ח הוא עולם הבריאה ומשם עד קדיש שאומרי׳ קודם אשרי יושבי הוא באצילות ומן אשרי יושבי עד תפלה לדוד חוזר להיות עולם הבריאה ומשם עד אין קדוש כה׳ חוזר להיו׳ עולם היצירה ומשם עד עלינו לשבח הוא עולם העשיה והכונה היא שצריך בתחילה להעלות העולמות ממטה למעלה כנ״ל ומתקשרים עולם התחתון בעולם העליון ממנו עד שנמצאים כל העולמות כולם יחד קשורים בעולם האצילות.

בעת שמתפללין תפלת י״ח בעמידה ואז נעשה שם הזווג העליון ואח״כ צריך לקבל שפע העליון הנמשך מן הזווג ההוא וצריך להורידו למטה בעולמות התחתונים מעילא לתתא ולכן באומרינו אשרי יושבי ביתך עד תפלה לדוד אנו מורידין השפע מן האצילות אל הבריאה ואין הכונה להוריד עולם הבריאה בעצמו וכן עד״ז עד אין קדוש כה׳ כי אין בלתך כי אז אנו מורידין השפע מיצירה לעשיה ואח״כ בעלינו לשבח אז יורדין העולמות הנז׳ כל א׳ במקומו

מספר העולים לקרות בתורה

נבאר מספר העולים לקרות בתורה הנה בריש פרק הקורא את המגילה תמן תנינן בשני ובחמישי ובשבת במנחה קורין ג׳. בר״ח ובחש״מ קורין ד׳

ביו"ט ה' וביוה"כ ו' בשבת בשחרית ז' וכל אחד מהחלוקות ית' במקומו בע"ה. ועתה נבאר ענין הג' שקורין בשני וחמישי. הנה אע"פ שנת"ל כי גם החג"ת דאימא וחג"ת דז"א נתגלית הארתם כנ"ל שבחזרת העמידה עולי' יעקב ורחל עד חג"ת דז"א אבל עם כל זה אין חג"ת דאבא מתגלין עתה רק הנה"י שלו בלבד הם המתגלי' עתה בשני ובה' דימי החול כי נבקעים נה"י דאבא ויוצאת הארת' לחוץ ולכן קורין ג' עולין. כהן כנגד הנצח קו ימין. לוי כנגד ההוד קו שמאל. ישראל כנגד היסוד קו האמצעי. והנה הארה זו אינה נשארה כך רק לפי שעה ואח"כ חוזרין ומתעלמין בפנים כמתחילה ולכן תיכף אחר הקריאה סוגרין הספר תור' ומחזירין אותו למקומו תוך ההיכל:

הכהן הלוי וישראל

ונבאר עתה יותר באורך ענין הכהן והלוי והישראל הנזכרי'. הנה נתבאר לעיל שהחסדים המתגלים מבחי' יסוד דאימא תוך גופא דז"א אינם רק בב' שלישי' תחתונים דת"ת שבו שהוא מן החזה שבו ולמטה. ובענין ס"ת דשחרית דשבת שעולין ז' נתבאר שם במקומו, כי לסיבה זו עיקר העולים הוא הג' והששי, לפי שהם כנגד הת"ת והיסוד דז"א, לפי ששם הוא עיקר גילוי החסדים יותר מבכל השאר.

ואמנם יש בזה מקום שאלה שא"כ איך תקנו רז"ל שיעלה תחילה כהן ואחריו לוי שהם כנגד חסד וגבורה הקודמין אל הת"ת, שהוא ישראל העולה בבחי' שלישי'. כי נראה שיותר חשובים הם הכהן והלוי מישראל שהוא הג'. אבל הענין הוא כי הנה הז' אנשים העולים בתורה ביום שבת בשחרי' הנה הם כנגד ב' פרקי' תחתונים דנצח דאבא המלובשי' ונסתמי' תוך ב' פרקים תחתונים דנצח דאימא.

והם עצמם מלובשים תוך חסד ונצח דז״א וכנגדם שני פרקים תחתונים דהוד דאבא אשר בתוך ב׳ פרקים תחתונים דהוד דאימא אשר בתוך גבור׳ והוד דז״א. וכנגדם ב׳ פרקי היסוד דאבא שהם היסוד והעטר׳ שבו אשר תוך ב׳ פרקי דיסוד דאימא אשר בתוך הת״ת והיסוד דז״א והנה ד׳ פרקים דנצח והוד הם סתומים לגמרי ומלובשים כנז׳.
אבל השני פרקים דיסוד דאבא הם מגולים לפי שהיסוד דאימ׳ נשלם ונפסק בחזה דז״א, ומשם ולמטה מתגלה היסוד דאבא גילוי גמור. ונמצא כפי זה כי שנים הראשונים שהם כנגד חסד וגבורה דז״א אשר בתוכם מלובשים ב׳ פרקים עליונים א׳ דנצח דאבא וא׳ דהוד דאבא. ואין להם גלוי הארה כלל לפי שה״ס ב׳ הזרועות הצומחין ויוצאין מן השליש העליון שבת״ת דז״א ששם האורות מכוסים לגמרי ולכן אין כח ביד שום ישראלי לפותחם ולגלות הארתם, אלא הכהן והלוי אשר מצד מעלת יחוסם ומשפחתם יש בהם כח לגלות הארתם.
ונמצא כי אעפ״י שהם כנגד מקום הסתום עכ״ז שבח ומעלה הוא להם שאין מי שיוכל לגלות הארתם אלא הם ולכן תקנו שיעלו הכהן והלוי ראשונים. אבל הנו״ה דז״א ששם פרק תחתון דנצח ופרק תחתון דהוד דאבא אעפ״י שגם הם סתומים שם עכ״ז יש להם קצת הארה יתירה מבחי׳ האורות המגולים ביסוד דז״א אשר שם עומד באמציעותם ומאיר בהם.
ולכן הד׳ וההי׳ שהם כנגד אלו הם יכולים להיות ישראלים. אבל עכ״ז אין מעלת׳ גדולה כיון שהוא מקום סתום ומה שאנו רואים שהם ג״כ מתגלים ע״י עלייתם. אין הענין תלוי במעשיהם רק בכהן ולוי שעלו בתחילה כי כיון שלסיבת מעלת יחוסם כנז׳ היה בהם כח לגלות החסד והגבו׳ ממילא נתגלו גם הנצח וההוד ואז היה יכולת ביד הישראלי׳ הרביעי וההי׳ לעלות ולגלותם. ונמצא שהיותר גרועים במעלה מן השבעה העולים הם הרביעי וההי׳ אבל הג׳ והו׳ הם משובחים ומעולים יותר מן הז׳ העולים, לפי שהאורו׳ אשר שם מגולים לגמרי מפאת עצמם כי שם הוא מקום הגילוי בקו האמצעי בדוקא. אמנם יש חילוק ביניהם כי הששי מעולה מן הג׳ כי

הג' אין בו גילוי רק בב"ש התחתונים בלבד שהם מן החזה ולמטה. אבל הששי שהוא כנגד היסוד כולו הוא מגולה לגמרי ולכן הוא מעולה מאד. וזהו הטעם שאמר בזו' שלח לך גבי רבי כרוספדאי חמיד לבא דמיומוי לא סליק לס"ת אלא שתיתאי כו' ונמצא לפי זה שהששי הוא מעולה מכל השבעה עולים גם נמצא שהששי והג' אעפ"י שאינם עושים שום תיקון בידם כמו שעושי' הכהן והלוי שמגלים מקום הסתום כנ"ל מ"מ צריך שיהיו האנשים היותר חשובים במעלה שבכל העולים. אז כדי שיהיו ראוים לקבל האורות המגולים ההם כנז' והנה נת' פה ענין ז' עולים דשבת ובמקומו ית' יותר בע"ה:

האדם עצמו כשעולה לקרוא בתורה

ועתה נבאר ענין האדם עצמו כשעולה לקרוא בתורה צריך לזהר שיראה מקום הקריאה ויסתכל בפסוק אשר עתיד להתחיל אח"כ תכסה הכתיבה ע"י מפה של הס"ת ואז תברך ברכת התורה שלפניה ואח"כ תפתח ותקרא ואח"כ תחזור ותסתום הכתיבה ואז תברך ברכת התורה של אחריה ואעפ"י שיש פוסקים שכתבו שאין צורך לכל זה כמ"ש ב"י וע"ש. גם צריך לזהר כשיעלה לקרוא בס"ת שיאחז בס"ת בשני ידיו ולא בתיק כ"א ביריעה עצמה יד א' מצ"ז ויד א' מצ"ז.

אבל תאחוז אותה ע"י מפה של הס"ת לא בידך ממש כאומרם ז"ל כל האוחז ס"ת ערום נקבר ערום מאותה מצוה והנה זו היא הכוונה שיכוין בשעה שאוחז ס"ת בידו יכוין שהס"ת ה"ס שני שמות אהיה א' במילוי יודין וא' במלוי ההין שהם קס"א וקנ"א ושניהם בגי' חדש ותכוין שע"י ב' ידיך האוחזות בו נשלם ונעשה שם בסוד וקורא לך שם חדש והנה ש"ם וספר חשבונם שוה והענין הוא כי באהיה דיודין יש בו י"ד אותיות ד' בפשוטו ועשרה במלואו והרי זה כנגד יד ימינך שהיא כנגד י"ד אותיו' הנז' וכנגדם יש י"ד אותיות אחרים באהיה דההין ביד שמאלך ואם תחבר ב"פ י"ד הנז' יהיו בגי' כ"ח עם הב' אהיה עצמה שהם בגי' חדש כנז' נמצא כי כ"ח וחדש הם בגי' ש"ם והם בגי' ספ"ר:

ברכת המוציא

וברצותך לומר ברכת המוציא אז תקח ב׳ לחמים העליונים שבד׳ אמצעים ותחבר שניהם בב׳ ידיך וב׳ שולי הלחמים יהיו דבוקים זה בזה וב׳ פנים מב׳ צדדיו שלהם יהיו פן זה מצד ימין ופן זה מצד שמאל ואז יתראו כאלו הב׳ לחמים נעשו לחם אחד ובו ב׳ פנים מב׳ צדדיו ויהיה כדמיון לחם הפנים שבמקדש ותכוין כי הלחם שביד ימינך הוא אות י׳ של הויה והלחם שביד שמאלך אות ו׳ ותברך אז ברכת המוציא ובה׳ של המוציא תכוין אל אי׳ עילאי׳ ובה׳ של הארץ תכוין במלכות ובמלת לחם תכוין בת״ת. גם במלת לחם תכוין אל הלחם הנז׳ שהוא בחי׳ י״ג נימין הנ״ל ואח״כ תבצע מן הלחם הימני שהוא כנגד אות י׳ של הוי״ה כנז׳ והוא כנגד החכמה אשר משם נמשך המזון המעולה מכל השאר.

ותבצע ממנו תחלה שיעור כזית ותאכלנו אתה ותכוין שהכזית הזה הוא כנגד אות י׳ של הוי״ה שהוא הז״א ואח״כ תבצע בציעה ב׳ כשיעור כביצה ותתן לאשתך ותכוין שהיא כנגד אות י׳ אחרונה של אדנ״י שהיא בנוק׳ דז״א ותכוין שיתחברו ויעשו שם יאהדונהי ואח״כ תבצע ותתן לשאר בני הסעוד׳ היושבים שם ובס׳ סעודת ימי החול יתבאר יותר באורך כל עניני ברכת המוציא וכונת האכילה ושאר פרטים האחרים אבל בענין אכילת סעודה זו כבר נתבאר לעיל קצת כונות שבה ואמנם דרך קצר׳ תכוין כי הנה עתה אתה אוכל מן הארה הנמשכת מן פה דז״א וממו׳ שבו ומן ל״ב נתי׳ חכמה שבו אשר עתה הם מאירים בל״ב שינים אשר בפיך וע״י אתה טוחן ולועס המאכל וכבר נתבאר ענין כונת טחינת השינים באכילה בסעודת החול וע״ש היטב פרטים רבים וכונות רבות:

סוד פסח

בענין פסח ויציאת מצרים הנה נודע מ״ש ז״ל כי אותם הדורות הראשונות דור אנוש ודור הפלג׳ סילקו את השכינה למעלה מרקיע השביעי מחמת עונותם. ודע כי ישראל שהיו באותו הדור של שעבוד מצרי׳ היו בחי׳ אותם

שער הכוונות

הנצוצ׳ של קרי שהוציא אדה״ר באותם ק״ל שנים עד שלא נולד שת כמ״ש ז״ל. ואח״כ באו בגלגול בדור המבול ולכן היו גם הם משחיתים זרעם על הארץ כעין השורש אשר משם נוצרו וחוצבו עד שנימוחו. וזמש״ה וירא ה׳ כי רבה רעת האדם בארץ ונודע כי הקרי נק׳ רע והמוציאו נק׳ רע כמש״ה ויהי ער בכור יהודה רע בעיני ה׳ וכתיב אוי לרשע רע וכתיב לא יגורך רע כנדרש בס״ה. ונמצא כי הדור ההוא היו ממש רעת האדם הידוע הוא אדה״ר וזמש״ה אמחה את האדם אשר בראתי הוא אדה״ר עצמו שנברא ע״י השי״ת עצמו ואלו ניצוצותיו ורצה למחותם ואח״כ הם עצמם חזרו ונתגלגלו בדור הפלגה ועליהם כתיב וירד ה׳ לראות את העיר ואת המגדל אשר בנו בני האדם בנוי דאדם קדמאה והבן זה.

ולכן נק׳ בני האדם לרמוז כי היו טיפות קרי ולכן הם בני האדם דכורא בלי נוק׳ וגם אז הוסיפו לחטוא עוד למרוד בעליון אבל לא היו באותו עון הא׳ של השחתת זרע כדור המבול. וצריך שתדע כי ענין הנשמות הם כענין הזהב הנוצר בבטן האדמה וכשמוציאין אותו הוא מלא טינוף וסיגים דבר אשר לא ישוער ולא תואר זהב לו ולא הדר עד יתחכם הצורף להגות סיגים מכסף פעם אחר פעם זיכוך אחר זיכוך לא ראי זה כראי זה ובכל זיכוך מזדכך לאט לאט עד אשר כל הסיגים נפרדים מן הזהב ואחר כך ניכר היותו זהב.

וכן הענין בנשמות כי בחטאו של אדה״ר נתערב טוב ברע ובפרט בניצוצות האלו של הקרי שהוליד בק״ל שנים. וכבר נתבאר אצלנו בדרוש שכיבת הלילה ובק״ש שע״ה כי ניצוצות הקרי הם חשובות מאד וקדושות אלא שיוצאים ומתערבים בקליפות וצריכים בירור אחר בירור לתקנם ועד״ז היו אלו הניצוצות הולכות ונתקנות לאט לאט עד אשר התחילו להתקן ולהראות בחי׳ הזהב שבהם וזה היה בדור מצרים. ובזה תבין טעם נכון למה נגזר עליהם אותו השעבוד הקשה שאין כמותו כי כגגד מה שחטאו בדור המבול להשחית את זרעם נגזר עליהם כל הבן הילוד היאור׳ תשליכוהו דוגמת עונש המבול עצמו.

שער הכוונות

וכנגד מה שחטאו בדור הפלגה הבה נלבנה לבנים כו' נאמר וימררו את חייהם בחומר ובלבנים כו' וכבר הארכתי במ"א בזה בסוד שבת ודינין במרה איפקוד וע"ש היטב. ואמנם היות השעבוד בארץ מצרים הטעם הוא כי הנה נודע שכל הנשמות באות מן החסדים והגבו' אשר במוח הדעת כי שם תלוי סוד הזווג כמש"ה והאדם ידע את חוה אשתו כו' ואיש לא ידעה לכן נקרא דעת להורות כי משם נמשכת טפת הזווג הנק' בלשון ידיעה כנז'. ומה גם אותם הנשמות של הדור ההוא של מרע"ה וכבר נתבאר אצלנו כי משה הוא מבחי' הדעת וכן כל הדור ההוא הם מבחי' הדעת אלא שהם יצאו אל הקליפו' לסבת היותם טיפות קרי בק"ל שנים קודם שנולד שת אבל משה היה מבחי' שת עצמו כנודע ולכן עליו אתמר ותרא אותו כי טוב הוא ואינו כשאר טיפות רעות של אדה"ר בק"ל שנה כי אחר כלם נולד שת בדמותו כצלמו אבל האחרים היו בדמות שדין ורוחין ולילין ולכן אמר משה עליהם ואל אראה ברעתי:

וכבר נתבאר זה במ"א ולהיות כי כל אותו הדור היו מבחי' הדעת ונודע כי כשח"ו פוגמים למטה באיזו מדה וספי' עליונה הנה הם גורמים הקלי' שיתאחזו ויקחו שפע מן המקור ההוא שנפגם ולכן ירדו ישראל למצרים שהם סוד הקלי' היושבת באחוריים של דעת העליון וכמ"ש אצלנו בענין מצרים שהוא מצר העליון שהוא הגרון ופרעה הוא העורף הקשה שבאחורי הדעת והיו אותם הקלי' נאחזים ויונקים כל שפע הנמשך מן הדעת דז"א ולכן ישראל שבאותו הדור שהם מן הדעת אלא שהיו בסוד הפגם שהיו בחי' הנצוצות קרי לכן נשתעבדו לפרעה ולמצרים היונקים כל שפע הדעת יען כי הם גרמו לכל זה וכל ענין הגלות הזה של מצרים היה לצרף ולתקן בחי' ניצוצות הקדושות ההם בסוד ויוציא אתכם מכור הברזל ממצרים והבן זה כי נדמה מצרים אל הכור אשר בתוכו ניתך הזהב ונפרד מן הסיגים ונתקן.

שער המצוות

בשער המצוות האר"י חושף סודות עמוקים על המשמעות והמטרה של המצוות לפי הקבלה.

חיוב לקיים כל תרי"ג מצות

דע שכל נצוצי נשמות מכל נשמה ונשמה מחוייבת לקיים כל תרי"ג מצות, אם לא אותם שאין בידו יכולת לקיימם כמו מעשה הקרבנות כלם שאינם נוהגים אחר החרבן וכיוצא בהם כמו מצות יבום[38] וחליצה או גט[39] או פדיון בן בכור, שדברים אלו אינם ביד האדם.
ואפילו ענין הגט, אינו מחויב לגרש לאשתו אלא אם לא תמצא חן בעיניו מחמת שאינה הגונה במעשיה, שאל"כ אדרבא מזבח מוריד עליו דמעות, וכיוצא במצות אלו.

אבל כל השאר חייב אדם לקיימם ואפילו אותם שאינם חובה על האדם אלא בהזדמן, כגון מצות שילוח הקן[40] שאינו מחויב לרדוף אחריה אלא כי יקרא קן צפור שהוא דרך מקרה, וכיוצא בזה. עכ"ז צריך האדם לחפש אחריהם ולעשותם, כי כל זמן שלא השלים התרי"ג מצות שהם כנגד רמ"ח איברים ושס"ה גידי נשמתו, הנה נשמתו חסרה מן האיברים, ונקרא בעל מום, ועליו נאמר כל אשר בו מום לא יגש. וזה נזכר ומפורש בספר התקונים תיקון ע' דקל"א ע"ב, שאין לו תיקון עד שיחזור בגלגול וישלים כל התרי"ג מצות, וז"ל זכאה איהו מאן דשריא ליה בכל אבר ואבר דיליה למעבד ליה אתר דלישרי ביה ואמלכא ליה, בכל אבר ואבר דלא יהא אבר

---

38 להתחתן עם אשתו של אח אלמן ללא ילדים
39 מסמך הגירושים הניתן לאישה
40 לשלוח בחזרה את אם הציפור כאשר מוצאים קן

שער המצוות

פנוי מיניה, דאם חסר חד דלא שריא עליה קב"ה בגין ההוא אבר אתחזר לעלמא בגלגולא עד דישתלים באברים דיליה כו׳, ובשער הגלגולים הארכתי בענין זה ע"ש.

תלמוד תורה גדולה ושקולה ככל המצות

גם בענין עסק התורה שהיא א׳ מרמ"ח מצות עשה, אם לא השלים אותה שהוא ענין עסקו בפרד"ס התורה שהוא ר"ת פשט רמז דרש סוד בכל בחינה מהם, כפי אשר יוכל להשיג עד מקום שידו מגעת לטרוח, ולעשות לו רב שילמדנו.

ואם לא עשה כן הרי חסר מצוה א׳ של תלמוד תורה שהיא גדולה ושקולה ככל המצות, וצריך שיתגלגל עד שיטרח בד׳ בחינות של פרד"ס כנזכר.

אל יחשוב שהיא עליו כמשא

דע כי העושה מצוה אין מספיק לו במה שיעשה אותם, שהרי מצינו בדברי רז"ל שאמרו, כל העושה מצוה א׳ מטיבין לו ומאריכין לו ימיו וכיוצא בזה, אמרו כל המקיים מצוה פלונית יש לו כך וכך.

והנה אנחנו ראינו כמה וכמה מצות שעושים בני אדם ואינם מתקיימים דברי רבותינו ח"ו בענין גודל שכרם אפילו בעוה"ז.

אבל השרש שהכל נשען עליו הוא שבעשיית המצוה, אל יחשוב שהיא עליו כמשא וממהר להסירם מעליו, אבל יחשוב בשכלו כאלו בעשותו אותה המצוה ירויח אלף אלפים דינרי זהב.

לעבד את ה׳ אלהיך בשמחה

ויהיה שמח בעשותו אותה המצוה בשמחה, שאין לה קץ מלב ומנפש ובחשק גדול כאלו ממש בפועל נותנים לו אלף אלפים דינרי זהב אם יעשה

שער המצוות

אותה מצוה.
וז"ס הפסוק תחת אשר לא עבדת את ה' אלהיך בשמחה ובטוב לבב, כו'
וז"ס רב ברונא דחד יומא סמך גאולה לתפלה ולא פסק חוכא מפומיה כל
ההוא יומא. וזה יורה על היות אמונת בטחונו בבורא יתברך בתכלית
האחרון יותר משאם היה השכר מזומן לפניו בפועל, וכפי גודל שמחתו
באמת ובטוב לבב הפנימי, כך יזכה לקבל אור עליון ואם יתמיד בזה אין
ספק שישרה עליו רה"ק.

וענין זה נוהג בקיום כל המצות כלם, בין בעת שעוסק בתורה שיהיה בחשק
גדול נמרץ בהתלהבות עצום כאלו עומד לפני המלך ומשרת לפניו בחשק
גדול למצוא חן בעיניו לקבל ממנו מעלה יתירה וגדולה.

גם העושה מצוה אין די לו עשייתה, אבל צריך שיקיים משז"ל שיכוין
בעשיית המצוה שהוא עושה אותה לשם עושיהן שהוא השי"ת. המשל בזה,
בעת שמסתפר ראשו לא די לו במה שלא ישחית הפאות, אבל צריך שיכוין
שהוא מונע עצמו מלהשחיתם כדי לקיים מצות בוראו שציוהו על כך.
וכן בכל מצוה ומצוה, יהיה זהיר וזריז לכוין כונה זו וכן בעת שמתפלל
לפניו יתברך על איזו שאלה מן השאלות, כמו מזונות ועושר ובנים וכיוצא
בזה, לא יתפלל לסיבת עצמו שצריך לשאול אותה השאלה, אלא לקיים
מצותו יתברך שנצטוינו שנתפלל אליו בעת צרותינו להורות כי הוא אלהינו
ואנחנו עמו ועבדיו, ואליו עינינו תלויות כעיני עבדים אל יד אדוניהם, ואין
לנו שום עזר אם לא ממנו יתברך, וישים כל בטחונו עליו.

מי שיודע כונת התפילה והמצות

כונה גדולה מכלם והיא הנזכרת בהקדמת ספר התיקונים ובמקומות
אחרים רבים, כי יכוין האדם שאינו עושה אותה המצוה כעבד המשמש
את רבו ע"מ לקבל פרס, אלא כבן שכל כונתו לעשות רצון ונחת רוח לאביו

שבשמים. אין ענין זה מתקיים אלא במי שיודע כונת התפילה והמצות, ומכוין בעשייתם לתקן עולמות העליונים, וליחדא שמה דקב״ה עם שכינתיה, ואין כונתו לקבל שכר העוה״ז ואף לא לתועלתו הנמשך לו לעוה״ב.

ואף גם בעסק התורה אל יחשוב שעוסק בתורה כדי שידע מה שיש בה, אלא שעוסק בה כשור לעול וכחמור למשאוי לקיים מצות בוראו וליחדא קב״ה בשכינתיה ע״י מצות עסקו בתורה.

מצות עשה ולא תעשה

ענין כולל בענין מ״ע[41] ול״ת[42] הנה המ״ע הם בחינת החסדים והנה החסד נקרא א״ל כמש״ה חסד אל כל היום וכנודע בזוהר פ׳ ויקרא [דף ל׳ ע״ב] כי שם א״ל בחסד, ואלהים בגבורה, והוי״ה בת״ת[43] כו׳.
והנה ב׳ שמות א״ל במילואיהם אל״ף למ״ד אלף למ״ד הם בגי׳ ש״ע, ועם ד׳ אותיות הפשוטות שבשניהם ועם הכללות שבכולם הם בגי׳ עש״ה, וז״ס מ״ע.
אבל מצות ל״ת רומזים בגבורות, ונודע שיש ד׳ מיתות בית דין בעבור על מצות ל״ת, גם יש מיתה בידי שמים וכרת, וב׳ אלו האחרונות שתיהם הם בחינה א׳, כי הם בידי שמים ואין שינוי ביניהם, רק שזה קודם לזה בזמן, אבל ד׳ מיתות בית דין חלוקות זמ״ז במציאות אופן המיתה עצמה.

בעשות האדם המצוה גורם ב׳ זווגים

עוד מצאתי בזה, כי הנה האדם בעשותו המצות גורם ב׳ זיווגים עליונים,

---

41 מצוות עשה
42 מצוות לא תעשה
43 ספירא תפארת

שער המצוות

הא׳ הוא זווג אבא באימא, והב׳ הוא זווג ז״א בנוקה, האמנם זווג או״א נעשה ע״י קיום האדם בעשותו במל״ת, וזווג ז״א בנוק׳ הוא נעשה ע״י קיום האדם במ״ע.

ואל זה רמזו רז״ל באמרם, שמי עם י״ה שס״ה הורו בזה כי מל״ת שהם שס״ה תלויים בב׳ אותיות י״ה שהם או״א, אבל מ״ע שהם רמ״ח תלויים בב׳ אותיות ו״ה שהם זו״ן.

והנה בעשות האדם המצוה, גורם ב׳ זווגים הנזכרים כי ב׳ אותיות ראשונות שהם מ״צ מן מצוה, הם מתחלפות באתב״ש בשם י״ה ,הרי איך שם י״ה שהם או״א מתחברים ומזדווגים ע״י קיום האדם את המצוה של ל״ת, בסוד שמי עם י״ה שס״ה כנזכר.

איסור קבלה מעשית

איסור להגות השם ככתבו, ואיסור קבלה מעשית, כתיב זה שמי לעולם לעלם כתיב כמ״ש רז״ל פסחים דף נ׳.

אמר לי מורי זלה״ה, כי אמיתות פירוש דבר זה הוא שלא יקרא ד׳ אותיות ההוי״ה ככתבן בלי מילוי, אבל אם גם יקראנו במילוי כזה יו״ד ה״י וי״ו ה״י גם זה בכלל ההוגה את השם באותיות.

ובענין קבלה מעשית מה שהוא שימוש האדם לעשות דברים נפלאים ע״י השבעת שמות הקדש, כל העושה השבעות אלה גורם שיבואו תמיד בפיו ברכות לבטלה, כי עבירה גוררת עבירה, ואותם המלאכים שהוא משביען בעל כרחן מתגרים בה ומביאים אותו לידי ברכות לבטלה.

ושאלתי למורי ז״ל, שהרי ראינו דורות הראשונים שהיו משתמשין בשמות כנודע ובפרט כפי הנמצא כתוב בספר פרקי היכלות שהיו משתמשין בהם ר׳ ישמעאל ורבי עקיבא לענין פתיחת הלב והזכירה.

והשיב לי כי הם היו נטהרים באפר פרה כנודע בענין רוס שהיה מטהר

הטמאים באפר פרה, אע״פ שהוא היה אחר חורבן בית שני, אבל עתה אנו כולנו טמאים לנפש אדם ואין לנו רשות להשתמש בהם.
ושמעתי בשם מורי זלה״ה תשובה אחרת, והיא זה כי כל מי שיתקיים בו על כן עלמות אהבוך, כפי הפירוש שפירשו בו רז״ל ע״ז דף ל״ה ע״ב, אל תקרי עלמות אלא על מק״ת, ור״ל כי כל מי שאפילו המקטרגים אוהבים אותה מפני שאין בו שום חטא שיוכלי לקטרג עליו, ואפילו מלאך המות נעשה אוהבו, מותר וראת לו שישתמש בשמותיו יתברך הקדושים.

אבל מי שיוכלו לקטרג עליו מלמעלה לומר ראה פלוני שעבר עבירה פלונית והוא משתמש בשמותיך הקדושים, הנה אדם זה הוא ודאי שיענישוהו אותו למעלה אם ישתמש בשמות הקדש.
עוד שמעתי בשם מורי זלה״ה, והוא כי כל השמות והקמעים אשר בזמננו הם מוטעים, אפילו אותם הפועלים בנסיון אמיתי, ולכן האדם המשתמש בהם נענש. אבל אם היינו יודעים אותם על מתכונתם, היינו יכולים להשתמש בהם.

גם היה מורי זלה״ה נזהר מלהוציא בפיו שום שם משמות הקדש או של המלאכים, אפילו אותם הכתובים בספרים, ולא היה זוכר אותם באמצע הדרוש אלא כירך זה כשהיה זוכר מטטרו״ן, היה אומר מ״ם ט״ת, וכשהיה זוכר סמא״ל, היה אומר סמ״ך מ״ם, וכן כיוצא בזה.
וטעם הדבר לפי כשהקב״ה מסרם והשליטם על שליחותיו ומלאכיותיו, צוה אותם תיכף כשיזכרם האדם וישביעם בשמה, שיהוו נזקקים לו, כנזכר באותיות דרבי עקיבא.
והנה תיכף כשיזכרם האדם וישביעם בשמה שיהיו נבהל ונרתע לאחוריה לשמוע את משביעים אותה כדי שיהיה מזדקק להשלים שבועתו כנזכר.

ואף אם רואה אח״כ שאינם משביעים אותך עכ״ז נרתע ונבהל בשמיעת

שמו ומתקנא במזכיר שמה ומתגרה בה ומקטרג עליו.
ופעם אחד שאלתי לסררי זלה"ה כי הרי שמות אדני ואלהים וכיוצא אנו מזכירים אותם תמיד ואם כן למה אסור להזכיר המלאכים הנבראים.
והשיב לי בסוד ועברתי בארץ מצרים אני ולא מלאך.
ופירוש בזודו לפי שהארץ היתה מלאה גילולים, ואם ירד המלאך שם יתלבש באותה הזוהמא, אבל הוא יתברך אש אוכלת הוא, ואין דבר עומד בפניה, ואינו מקבל טומאה, הנו ולכן בהזכרת שם המלאך מתלבש הקול הזה באויר העולם אשר יש בו להעלימו מרוב קדושתו ומעלתה. אמנם שמות בחי' חומר וקליפה כנודע, אבל שמותיו יתברך המלאכים שהם נמצאים בבני אדם הנקראים אינן מקבלין טומאה, לכן מותר להזכירם, אבל בשמותיו כגת מיכאל גבריאל מותר להזכירם.

מצות כיבוד אב ואם

מצות כיבוד אב ואם ואח הגדול, כתוב כבד את אביך ואת אמך ודרשו ר"ל לרבות אחיך הגדול. בענין זה היינו צריכים להרחיב הדיבור מאד אבל ראיתי לקצר פה כי כבר ביארתי בארוכה בשער הפסוקים בפרשת וירא בלידת יצחק בענין בנימן דכתיב, ב"ה ויהי בצאת נפשה כי מתה כו', ע"ש כי שם נתבאר הדרוש הזה באורך וכאן נלך בקצרה.
הנה הבן הנמשך ע"י אביו הוא עלול ממנו ואבי הוא עילתו שהמציא והעלול משועבד לעילתו הממציא אותו.
וכענין מ"ש רז"ל במסכת ב"מ דף ק"ת בענין ה' גנות המסתפקות ממעין אחד שהתחתונה מסייעת עם כולם כו', לפי שהראשון אין לו צורך בצינור המים ההם רק שימשך עד מקומו, ועד שם הוא מחויב מתיקון הצינור אבל לא משם ואילך.
וכעד"ז כל החמש חוץ מהאחרון שבהם שבכל מקום שיתקלקל הצינור מפסיד המים ההם וצריך לתקן מראשית הצינור עד מקומו.

וז״ס פוקד עון אבות על בנים וז״ט אבות אכלו בוסר וטיני בנים תקהינה גם ז״ס אבותינו חטאו ואינם ואנחנו עונותיהם סבלנה. כי כשאבותיהם קלקלו צינור המים בהתחלתו צריכים בניהם לתקן כל הצינור ממקום אבותיהם ואילך.

אבל כשהבנים מקלקלים הצינור. אין אבותיהם צריכים לתקן מקום בניהם. כי כבר נמשך להם המים במקומם ו״ס מ״ש בישמעאל כי שמע אלהי״ם אל קול הנער אשר הוא שם. ולא נענש בעין בניו שעתידין להמית שמונים אלף פרחי כהנה בצמא.

והרי טעם כבוד אב ואם. כי אין שפע הבן נמשך לו מלמעלה אלא ע״פ דרכם ובאמצעותם. כי הוא עלול מהם כנזכר.

והנה טעם זה יספיק כאשר האבות והאמהות והבנים כולם נשמתם משורש אחד. הם למעלה והוא למטת מהם, וצריך אליהם כדי שימשך שפעו וחיותו על ידם.

אבל כבר נודע כי רוב הבנים אינם משורש אחד, כי זה מן החסד וזה מן הגבורה וכיוצא בזה, ובפרט במגולגלים כי אין להם יחוס עם אבותיהם ברוב הפעמים, ואין להם שום יחוס וקורבה עם נשמות אבותיהם או אמותיהם כלל ועיקר.

ואדרבא מצינו לפעמים רבות, אדם נבזה ושפל עד קצה האחרון ,מוקד בן צדיק גמור וחכם גדול, ונשמתו למעלה מנשמת אביו אלף מדרגות, ואיך יהיה חייב בכבודו.

אבל סוד הענין הוא זה, דע כי כל נשמה ונשמה הוא נמשכת מן החסדים או מן הגבורות שבדעת דז״א, ויש לה שורש בפ״ע שם.

והנה בעת שמזדווג האדם עם בת זוגו, הם ממשיכים הנשמות הנזכרחת, ואז אביו נותן בה מבחינת החסדים אשר בו קצת חלק מהם, ומתחבר עם הנשמה החדשה הזו ונעשה בחינת אביו כעין מלבוש אליה כדי להדריכה

ולסייעה בעולם הזה לקיים המצות ולעסוק בתורה. כי הנה הולד נולד קטן, ואיך ידע מעצמו ללכת בדרכי התורה והמצות אם לא ע״י חלק נשמת האב המסייעו ומייעצו ומדריכו ללכת בדרך זו ילך.
ואם הנשמה הזאת היא חדשה לא הורגלה בעולם הזה וצריכה סעד לתומכה ולהנהיגה, ואם היא נשמה מגולגלת גם היא צריכה עזר לפי שעונותיה הראשונים מעכבים על ידה מלכת בדרך טוב. וכן עד״ז אמה נותנת בנשמה זו חלק מבחיי הגבורה אשר בה ונעשית לה כעין לבוש, באופן כי כל מה שיעשה האדם בעולם הזה יש בו חלק לאביו ולאמו כי הם המסייעים אותו ומדריכים אותו בעולם הזה ע״י זה הלבוש שילבשוהו כנזכר.

ואפילו כל השפע שמשפיעין עליו מלמעלה, אינו נמשך אלא ע״י הלבוש הזה. והרי נתבאר ענין שותפות האב ואם בולד, ובזה נתבאר כבוד אב ואם.
וזה טעם והתקדשתם והייתם קדושים והחמירו רז״ל מאוד שיקדש האדם עצמו בשעת תשמיש, לפי שאם יקדש עצמו ימשיך לבנו לבוש עליון וקדוש, אשר על ידו יזכה להרבות תורה ומצות, ואע״פ שהנשמה של הבן מעולה מנשמת האב, הנה היא צריכה אל לבוש אביו כנזכר. ולא עוד אלא שאם לא יקדש האב עצמו בעת תשמיש ימשיך לבנו לבוש אחר רע, ויהיה אליו כדמיון יצר הרע ממש להחטיאו.
ובזה תבין ג״כ טעם למה מענישים האב בשביל בנו, כיון שהוא למטה ממדרגתו, אבל יובן עם זה כי הוא גורם להחטיא את בנו, והבן זה מאד, והרי נתבאר ענין כבוד אב ואם.

דין הגנב

דין הגנב כתיב, אם ימצא הגנב ישלם שנים. ענין הגזילה והגניבה נתבאר לעיל בפרשת לך לך במצות המילה, כי גניבה היא בשליש העליון דחסד

שער המצוות

שבת"ת דז"א שהוא מקום מכוסה ונסתר, והגזלה בפרהסיה והוא במקום הגילוי למטה ועיין שם. ואמנם טעם תשלומי כפל הוא לפי שהגנב התחתון פוגם למעלה וגורם שהקליפות יגנבו את הנשמות היוצאות מן המלכות כנודע, והנה הנשמות הם נמשכות מן הדעת כנודע, כי לכן נקרא הזווג בלשון ידיעה כמ"ש, וידע אדם את חוה וכיוצא בזה.

הגוזל מחבירו שוה פרוטה כאלו גוזל ממנו נפשו כו'. והענין הוא כי כל נשמה כלולה מן רמ"ח אברים, וכל אבר כלול מן כמה ניצוצות של האורות וכפי ריבוי האורות אשר לנשמה ההוא, כך הוא שיעור השפע אשר משפיעין עליו מלמעלה וכפי השפע שמשפיעין בה הוא ענין הממון אשר לו בעוה"ז. ונמצא כי כאשר גונבים ממונו הם גונבים ממנו אותו השפע העליון היורד לנפשו מלמעלה. ואפילו אינו אלא שוה פרוטה, הרי הוא גוזל מנפשו שוה פרוטה של השפע הנשפע עליו כנזכר. ובזה יתבאר לך מ"ש רז"ל חולין דף צ"א על פסוק, ויותר יעקב לבדו, מכאן שצדיקים חסים על ממונם, כי הרי יעקב חזר על פכין קטנים.

והענין הוא לפי שהממון שלו הוא נמשך לו מבחית שפע העליון הנשפע על נפשו, ואם אינו חס על ממונו, נמצא שהוא ח"ו מבזה השפע היורד לנפשו ואינו מחשבו.

ועוד שאם יניח אותה פרוטה שתאבד ממנו, הנה גם למעלה נפחתת ונאבדת אותה פרוטה השפע שהשפיעו לנפשו, ולכן הם חסים על ממונם בדברי העוה"ז, זולתי בדבר הצדקה והמצות, כי אדרבא יוסיפו לו מלמעלה.

שם אלהים אחרים לא תזכירו

איסור הזכרת שם אלהים אחרים, כדכתיב ושם אלהים אחרים לא

תזכירו. דע כי עיקר איסור זה הוא, שלא יזכיר שמו של סמא״ל, הנקרא אלהים אחרים כנודע. ובפרט בלילה, לפי שאז ממשלת החיצונים, וכל המזכיר שמו מגביר כהו, הפך מפסוק בכל המקום אשר אזכיר את שמי. ולא עוד אלא אפילו להזכיר שם השדים, כגון אלו שקורין בלשון לעז אי״ל דיאב׳לו, וכיוצא בזה, שביאורו לשון שדים, אין להזכירם, כי מגביר כחם, כשהיה מורי זלה״ה מזכירו, היה אומר סמ״ך מ״ם, (שהם ב׳ אותיות הראשונות שבו, ולא עוד), ופעם אחת הייתי מדבר עם אדם אחד, והזכרתי לסמא״ל, והיה בלילה, ובבוקר כשהלכתי לבית מורי זלה״ה׳ והסתכל במצחי, ואמר לי, הנה בלילה הזה עברת על שם אלהים אחרים לא תזכירו, והזהרני מאד, שבשום אופן לא ביום ולא בלילה, לא אזכיר שמו, ולא כיוצא בו, ובפרט בלילה, שאז יכול להתגבר על המזכירו להחטיאו, ולהענישו, וגם על בני אדם אחרים בסבת האיש המזכירו

ענין השבת ויום טוב

הנה מצאנו כי גם השנה השביעית נקראת שבת כמ״ש ושבתה הארץ שבת לה, וכתיב והיתה שבת הארץ תו׳. וצריך לידע מה הוא ענין השבת ומה הוא ענין השביעית ומה חילוק יש ביניהם.

ובתחילה נבאר טעם איסור יום שבת מלעשות בו שום מלאכה כלל, ויום טוב הותרה מלאכת אוכל נפש. ובשביעית הותרו כל המלאכות זולתי מלאכת עבודת קרקע, ותחלה נודיעך ענין המלאכות מה הם.

דע כי בתחלת האצילות נאצלו אותן שבעה מלכי אדום שמלכו ומתה ,ומח״כ נתקן עולם האצילות ואנו צריכים ע״י תפילותינו והמצות מעששת אשר אנו עושים למטה לגרום זווג בזו״ן. ואנו מעלים לאותם שבעה מלכים בסוד מ״ן אל נוקבא דז״א.

ואז הם מתחדשים ונתקנים וחוזרים לחיות בסוד תחיית המתים. ובכל יום ויום מתבררים ניצוצים וחלקים מהם מדרגה אחר מדרגה כפי כח תפלותינו ומעשינו בעת ההיא ועולים ומתחדשים.

שער המצוות

וכך אנו עושים בכל יום תמיד, עד גמר בירור המלכים אלו כל הטוב והקדושה שבהם ויתוקנו הכל והסיגים שבהם הקליפות ישארו למטה בבחינת הרע, ועליהם כתיב ובלע המות לנצח והרשעה כולה בעשן תכלה. ואין בן דוד בא עד שיכלו נשמות שבגוף ויתבררו כל בחינות אלו המלכים לגמרי.

תכלית התפלות והמצות

נמצא כי כל תכלית התפלות והמצות שאנו עושים בעולם הזה, אינו אלא לברר וללבן אלו המלכים, ולהחיותם ממיתתם כנזכר. והנה בימי החול, אז אנו מבררין את אלו המלכים[44], ע״י המצות מעשיות שאנו מקיימים ע״י מלאכה, מה שאין כן ביום השבת, כמו שיתבאר. והענין הוא, כמ״ש רז״ל (מ״ר פרשת בראשית פי״א) שהשיב רבי עקיבא לטורנוסרופוס, כששאל ממנו איזה מעשים נאים, של הקב״ה או של בשר ודם כוי, והביא לו ראיה מן התורמוסים ומן החדדל, שצריכים למתק ע״י בשר ודם, והחיטים ליטחן ולאפות כר. נמצא, כי המלאכות הם הודאות היות הדברים צריכים תיקון ע״י מעשינו למטה, כ״א הקב״ה היה בורא מתחלה, כדרך שעתיד לעשות בימי המשיח, להוציא הארץ גלוסקאות יפות, כמ״ש רז״ל בשלהי כתובות, (דף קי״א) על פסוק יהי פסת בד בארץ, לא היינו צריכים לטרוח בכמה מיני מלאכות, חרישה וזריעה וקצירה כוי, עד שהמאכל נתקן. אבל עתר אנו צריכים לחרוש ולזרוע ולהוציא התבן והקש שהם הקליפות מן החטים, ואח״כ מוציאין הסובין והמורסן, שהם קליפות יותר דקות. ואח״כ לאפותו ולתקנו על ידי האש, כי זה הוא גמר המלאכות.

וע ד״ז שאר כל המלאכות שבעולם. וטעם טורח אלו המלאכות כולם הוא, כמ״ש אצלינו, כי כל העולמות כולם, וכל אשר בהם, הכל הוא מן מה שמתברר ועולה ונתקן מאילו השבעה מלכים דמתו, ואם בתחילה לא היו

---

[44] שבע ספירות שהתנפצו במהלך שבירת הכלים

בהם סיגים, לא היו מתים כנודע, ולא היו צריכים אל בירור ותיקון כלל. אבל להיות שהיו הסיגים והקליפות מעורבים בהם, ולכן מתו ונתבטלו, לכן עתה כדי לתקנם ולבררם וללבנם, אנו צריכים לטרוח, ולעשות כל המלאכות ע״י מצות מעשיות שיש בהם. בעת הזריעה, שדך לא תזרע כלאים, וכן עד״ז בכל מלאכה ומלאכה. וכמ״ש רז״ל, (מ״ר בלק פרשה כ) ע״פ מי מנה עפר יעקב, מצות שמקיימים בעפר. גם אנו צריכים להתפלל ולעשות מצות, כדי לבררם ולתקנם ולהעלותם בבחינת מ״ן למעלה כנ״ל.

כמו בבחינת מ״ן למעלה כנ״ל. ודע, כי כמו שבאלו הז׳ מלכים, היה בחינת כל ד׳ עולמות אבי״ע, ומבירור שלהם נעשו. מעשים הנה גם כל הנשמות התחתונים, נעשו מבירור שלהם, אחר שהוברר בתחילת הבירור העליון, של ארבע עולמות אבי״ע הנזכר. ולא עוד, אלא שאף גם כל דברי העוה״ז כולם, אינם אלא מן הבידור שהוברר באחרונה מכל הבירורים, ומן הבירורים הגרועים שבכולם, נעשו כל דברי העוה״ז השפלים, כנזכר כי אין דבר בכל הארבע עולמות, שאינו נעשה מבידור אלו המלכים. ולכן כל ענייני העוה״ז השפלים, שהם מן הברורים הגרועים, אינם יכולים להתברר, אלא אחר כמה מלאכות ותיקונים. וכל זה ע״י המצות שעושים ב״א בהם, כנודע כי אין שום מלאכה בעוה״ז, שאין בה קיום מצות, כנזכר בשם רז״ל, בא אדם לחרוש, מקיים מצות לא תחרוש בשור ובחמור. בא לזרוע, מקיים מצות שדך לא תזרע כלאים. וכן עד״ז בכל פרטי המלאכות כולם, בסוד בכל דרכיך דעהו, עד שתמצא בסיום גמר המלאכות הפת, שאז האדם אוכלו, והרי נתקן הצומח ההוא, והוברר ממדרגות הצומח, ונעשה חלק אבר האדם.

העליות של יום השבת

ביום השבת, שהוא כנגד המלכות התחתונה, היא יריאה להתלבש למטה בחול, לברר בירורין, פן יתאחזו בה החיצונים. ואז היא עולה למעלה

באצילות עם ז"א כנזכר, בכח התיקון שנעשה בימי החול, ע"י ז"א ל. ובזה יתבאר לך מ"ש אצלינו, בדרוש י יום השבת, כי כל העולמות עולים עד למעלה עד הא"ס[45], כדי להמשיך נשמות חדשות משם, שהוא המקור העליון, ולא מן בירור הז' מלכים. האמנם לכאורה נראה קושיא גדולה, כי כיון שביום השבת נתעלו מתוך ימי החול, ועלו באצילות, א"כ מה צורך להם עוד לעלות ולהמשיך נשמות, ואף בהיותם במקומם ימשך להם נשמות חדשות דרך המדרגות.

אבל זה יובן במ"ש אצלינו בענין דרוש חטא אדה"ר, וסדר העולמות איך היו אז, ונתבאר זה בפרשת קדושים דפ"ג ע"א בס" ת מ) במאמר ההוא שנתבאר אצלינו שם היטב, וע"ש איך העולמות מדרגתם האמיתית ומקומם האמתי קודם שחטא אדה"ר, היו במקום שעלו העולמות בתפלת מנחה דיום שבת. אבל המקום שעומדים בו בימי החול, אין זה מקומם האמיתי, אמנם ירדו שם למטה ממקומם בכוונה גמורה, ומתלבשים בעולמות החול, כדי לברר בירורין הנזכר נ. א"כ נמצא, כי אלו העליות של יום השבת, לא שעולים למעלה ממדרגתם, רק שמה שירדד בימי החול למטה ממקומם, ביום השבת חוזרים לעלות אל מקומם הראשון, ושם מזדווגים, ומולידין נשמות חדשות. והנה כי כיון שביום השבת אין שום בירור נעשה, לכן כל המלאכות אפילו של אוכל נפש, נאסרו בשבת, כי כל עניינו הוא דבר חדש. וז"ם שיר חדש של יום השבת, כמ"ש שירו לה' שיר חדש, שאנו אומרים אותו ביום השבת. וז"ם איסור מלאכת הבירור ביום שבת, לפי שאין בירור אוכל מתוך פסולת אשר בז' המלכים, נעשה ביום שבת, כי הכל אוכל גמור בלי פסולת. והם נשמות חדשות כנזכר. ונמצא, כי העושה מלאכה למטה חיו, הוא כמטיל פגם למעלה, שאף ביום השבת צריכים למעשה התחתונים, ויש גרעון ח"ו בהם, ואין הענין כן, כי ביום השבת הכל נעשה מאליו, כי הם נשמות חדשות כנזכר.

---

[45] אין סוף

ולא עוד, אלא שהעושה מלאכה בשבת, גורם להוריד כחות הקדושה העליונים להתלבש למטה בימי החול, וע״י כן החיצונים נאחזים בהם והנה החיצונים נקראים דרגא דמותא כנודע, ולכן מחלליה מות יומת, מדה כנגד מדה, כיון שגרם שתתחלל הקדושה ביום השבת, ותתלבש בחול, אשר החיצונים נמצאים שם, והם נקראים עלמא דמותא. גם בזה יתבאר ענין תחום שבת. כי הנה בימי החול, הקדושה יורדת למטה כנזכר, ואז היא סמוכה אל החיצונים, אבל ביום השבת אשר נתעלו נהי״ם דעשיה לחג״ת דעשיה, כנזכר בשער התפלות בקבלת שבת, ונמצא מקום נה״י אלו דעשיה רקנים, בסוד חלל פנוי, בין הקדושה אל החיצונים. והמקום ההוא, נקרא תחום שבת של אלפים אמה, שהקדושה נסתלקה משם, וגם הקליפות אינם יבולים לעלות עד שם, כי יש בו עדיין רשימו של הקדושה, ולכן באותו התחום יכול האדם לצאת, כי אין שם קליפה כלל, והם מרוחקים מן הקדושה שיעור הנזכר. אבל בצאתו חוץ לתחום הזה, הנה יוצא ממש אל מקום הקליפה, וגורם כי גם רגלי האדם דעשייה, שהם הנה״י שבו, יצאו חוץ לתחום, ויתהללו ה״ו בין הקליפות. ונמצא שהנו״ה הם הרגלים, המהלכים על הקרקע שהיא המלכות.

השכחה אשר באנשים

כתיב והיו הדברים האלה וגו׳, ושננתם לבניך וגו׳. בתחלה אכתוב בענין השכחה אשר באנשים, כי היא נותנת עצלות ותרדמה, לימנע מעסק התורה, באמרם כי הנה ה״ו נמצאים יגעים לריק ולבטלה, כיון שהכל נשכח מהם. ולכך נודיעך ענין השכחה מה עניינה. הנה נודע מאמרי הזוהר פרשת משפטים, בתחלת הפרשה, באומרו כי האדם תחלה נותנים לו נפש, ואי זכי יתיר, יהבין ליה רוחה כו׳. הנה הנפש היא מן הנקבה, ובה ענין השכחה. וכל זמן שלא השיג האדם חלק רוח, הבאה מן הזכר, ובי סוד הזכירה, הוא שוכח והולך, והנה טורח ומתקן הנפש ע״י טרחו ועמלו

בתורה. ואעפ״י ששוכח מה שלומד, .אינו יגע לריק ח״ו, יען כי בעוה״ב ולעתיד לבא, יזכירו לו כל מה ששכח, כמ״ש רז״ל (זהר ח״א דף קפ״ה) ואם עתה בחיים הוא שוכח, הטעם הוא כי המקום גורם לכך, כי הוא מתקן הנפש, הנקרא עלמא דנוקבא, ואינו ח״ו יגיעו לריק, ומחוייב הוא לתקן בראשונה הנפש, ואח״כ יתנו לו הרוח.

תפלה לפני הלימוד

ראיתי למורי ז״ל, לעולם כשהיה מתחיל לעסוק בתורה היינו בהלכה בש״ס בעיון, עם חברי הישיבה, אפילו שהיו לומדים בביתו, היה מתפלל תפלה זו טרם שיתחיל: *יהי רצון מלפניך ה׳ אלהי ואלהי אבותי, שלא נכשל בדבר הלכה, ולא נאמר על טמא טהור, ולא על טהור טמא. ולא על איסור מותר. ולא על מותר איסור. ולא יכשלו חברי בדבר הלכה. ואשמח אני בהם. ולא אכשל אני בו. וישמחו הם בי. כי ה׳ יתן חכמה מפיו דעת ותבונה. גל עיני ואביטה נפלאות מתורתיך* ואח״כ היה מתחיל לעסוק בתורה. ואמנם תפלה אחרונה ביציאתו מבהמ״ד לא שמעתיה ממנו לעולם.

עסק התורה

ובענין עסק התורה בעצמו, כבר כתבתי בשער רוה״ק[46], כי עיקר כונת האדם יעסקו בתורה, הוא לכשימשיך עליו השגה קדושה עליונה, והכל תלוי בענין זה, שכל כונתו תהיה לקשר את נפשו ולחברה עם שרשה העליון, ע״י התורה. ותהיה כוונתו בזה, כדי שעי״כ יושלם תיקון אדם העליון, כי זהו תכלית כוונתו יתברך בבריאתו את בני האדם, ותכלית צויו אותם שיעסקו בתורה. עוד ירצה קרוב אל האמור, כי עיקר כונת האדם

---

[46] רוח הקודש

בהיותי עוסק בתורה, הוא שיכוין לקשור את נפשו, לייחדה ולדבקה עם שורשה למעלה ע״י עסק התורה.
ויכוין שע״י כן נשלם אילן ואדם העליון הקדוש ונתקן. כי כל תכלית בריאת האדם ועסקו בתורה, אינו אלא כדי לתקן ולהשלים אילן ואדם העליון, בהיות נפשותיהם נתקנים, ונחזרות להכלל שם בו. וזה יועיל מאד להשגת רוה״ק, ע״י עסק התורה בזאת הכונה. עוד יש אזהרה אחת, והוא כי בהיות האדם עוסק בחכמת האמת, כי כולם גמטריות כנודע, אין ראוי למנות האותיות במספר קטן, אלא כל הגימטריא יהיה במספר גדול של האותיות, לפי שכל מספר קטן הוא ביצירה, במטטרו״ן הנער.

ובפרשת שלח לך קראוהו בחושבן זעיר דחנוך וע״ש. וחכמת הקבלה הוא באצילות, שבו הוא מספר גדול של האותיות, וכל מי שנפשו אינה מתוקנת בא לדעתו תמיד ענין מספר קטן. גם בענין עסק ההלכה בעיון עם החברים, ראיתי למורי זלה״ה, מתגבר כארי בכח, בעת שהיה עוסק בהלכה, עד שהיה נלאה, ומזיע זיעה גדולה. ושאלתי את פיו מדוע טורח כ״כ, והשיב לי כי הנה העיון לשבר הקליפות שהם הקושיות שיש בהלכה ההיא, שאין מניחים לאדם להבין אותה, ולכן צריך האדם לטרוח ולהתיש כחו אז. כי לכן נקרא התורה תושיה, שמתשת כחו של העוסק בה, ולכן ראוי לטרוח ולהתיש כחו בהיותו עוסק בהלכה. גם בענין הפלפול ועיון ההלכה, היה מורי זלה״ה אומר, כי תכלית העיון הוא לשבר הקליפות, שהם הקושיות. כי הם גרמו לאותם הקושיות שהם בהלכה, שלא יובנו תירוציהם כ״א בקושי ובדוחק גדול כנודע. ואמנם עסק התורה ממש אינו העיון, רק קריאת התורה בעצמה, בארבע דרכיה, שהם ר״ת פרד״ס כנודע. וכמו שמי שרוצה לאכל האגוז, צריך תחלה לשבר קליפותיה, כן צריך להקדים העיון בתחלה. והיה מורי ז״ל אומר, כי מי ששכלו זך ודק וחריף לעיין ההלכה בשעה, או על הרוב בשתי שעות, ודאי הוא שטוב לו מאד, שיטרח שעה או שתי שעות בתחילה בעיון, לסיבה הנזכרת. אבל מי שמכיר בעצמי, שהוא

קשה העיון, וטורח בו זמן הרבה, עד שיעיין ההלכה, לא טוב הוא עושה, ודומה למי שמשבר כל היום אגוזים, ואינו אוכל מה שבתוכם ויותר טוב לו שיעסוק בתורה עצמה, בדינין, ובמדרשים, ובסודות.

עסק התודה בלילה

ענין עסק התודה בלילה קודם שישן, היה אומר מורי ז״ל, כי כל הנשמות כולם, עולות בכל לילה לפני הקב״ה, ליתן דין וחשבון לפניו יתברך, מכל מה שנעשה ביום ההוא. וכנזכר בספר התיקונים, בתיקון ה׳ מן הי״א תיקונים, שנכתבו אחר תשלום הספר, גם שם למעלה עוסקים בתורה, כל זמן היותה שם, עד שיתעורר האדם משינתו, כנזכר בס״ת פרשת לך לך במעשה דר׳ חגי, שהלך עם ר׳ חייא להקביל פני ר׳ אליעזר. ומורי ז״ל, היה מסתכל במצח האדם אחר שקיעת החמה והיה מכיר באיזו לימוד עתידה נשמתו לעסוק בלילה בעלותה למעלה, או בספר הזוהר, או במשנה, או באיזה ספר מספרי רז״ל, והיה מצוה. לאיש ההוא שטרם שישן, יקרא את הקריאה ההיא. וכן כל איש ואיש. אבל בענייני שאר עסק התורה, לא היה חושש לקרות בתחילת הלילה, כי עיקר העסק בתורה, הוא אחר חצות, בקומו ממטתו. ענין פרק שירה, אמרו שם בפרק הנזכר, כי האומר פרק זה בכל יום, זוכה לכמה מעלות. והענין הוא, כי אותו הפרק מיוסד על השירים, שמשוררין בכל יום כל הנבראים שבעולם, לבורא יתברך, וכל שהוא חכם ובקי לכוין היכן הם רמוזים.

כל הנבראים שבעולם בקומת האדם, כנודע בזוהר ריש פרשת תולדות, כי כל העולמות כלם, הם ציור קומת אדם בדרך כלל, וכן בדרך פרט, כנזכר שם כי כל הנבראים ח ל וים באדם, שהוא מלך על כלם. ונמצא כי מי שידע חכמה זו, לכיון מקום אחיזת הנבראים כל אחד ואחד באבר פרטי שבשיעור קומת האדם, ויאמר ויזכיר בפיו כל הפרק ההוא, שבו נזכרין כל אותן השירות שמשוררין כל הנבראים כל א׳ וא׳ כפי השפע הנשפע לו, והנה

הוא גורם ירידת שפע אל כל הנבראים כלם אזהרות אחרות ראיתי לכתוב פה, בענין מה שיתנהג האדם ביום, והם קרובים אל עסק התורה בכל יום ויום, ואלו הן: טוב לאדם לדור בבית, שיש בו חלונות פתוחות נגד הרקיע, כדי שתמיד בכל עת ורגע, יגביה עיניו לשמים, ויביט בנפלאותיו יתברך, בבריאת שמים וארץ. וכענין מ״ש דהע״ה״ כי אראה שמך מעשה אצבעותיך כד, מה אנוש כי תזכרנו כד. וכיוצא בזה אמרו במדרש הנעלם, על ענין נבוכדנצר הרשע, שכתוב בו עיני לשמים נטלית, ומנדעי יתוב עלי. וענין זה מחכים האדם, ומכניס יראת ה׳ וטהרה בלבו, אם יתמיד וירגיל עצמו בזה.

שינת היום

שינת היום, כבר התחלנו לבאר עניינה, בשער התפלות, בדרוש שכיבת הלילה. ושם נתבאר ענין שינת הלילה, שהוא מוכרחת לאדם. ואמנם השינה ביום, כבר ארז״ל (סוכה דכ״ו) אסור לאדם שישן ביום, יותר משינת הסוס. והענין הוא, דע כי השינה שביום, רעה אל הצדיקים, וטובה אל הרשעים. וכמ״ש ז״ל (סנהדרין דפ״ח) שינה לרשעים הנאה להם והנאה לעולם. כי הנה הצדיק ע״י מעשיו הטובים שעושה, אפשר שכאשר יישן בלילה, ואח״כ בהקיצו משנתו, חוזרת נפשו בו, היא ממשכת ומביאה עתה איזה נשמה, של איזה צדיק קדמון, ומתעברת בו בסוד העיבור, ושתיהן נכנסות בגוף, והיא באה כדי לסייע במצות, כמ״ש באבות דר׳ נתן, ובמדרש הנעלם על בא ליטהר מסייעין אותו, ר׳ נתן אומד, נשמות הצדיקים מסייעין אותו, והבן זה וכאשר חוזר ליישן ביום, אפשר שתחזור ותפרד ממנו אותה הנשמה שבאה לסייעו. כי בלילה שהפקיד נשמתו ביד המלכות העליונה, מתחדשת שם ומזדככת ונשלמת, ואז מתעברת בה נשמת הצדיק ההוא.

אבל בשעת היום, אין הנשמה מוצאה מקום מנוחה ופקדון עצמה בו, כדוד הלילה שאומרין בידך אפקיד רוחי כוי, ולכן מאבדת כל הריוח שהרויחה בלילה בשיבת היום. אבל הרשעים הוא להפך, כי בלילה אין נשמותיהם עולות למעלה בסקדון יתברך בידו. והם משוטטות באויר הרקיע, בין החיצונים כנזכר בזוהר סוף פרשת ויקרא, ושם מוצאות כנזכר בזוהר סוף פרשת ויקרא, ושם מוצאות נשמות רשעים קדמונים משוטטים בעולם בין החיצונים, ומשתתפות יחד, ונכנסות באדם בהקיצו משנתו. והנה כאשר ישן ביום, אפשר שיתפרדו ממנו אותם נשמות הרשעים המחטיאים אותו, ובפרט אם עשה איזה מצוה ביום ההוא. אבל ביום השבת, אפילו לצדיקים השינה טובה, כי אין דבר רע נאחז ביום השבת.

ד׳ כתות שאינן מקבלין פני השכינה

ואכתוב עתה קצת מנהגים ואיסורים שאינם רמוזים בתורה. ענין ד׳ עבירות שארז״ל (מסכת סוטה ס״פ אלו נאמרין דף מ״ב, ובסנהדרין ק״ג) עליהם, ד׳ כתות שאינן מקבלין פני השכינה: כת ליצנים, וכת חנפים, וכת שקרנים, וכת מספרי לשון הרע. דע כי בעולם אצילות, יש ה׳ פרצופין, והם: א״א, יאו״א, וזו״ן. והנה כת ליצים, פוגם בא״א. כת חניפים, באבא. כת שקרנים, באימא. וכת מספרי לשון הרע, בז״א. ולכן כל כת מאלו הד׳ כתות, הפוגמות בד׳ פרצופין הנזכרים, אינם רואים פני השכינה, שהיא הפרצוף הה, הנקרא נוקבא דז״א, כי הם ע״י חטאם פגמו אלו הפרצופין העליונים, ולא נמשך אליה השפע הצריך לה. ודע, כי עון הליצים קל מכולם, ילבן אינו גורם רק סילוק הארת א״א מלהאיר בתחתונים.
ועון ההניפות גדול ממנו, כי גורם סילוק מן התחתונים, גם הארת אבא, שהיא יותר גרועה, ואינו מאיר בתחתונים. ועון השקרנים גדול ממנו, כי גורם לסלק מן התחתונים גם הארת אימא. ועון מספרי לשון הרע חמור מכולם, שגורם לסלק מן התחתונים אפילו הארה התחתונה של ז״א. והנה

עון הליצנות קל מכולם, לפי שאינו עושה שום מעשה כלל, רק בדיבורו הקל היוצא מפיו. ובפרט כמ״ש, כי יושב ומבטל מלעסוק בתורה, נקרא מושב לצים, כמ״ש בפרקי אבות, ר״ש אומר שנים שיושבים ואין ביניהם דברי תורה, הרי זה מושב לצים כו׳.

ונמצא כי הוא קל מאד, ולכן אינו מסלק רק הארת א״א העליונה מכלם, אשר בדבר קל היא מסתלקת, לרוב מעלתו, ומה שגורם הלץ, הוא מבואר אצלי בשער רוה״ק, בתיקון עון הלץ וע״ש, איך באחוריים דאצילות, יש ק״ך צירופים של אלהי״ם, כמנין לץ. כי הליצנות גורם להגביר כח אלו הדינים של ק״ך אלהי״ם שבאחוריים, ומעלה אותם עד כנגד א״א, ואז מסלק הארתו מלהאיר למטה. ואם אינו מתלוצץ, מורידם למטה עד עולם הבריאה. ועון החנפים חמור יותר, לפי שהלצים דוברים אמת, אלא שהוא בדרך ליצנות. אבל החניפים, אומרים שקרים להחניף חבריהם, ולכן גורמים כי גם אבא יסלק הארתו למעלה. ונלע״ד ששמעתי ממורי ז״ל, כי הניפם גי׳ קפ״ח, שהוא אחוריים דאבא, שהם אחוריים דהוי״ה דיודי״ן, שהוא בגימטריא קפ״ה ועם ד׳ אותיות הפשוטות של ההוי״ה עצמה, הרי קפ״ח.

ועון השקרנים חמור ממנו, כי זה המשקר אינו מדבר במי שמשקר, ואינו מזיק בדיבורו. אך מיידי בשקרנים, אשר ע״י נמשך היזק, או חסרון ממון לזולתו, ולכן גורם לסלק גם הארת אימא. ונלע״ד ששמעתי ממורי ז״ל, כי שקרים בגימטדיא תר״ן, שהם ב״פ שכ״ה דינין, שהם באימא ובמלכות, ושתיתם כלולין למעלה באימא, ולכן פוגם באימא, כי גורם התגברות כל אלו הדינין שבה. ועון מספרי לשון הרע, הוא חמור מכולם, וכמ״ש רז״ל (ערכין דט״ו) שהוא חמור מע״ז וג״ע וש״ד, לפי שגורם לשפוך דם חבירו, ולכן פוגם אף בז״א, ומסלק הארתו מן התחתונים, ונשארה השכינה בלי שום הארה כלל, ולכן עון מספרי לשון הרע הוא חמור מכולם. ונודע, כי ז״א הוא אות ו׳ של הוי״ה, והוא נקרא לשון בסוד לשון למודים, ולכן פוגם בז״א, ובסוד לשון המשקל, האמצעי, המכריע בין ב׳ הכפות.

שער המצוות

ההליכה בארץ ישראל

מצות ההליכה בא"י, שאמרו ז"ל (כתובות דקי"א) כל המהלך ארבע אמות בא"י נמחלין לו עונותיו, יש במצוה זו ב' כונות: הא' ברחל, והב' בלאה, כי כל א' משתיהן נקראת א"י.

ספר טעמי המצות

ספר טעמי המצות

מצות ביקור חולים

החולה נמשך משם מ״ט, שהוא שם מ״ה וד׳ אותיות, והם מ״ט כמנין חולה, לפי שחסר ממנו שער הנ׳ ולזה אירע לו החולי. והכוונה תהיה להמשיך לו שער הנ׳ ועי״ז יתרפא החולה והוא כללות של מ״ה ועי״ז הם נ׳ שערים (הר״א פלקין משם מורי זללה״ה). אמנם מה ששמעתי אני הוא בפי׳ ה׳ יסעדנו על ערש דוי והוא כי סוד החולי בא לו מחמת היפוך רחמים לדין וסוד היו״ד היתה דו״י גם יו״ד מספרה הוא עשר והוא זה עשר חוזר להיות עשר דוי והרי כל משכבו הפכת בחליו סוד ב׳ היפוכים הנ״ל.
וביאור הדברים דע שהוא חולה לפי שאור חכמה אבא נסתלק ממנו לכן צריך להמשיך לו מזון משם כדי לסעדו ולהחזיקו וז״ס משרז״ל בס״ה כי מזון החולה בא מחכמה. והענין כי חכמה הוא י׳ שבשם וכאשר הוא חולה מתהפכת היו״ד זו ונעשית דו״י ואז הוא חולה ודוי לבב גם י׳ ג״י עשר נהפך לערש שהוא שוכב על המטה הנקרא ערש דוי ולכ אז צריך שיסעדנו ה׳ ויזון אותו וישקה על מציאות הערש דוי שיש לו ואז ע״י אותו הסעדה והזנה שהוא מאבא י׳ שבשם אז כל משבו הפכת בחליו פי המשכב ששכב הוא ערש הנ״ל וגם חליו שגרם לישכב על מטתו חוזר להיות עשרודוי חוזר להיות יו״ד וזהו כל משכבו הפכת בחליו ועי״כ הוא מתרפא וכמ״ש כי סיבת חליו הוא בהסתלקות השפע מהחכמה.
ונבאר עתה ענין דפק האדם שבו מתגלים חלאי האדם, דע כי הלא אדם עליון הוא ז״ז וכבר נתבאר בסוד כולם בחכמה עשית כי אבא עילאה הוא חיות אצי׳ וכשאור עליון דא״ס מתפשט בעולם אצילות הוא מתלבש תוך א״ז ומתעלם בתוכו ואז אבא מתפשט בכל אצי׳ עד סופו ובו מוצנע החיות ונעלם בו וע״י שואבים חיות עליוני של א״ס ומחי׳ את כל עולם אצי׳ וז״ס כולם בחכמה עשית, והנה החכמה הוא מתפשט בסוד הוורידים של דם

חיוני של האדם ודפיקות ובתוך אותי׳ הדפק׳ גנוז ונעלם החיות דא״ס המחיה את כולם באופן כי הדפק בעצמו שהוא וריד הוא אבא והחיו׳ שבתוכו הוא אור הא״ס וחיותו וכבר ידעת כי במחשבה אתבריר הש״ך ניצוצין והפסולת נדחה לבר מגו הטוב ולכן סוד הדם הטוב וחיות הנאה הוא מסתלק ומתעלם בדפק ודם הרע יוצא לחוץ ואז צריך הקזה להוציא לחוץ (ואמנם לפעמים מחמת העונות אין יכולת במחשבה לברר ולדחות הקליפה ואז צריך הקזה להוציא לחוץ).

ואמנם אבא הוא שם ע״ב ואחוריו דפ״ק והענין כי אין פנימית אבא עצמו יורד למטה רק אחוריו שלו כנודע כי כל דבר עליון לא ירד למטה רק מצד אחוריים שלו והוא קפ״ד שהוא דפק לכן כל חיות אדם בדפק הזה כנודע ולכן ממנו יבררו חולי האדם כי כפי שיש עבירה נחסר האור משם.

אמנם כבר ידעת מ״ש בתיקונים י׳ מיני׳ יש בדפ״ק והם צירי סגול כו׳ וסוד הענין הוא כי אבא סוד נקודות כנודע והנה אותן הדפיקות שנותן כולם בציור נקדות והנה לפעמים כשתשים ידך בדפק תראה נקודה א׳ ואח״כ נקודה ב׳ בצידה ונקרא צירי ולפעמים זו למעלה מזו ונקי׳ שבא ולפעמים ראשונה ארוכה והב׳ נקודה לבד וזו קמץ וכן כיוצא בזה וזה מורה כפי החיות שנמשך ומאיזה בחי׳ שבחכמה כי אם נקודת הדפק הוא קמץ מורה על התגברות בחי׳ הכתר שבחכמה אשר משם שולח חיות אל האדם ואל האברים כולם ואם הוא פתח הוא מהחכמה שבחכמה וכן כיוצא בזה בכל הנקודים ולפעמים הם ב׳ נקודין שבא צירי או שבא קמץ וכיוצא בזה, ואמנם דע כי בזה יורה חטא האדם כי אם הדפיקה הוא קמץ זה יורה שחטא בכתר ולכן כתר מתגבר ומראה כחו כדי שלא יסתלק וזה ההיכר אם אנו רואין בחי׳ א׳ גובר׳ יורה על החסרון אותה בחי׳ ע״ד תוסף רום יגעון שכל דבר החלוש הוא מגבר בכח כדי להתחזק ולפעמים זה מורה להיפך על שעשה בבחי׳ ההיא איזה מצוה ואין אתנו יודע עד מה:

ענין שמות וקבלה מעשיות

טוב לאדם לצייר אותיות הוי״ה תמיד בציורו נגד עיניו וז״ס שויתי ה׳ לנגדי תמיד ואז גורם להביא יראה בלב האדם מן הש״י ולזכך הנפש:

ענין ההוגה את השם באותיותיו היה מורי זללה״ה אומר כי גם השם בי׳ אותיותיו במילוי כזה יו״ד ה״י וי״ו ה״י וכיוצא בזה נק׳ הוגה השם באותיות אבל ודאי עיקר הפי׳ הוא שקורא ד׳ אותיות הויה ככתבם בלי מילוי וצריך ליזהר בזה אפי׳ בקריאת המלוי וכך יש לקרות יו״ד א״י ה״י א״י וי״ו א״י ה״י א״י.

המשתמשים בשמות הקדושים או בהשבעות עונשו גדול מאד וכמה פעמים יהיו לבטלה לכן באים בפיו ברכות לבטלה תמיד כי עבירה גוררת עבירה ואני שאלתי למורי זללה״ה אם מותר להשתמש בהם כמו הקדמונים שהיו משתמשים כדי לידע החכמה והשיב לי מורי זללה״ה כי אותם החכמים היו משתמשים בשמות הקדש לפי שהיה להם אפר פרה כר׳ טרפון אבל אנחנו טמאי מת ואסורים בדברים אלו ואפי׳ אותם השמות שבידינו מוטעים הם והכל אסור ואם הי׳ איזה אמיתיה הם מותרים.

מורי זללה״ה כשהיה קורא ומזדמן לו שם כמו מטטרו״ן לא הי׳ מוציא מפיו אלא היה קורא מט״ט. ואת סמאל היה קורא ס״מ ב׳ אותיו׳ ראשונים והטעם א״ל כי כשהקב״ה ברא את המלאכים צום כשיקראום או כשישביעום שיבאו. ולכן כשהאדם מזכירם חושבים שקוראים אותם ובאים כששומעים שמם וכשבאים ורואים לבטלה יבא נזק לאדם מזה. ולזה צריך להזהר מלהזכיר, אבל אם הוא שם כשמות בני אדם מיכאל גבריאל וכעד״ז מותר להזכירם ואין חשש בזה. ואם הוא אהוב מעליונים ומתחתונים ויודע שמעולם לא חטא יוכל להזכירם ואין חשש שיזיקהו, וגם על זה שאלתיו למה אנו מזכירים בירוש שם שדי או אלהים ואין חשש. ובשמות מלאכים שהם משמשיו יש ליזהר מלהזכירם, והשיב לי עם מ״ש רשב״י ע״ה ע״פ ועברתי בארץ מצרים כי ארץ מצרים מקום טומאה ביותר והיה פחד אם היה יורד מלאך לשם יכול היה לאיתפגמא באותו כח

הטומאה. אבל השי״ אש אוכלה הוא ואינו שייך בו והנה דבר זה הוא ג״כ כי המלאכים הם במדור העליון זך יותר ואם ירדו אצלינו אז יתערבו בזה האויר הנפסד, ויש פחד שלא יתערב ויתלבש בו וזה הפסד להם ולכן אסור להזכירם:

אזהרת אל תפנו אל אלילים

דע כי בהבטת וראיית איש את רעהו עושה רושם, והנשמה בכח הראות יוצאה להביט ואם הוא דבר טוב בפועל נדבק בו ויתהוה ממנו טו בואם הוא דבר רע יקח ג״כ מעצמותו וח״ו תתחלף הנמשה וז״ס אל תפנו אל האלילים מפני שאלדי מסכה לא תעשה לך שאם תראה בטומאה יהפוך מעצמותו ויעשו בן רושם ותהיה כמוהו לכן ג״כ בדבר הטוב מועיל וז״ס והביטו אחרי משה כי לא היה כח לראות פניו כענין רבינו הקדוש שראה ר׳ מאיר מאחורי והבן:

ביומו תיתן שכרו

מצות שכר שכיר הנה הכתוב אומר ׳ביומו ׳תיתן ׳שכרו ר״ת שבת כי כל המצות שאדם עושה באמצע שבוע או אם קורא תורה הרבה אז יש לו אפי׳ בחול תוספת קדושת שבת כל מה שיכול עפ״י כללות בני אדם להשיג בתוספת שבת כמ״ש רשב״י ע״ה כי ת״ח בימי חול יש להם נפש שיש לע״ה בשבת נמצא כי השכר שהש״י נותן לת״ח העוסקים בתורה או מקיימים המצות הוא נמשל למשכיר מקוה פעלו והוא שיש לו שכר שכיר ביום ההוא אפי׳ בחול שיש לו תוספת קדושת שבת ולכן נרמז שבת בר״ת, גם הכוונה על השכר הניתן לאדם בימי חול הוא מצטרפת עם שאר תוס׳ קדושת שבת הבאה מאליה בשבת כנודע וע״כ ב׳ תוספת האלו ניתנים אל האדם ביום שבת נמצא כי פריעת שכר שכיר הזה הוא ביום שבת לכן נרמז שבת בסוד מי שטרח בע״ש יאכל בשבת. גם הכוונה כי המקיים המצוה של שכר שכיר

ספר טעמי המצות

בפרטיות יש לו סגולה לשיזכה האדם המקיים אותם לאמצעית תוספת נפש באותה שבת והוא מדה כנגד מדה כי בשכר שכיר נאמר ואליו הוא נושא את נפשו וכנגד זה ניתן לו גם כן נפש יתירה לקיים נפשו ולכן נרמז שבת בר״ת של מצוה זו:

בענין שכר שכיר היה מורי זללה״ה נזהר לדבר גוזמא והי המתעכב לפעמים מלהתפלל מנחה עד ששילם ולפעמים מעכב ומאחר תפלת מנחה עד שקיעת החמה שלא הי׳ בידו מעות מזומנים לפריעת שכר והיה משלח ומבקש מעות מכאן ומכאן עד ששילם שכר שכיר ואח״כ היה מתפלל מנחה ואומר איך אתפלל להש״י ובא מצוה גדולה בזו ולא קיימנה ואיך אשא פני להתפלל:

סוד הכלאים

מצות כלאים סוד הכלאים שנאר בתורה להרכיב אילנות וזרעים וכיוצא בזה וכבר הודעתיך שאין לך דבר בעולם שאין בו מגלגולים בין באילנות ובין בזרעים בין בעשבים והמגוגלגלים ההם יושבים שם עד מלאת קצבת הגזירה שגזרו עליו ואם מערבם יחד זה בזה גורם עונש לאותם המגולגלים אשר שם כי זה מגולגל בבחינה א׳ וזה גולגל בבחינה אחרת והוא מערבם יחד:

ואהבת לרעך כמוך

מצות ואהבת לרעך כמוך. דע כי כל ישראל סוד גוף א׳ כל נשמת אדה״ר כנודע אצלינו בסוד עת אשר שלט וכו׳ וכל א׳ מישראל הוא אבר פרטי כי זה הערבות שאדם ערב בשביל חבירו אם יחטא ולכן נוהג מורי זללה״ה לומר פרטי הוודוים כלם אפי׳ שלא היה בו והיה אומר כי אעפ״י שלא מצאו בו צריך להתודות עליהם ולכן תקנו בלשון רבים חטאנו וכו׳ ולא חטאתיכי כל ישראל גוף א׳ לכן אעפ״י שאין בו אותו עון ראוי להתודות כי

201

כשעשהו חבירו כאלו עשהו עצמו ולכן נאמר בשון רבים ואפי׳ אם היחיד מתפלל ומתוודה בביתו צ״ל לשון רבים כי מה שחטא אחד נחשב כאלו חטאו ביחד מצד ערבות נשמות:

מצות פרה אדומה

הנה פרה אדומה, היא בנוקבא דנוגה, הנקראת פרה סוררה, ולכן היא מטהרת הטמאים ומטמא הטהורי׳ בסוד בחי׳ טוב ורע, והנה אותיות מנצפ״ך הם ה׳ גבורו׳ והם ג׳ פר ועם ה׳ אותיות הם בג׳ פרה, או לפי שיורדים במ״ל הנק׳ ה׳ והיא אדומה כי נמשכה מהבינה שהיא אדומה ולכן אדמה ג׳ נ׳ כי הם נ׳ שערי בינה שהם דינין מתערין מינה, ואמנם בהיותם בפני׳ הם תמימה אשר אין בה מום אך כשיוצאי׳ אל הקליפה אז נגלה שורש זוהמת הדיני׳, והנה דיני׳ אלו גרמו לה מה שלא היו פב״פ ולכן היה סוד אלו המלכים בארץ אדום כחות הדין וזה אשר לא עלה עלי׳ עול כנז׳ בזוהר שהוא היסוד המקבל ק׳ ברכאין ג׳ ע״ל וו׳ הוא ת״ת, והכוונה כי עדיין לא נתחברו זו״נ ולכן יצאו דיני׳ אלו, ואמנם הוציאוה לחוץ פי׳ כי שם התפשטות דיני׳ אלו לחוץ להיכל שהוא (מ״ל) חוץ למחנה שכינה אז יש בה זוהמ׳ ואז ושחט אותה ללבן ולצרף אותה הזוהמא ע״י האש הקשה ולכן ושרף את הפרה, ואמנם אחר ששורפה אז נשאר ממנה סוד הקדושה שהוא חלק א׳ מחמשה והוא סוד המלכו׳ הנק׳ ה׳ שהיא חומש הדיני׳ לכן אז תקרא אפר כי פ״ר גבורות הם כלולים בא׳ לבד ומה שהיית׳ פרה בה׳ תהי׳ אפר בא׳ ע״כ עיינתי חיים [עי׳ בזה בשער המצות:

ואסף איש טהור הוא סוד החוטם דזעיר שבו מתאספי׳ הי״ג והו׳ איש טהור הנז׳ [בפ׳ תזריע קס״ה] ולכן נאמר בו יטמא עד הערב כי נגדו יש קליפ׳ אבל אחר שבחוטם נעשה אפר אז מתעלה לחוטם הבינה בסוד רוח וז״ס מי אסף רוח בחפניו:

מצות מזוזה

מצות מזוזה שמעתי בשם מוהר״א ז״ל כוונה כשיצא אדם מפתח ביתו ונותן ידו במזוזה ונושק יכוין בכוונתו להצילו מיצה״ר שיצר במלויו יו״ד צד״י ר״ש ס״ת שדי שיכוין בשם שדי הכתוב על המזוזסה להצילו מיצה״ר ונכנס בתוכו להכניעו:

מקום המזוזה הוא מתחלת שליש העליון פי׳ כאשר תצייר שליש העליון אח״כ תתחיל ממטה למעלה באותו שליש העליון והוא סוד המ״ל שיצאה מן החזה מתחלה שליש העליון מתתא לעילא:

ענין המזוזה הנה מזוזה עולה אדנ״י והוא בחי׳ רחל שהיא בחי׳ דל״ת כנודע כי היא מכסה אחורי׳ דז״א שלא יתאחזו בהם החיצוני׳ באחרויו כי הנה אין אחיזה לעולם אלא באחוריים כי באור הפנים אין יכולים להתאחז בו ודוחה אותם ולכן רחל יוצ אעמו אחור באחור לכסות עליו כדלת זה שהי אסוגת וסותמרת לפתח הרי שייך דלת על בחי׳ זו שסומתת ומכסה כמו הדלת ועוד נקרא דלת ע״ש שהיא נגד ד׳ מדות של תנה״י והנה נ״ה שלו הם שתי מזוזות שהם עומדים ופתוח בין זה לזה כב׳ מזוזות שבפתח ולפי שרחל יוצאת בשליש העליון דת״ת אחר סיום יסוד דאמא כנודע לכן גם המזוזה מקומו בשליש העליון שבפתח, והנה הת״ת שלו הוא המשקוף כי שם הוי״ה שם בת״ת שלו כנודה ויצאה מן האורות שיוצאים מן שם הוי״ה יפ״י הפ״ה ופ״ו הפ״ה הכל ג״י מקו״ם ומן הכאות האלו יוצאת היא במקום הזה וזהו משקוף כי היא ש״ם מ״ש ממשקוף ויוצאת מקו״ף שהוא מקו״ם כדאמרן:

סוד המזוזה כדי להבריח נגעי׳ שבאו ע״י אדה״ר שהוליד כשפירש מאשתו והם נמצאי׳ בבתי כסאות. סוד שם שד״י שכותבין נגד והי׳ אם שמוע ונזכר ג״כ בזוהר שדי מלבר והי׳ מלגאו יובן במ״ש בס׳ איוב בפסוק והי׳ שדי בצריך:

אזהרת אל תפנו אל אלילים

דע כי בהבטת וראיית איש את רעהו עושה רושם, והנשמה בכח הראות יוצאה להביט ואם הוא דבר טוב בפועל נדבק בו ויתהוה ממנו טו בואם הוא דבר רע יקח ג״כ מעצמותו וח״ו תתחלף הנמשה וז״ס אל תפנו אל האלילים מפני שאלדי מסכה לא תעשה לך שאם תראה בטומאה יהפוך מעצמותו ויעשו בן רושם ותהיה כמוהו לכן ג״כ בדבר הטוב מועיל וז״ס והביטו אחרי משה כי לא היה כח לראות פניו כענין רבינו הקדוש שראה ר׳ מאיר מאחורי והבן:

שער הפסוקים

בשער הפסוקים נמצאים הפירושים וההסברים של האר״י על התורה, המחולקים לפרשות השבוע לפי הקבלה.

פרשת בראשית

בראשית ברא אלהים את השמים ואת הארץ.
כבר נתבאר בספר הזוהר ענין בראשית, שהם אותיות ברא שית. גם אמרו שם, כי ברא הוא חצי מאמר. והענין הוא כי ו׳ אותיות יש במלת בראשית, כנגד ו״ק של ז״א. וזה ג״כ נרמז במלה עצמה בהתחלקותה לשנים, ברי״א שי״ת. ר״ל כי נבראו ו״ק ז״א כנודע, כי כל עיקרו אינו רק ו״ק. ולפיכך אמרו שם בספר הזהר, כי בראשית הוא מאמר שלם ר״ל שכולל כל פרצוף ז״א הנקרא ו״ק, כי הרי הם אותיות ברא שית כנזכר.
אבל מלת ברא אינו רק חצי מאמר בלבד. והענין הוא כי כשנחלק פרצוף זעיר הנרמז במלת בראשית כנזכר לשנים, נמצא כי עד החזה שבו הוא נקרא בחי׳ בריאה הנרמז במלת ברא, לפי שנודע כי אימא עילאה נקראה בריאה כנזכר אצלינו במצות המעקה בפרשת כי תצא. והנה אימא עילאה מתפשטים נה״י שבה בבחי׳ מוחין תוך ז״א, והיסוד שלה מלביש את החו״ג של הדעת שבו עד מקום החזה שבו, כי שם נגמר ונשלם התפשטות יסוד דאימא כנודע. ולכן חציו העליון עד החזה נקרא בריאה, כי האורות אשר שם מכוסים ביסוד דאימא, הנקרא בריאה. הרי כי מלת ברא הוא חצי מאמר לבד, והוא כולל ג״ר דזעיר עד החזה.
אבל מלת שית היא ביצירה דז״א, כי כל יצירה הוא בת״ת כנודע, כי הוא אות ו׳ שבהוי״ה הנקרא שית. והוא מן החזה ולמטה, שכבר נגמר עולם

הבריאה שבו והתחיל עולם היצירה הנקרא שית סטרין דמטטרו״ן כנודע, ושם הם אורות מגולים.

ובזה יתבאר לך סוד יוצר אור ובורא חשך, כי לכאורה קשה מאד שהבריאה העליונה תהיה חשך והיצירה התחתונה תהיה אור. ויובן עם האמור כי עד החזה הנקרא בריאה הם אורות מכוסים, ולכן נקרא חשך והם דינים. ומן החזה ולמטה הנקרא יצירה, האורות מגולים ונקרא אור.

והארץ היתה תהו ובהו וגומר

הענין הוא, כי קודם שנאצלו ז״ת הנקרא זו״ן דאצילות שלאחר זמן התיקון, קדמו להם הז׳ מלכים דאדום דמיתו, שהם בחי׳ זו״ן בהיותם בלתי תקון. ואז היתה הארץ שהיא נוקבא דז״א, תהו ובהו. וזה אומרו והארץ היתה, ר״ל לשעבר בזמן המלכים. ואחר זמן המלכים, אז התחיל התיקון ונאצלו זו״ן מתוקנים. והנה הם נקראים ז״ת דאצילות המתחילות מן החסד ולמטה. מה כתיב בתריה, ויאמר אלהים יהי אור וגו׳, שהוא התחלת התיקון שהתחיל מן החסד הא׳ שבז״ת הנקרא אור קדמאה. ואח״כ נאצלו שאר שבעה התחתונות בשבעת ימי בראשית כנודע.

עוד ירצה בפסוק, והארץ היתה תהו ובהו וחשך על פני תהום ורוח אלהים מרחפת על פני המים. דע כי הוזכר בתורה רוח ה׳ ורוח אלהים. וזה ענינם רוח אלהים היא כי אלהים במלוי יודי״ן בגי׳ ש׳. ואם תסיר המלוי שבתוכו שהוא האויר והרוח שבו, יהיה המלוי לבדו בגי׳ רוח, וזהו ורוח אלהים מרחפת על פני המים. ולכן מי שיצמא למים ואין לו, או שהוא בתענית, יכוין אל רוח אלהים הנזכר שהוא מרחף ושט על פני המים, ובזה יוסר ממנו הצמא.

א״ש זה מורה שהדין כלול ברחמים ורחמים מן הדין, ולכן המים שהם רחמים נכללים בדין, וזהו ורוח אלהי״ם, ולא אמר ורוח ה.׳

ואמנם רוח ה׳ הוא באופן זה, כי הנה שם הוי״ה בחלוף א״ת ב״ש הוא מצפ״ץ, והוא בגי׳ ש׳ כמו אלהים במלוי יודי״ן הנזכר. והנה אם תסיר מספר אלהים משם מצפ״ץ, ישאר בגי׳ רוח, והוא הנקרא רוח ה׳. ולפי ששם הנזכר הוא בחלוף ההוי״ה, לכן הוא דין כנודע כי מתחלף מרחמים לדין. ולפי שהוא דין אנו מסירים ממנו מספר שם אלהי״ם כנזכר, ולא מספר שם ההוי״ה, לפי שסודו הוא אלהים ודין.
גם באופן שני, כי שם ההוי״ה פשוטה בגי׳ כ״ו. ועם ד׳ אותיות הם ל׳. ואם תמלאנה ביודי״ן, יהיה ריבוע האחוריים שלה בגי׳ קפ״ד. סך הכל רו״ח. וגם זה נקרא רוח ה׳.

עוד ירצה בפסוק והארץ היתה תהו ובהו ורוח אלהי״ם מרחפת על פני המים וכו׳. כבר הודעתיך כי מספר הדינים הם ש״ך. והם סוד רפ״ח ניצוצין הנודעים עם ל״ב אלהים שבמעשה בראשית. וזהו מלת מרחפת, שהוא אותיות מ״ת רפ״ח המתחברים עם ל״ב אלהי״ם, הנקרא ורוח אלהי״ם, וזהו ורוח אלהי״ם מרחפת. ורוח אלהי״ם מרחפת על פני המים כמ״ש, כי שם אלהי״ם במלוי יודי״ן עולה ש׳, ואם תסיר שרשו שהוא הפשוט שלו שהוא פ״ו נשאר בגי׳ רוח. וזהו ורוח אלהי״ם מרחפת, והוא מדת הדין הנקרא רוח אלהי״ם המרחף על מדת החסד הנקרא מים. כנודע שהעולם בתחלה נברא בדין.

ותוצא הארץ דשא עשב מזריע זרע למינהו ועץ עושה פרי וכו.
ארז״ל כי הקב״ה אמר לארץ שתוציא עץ פרי עושה פרי שיהיו עצו ופריו שוים, והארץ עברה על ציוויו יתברך והוציאה עץ עושה פרי, ולא היו עצו ופריו שוים, והנה מחשבתה בכך היתה טובה לאדה״ר כדי שלא יטעה אח״כ בהבנת ציוויו יתברך כשאמר לו (בראשית ב׳ י״ז) ומעץ הדעת לא תאכל ממנו, והנה עה״ד היה עצו ופריו שוים והיה יכול אדם לטעות ולומר, על העץ נצטוותי ולא על פריו, ואני לא אכלתי אלא מפריו. וזה עצמו היתה

שער הפסוקים

ערמת הנחש לפתות את אדם, כמו שנבאר עתה דבריו באומרו (שם ג' א') והנחש היה ערום וגו', ויאמר לאשה אף כי אמר אלהי"ם לא תאכל מכל עץ הגן. כלומר מן העץ נאסרת ולא מן הפרי. והשיבה לו חוה כי גם מן הפרי נאסרו. וזה אומרו ומפרי העץ אשר בתוך הגן. ואח"כ חזרה להודות לדברי הנחש באמרו ותרא האשה כי טוב העץ וגו', כלומר כי אלו ראתה שהעץ של הדעת לא היה טוב למאכל אלא פריו היתה אומרת, א"כ כשהקב"ה ציוני ומעץ הדעת לא תאכלו אין כונתו על העץ עצמו כיון שאינו ראוי למאכל, אמנם פירוש דבריו הוא שלא יאכלו פריו ממש אמנם עתה שראתה כי טוב העץ עצמו למאכל, אז אמרה א"כ כאשר ציוונו השי"ת, ומעץ הדעת לא תאכלו ממנו הוא על העץ עצמו מה שציונו ולא על הפרי אז ותקח מפריו ותאכל כי חשבה כי לא נצטוו על הפרי אלא על העץ, כי גם הוא ראוי למאכל כי עצו ופריו שוים. ולכן התחיל באמרו כי טוב העץ למאכל ולא הזכיר פרי. ואח"כ באכילה הוזכר פרי ולא עץ. ולכן הארץ הוציאה עץ עושה פרי ולא עץ פרי, להורות אל האדם כי אמרו ומעץ הדעת לא תאכל ממנו, הכונה הוא על הפרי.

וכל שיח השדה טרם יהיה בארץ

כבר נתבאר בענין קבלת שבת בשדה, כי הנה"י שבנוקבא או הנה"י שבעשיה, כי כל העשיה נקרא נוקבא, הם הנקרא שדה. לפי שתחת הנוקבא שהיא בחי' העשיה שם מושב הקליפות הנקרא מדבר, ואין שם ישוב כלל אף לא מקום זרע. אבל בנה"י דעשיה, כאשר מסתלקת העשיה ליכלל בעולם היצירה, נשארים מקום הנה"י שבה אויר פנוי וחלל מהם ואינו נקרא ישוב בני אדם, אבל נקרא שדה הראוי לזריעה. ואמנם הנה"י עצמם של הנוקבא או העשיה נקראים שיח השדה, כי השדה הוא המקום שלהם והנה"י הם השי"ח שבשדה.

וענין זה יובן במה שביארנו בג' בני נח שם חם יפת, ר"ת שי"ח. כי נח ביסוד

הנקרא צדיק. וג׳ בניו הם סוד נה״י, שם בנצח, יפת בהוד, חם ביסוד שבנוקבא. אשר שם התקבצות ה׳ גבורות דמ״ן שהם יסוד האש החם, ולכן נקרא חם על שמם. ויצא ממנו סיגי הגבורות שהם הקליפות הנקרא ארור. וז״ס (בראשית ט׳ כ״ה) ויאמר ארור כנען וגו׳.

ודע כי גם למעלה בהתחברות שתי הזרועות עם הגוף שהם בחי׳ חג״ת, נקרא בית השחי כנודע. והענין הוא במה שנודע, כי בתחלה היה זעיר בן ו״ק לבד, ואח״כ נתעלו חג״ת שבו ונעשו חב״ד. ונה״י שבו נעשו חג״ת ונתוספו לו נה״י חדשים. ונמצא כי החג״ת שבו עכשיו הם בחי׳ נה״י הראשונים הנקרא שיח, ולכן עתה נקרא שח״י. ואותם השערות הגדילים במקום ההוא נקרא בית השחי, והם סוד שערות בית הערוה עצמם בהיותם למטה בנה״י, והבן זה.

חטא אדם הראשון

והנה בהקדמות אלו נבאר עתה ענין אדה״ר במה שחטא. דע כי כשנברא אדם, עדיין לא היו בז״א רק המוחין דמצד אימא בלבד. ולכן הכתר שלו היה שעור שליש תחתון דת״ת דאימא בלבד כנז״ל. ולכן נצטווה ונאמר לו, ומעץ הדעת טוב ורע לא תאכל ממנו. והענין הוא מבואר בס״ה[47] ובתקונין. אבל יש בו מאמרים רבים הפכיים סותרים זה את זה, כי במקום אחד נראה ומשמע כי עץ הדעת הוא בעולם האצילות. ובמ״א נראה שהוא בג׳ עולמות בי״ע. ובמ״א נראה שהוא בבינה. ובמ״א נראה שהוא בזעיר. ובמ״א נראה שהוא בנוק׳ דז״א. וכאלה חלוקים רבים שהם סותרים זה את זה ואין כאן מקום ביאור פרטם. אמנם דרך כללות נבאר לך כלל אחד ובו יתורצו ויתיישבו כל המאמרים הנזכרים.

דע כי כל בחי׳ קו אמצעי מן החזה ולמטה, ששם האורות מגולים כנודע אצלינו, בין בז״א בין בנוקביה באצילות, או בבריאה או ביצירה או בעשיה, נקרא עץ הדעת.

---

[47] בספר הזוהר

אחיזת החיצונים

גם לסבה אחרת כנודע, כי אין אחיזת החיצונים אלא בז״ת דאצילות ,אבל מן אימא ולמעלה אין להם אחיזה. וכיון שאלו השני מוחין הם נתונים תוך הכלים של אימא, אין החיצונים שולטים שם, ולכן נקרא חיים. כי אין החיצונים הנקרא מות שולטים בהם כלל. והם אורות טוב ולא רע, חיים ולא מות. ולכן לא נצטווה אדה״ר על עץ חיים, אבל על עץ הדעת שהוא בחי׳ המוח השלישי של הדעת אשר על שמו נקרא ז״א, עץ הדעת כנזכר. הנה יש בו שנויים מתרין מוחין אחרים בהיותו מתפשט מן החזה ולמטה, והוא כי ראשיתו של הדעת הזה, הוא טוב ולא רע לפי שהוא נתון למעלה באמצע ב׳ המוחין דז״א בראשו, וכבר ביארנו שכל בחי׳ ג״ר אין אחיזה בהם אל החיצונים.

כל הנשמות היו כלולות באדה״ר

בענין אדה״ר בעצמו ובמעלתו, איך היה קודם שחטא ואיך נגרע ממנו אחר שחטא החטא הנז״ל, בדרוש א׳. ובזה יתבאר לך מ״ש חז״ל, כי כל הנשמות היו כלולות באדה״ר כשנברא, ודרשו זה על פסוק, איפה היית ביסדי ארץ. והובא במדרש תנחומא ובמדרש רבה בפרשת תזריע. גם יתבאר מ״ש חז״ל, כי אדה״ר נברא מסוף העולם ועד סופו, ואח״כ נתמעט על ק׳ אמה כנזכר במסכת חגיגה פ״ב. גם יתבאר מ״ש חז״ל במדרש רבה, כי אדה״ר חלתו של עולם ועל כן החלה ניתנה לנשים. גם יתבאר מ״ש חז״ל במסכת ע״ז פ״ק, תנא דבי אליהו שיתא אלפי שני הוי עלמא, שני אלפים תהו וכו׳ וכבר התחלנו לבאר מעלת אדה״ר בביאורנו בש״ב שער מאמרי רשב״י בס״ה בפרשת קדושים דף פ״ג ע״א מאמר הנזכר בס״ת וע״ש היטב כי שם נתבאר עיקר הדרוש הזה.

הנה נודע כי ד׳ עולמות הם ונקרא אבי״ע. ובכל עולם מהם יש ה׳ פרצופים הנקרא א״א ואו״א וזו״ן. ונודע כי פרצוף דא״א אינו נגלה ממנו רק רישא

בלחודוי, וכל השאר מתלבש תוך ד׳ פרצופין האחרים שהם ד׳ אותיות ההוי״ה. ונמצא כי עיקר הפרצופין הנגלים והמחולקים כל אחד מחבירו, הם הארבעה לבדם. ולכן אין פרצוף דאריך נמנה בכלל.

והנה ג׳ עולמות בי״ע שהם עולם הנקבה, הם נקראים עולם אחד של ששה אלפים הנזכר לרז״ל, והטעם לזה הוא כי הנה אדה״ר ניטל מכסא הכבוד שהוא הבריאה. והיה כולל ג׳ עולמות בי״ע, ואין לנו עתה עסק באצילות.

והנה נתחיל לבאר ענין שני אלפים תהו, שהם כנגד עולם הבריאה. כי הנה כאשר נאצלו או״א בתחילה, נאצלו בבחי׳ אב״א ואז לא היה לשני אחוריהם רק כותל אחד משמש חציו לזה וחציו לזה. ונמצא כי גם הכתפים של שניהם היו מחוברים יחד, כי הכתף הימני חציו שלצד פנים היה של אבא, וחציו שלאחור לאימא. וכן הכתף השמאל. ונמצאו ב׳ חצאי כתף לאבא, ושני חצאי כתף לאימא, ואין לשניהם רק שתי כתפות בלבד. וז״ס פסוק (שמות כ״ח ט׳) שתי כתפות חוברות, כי אין לשניהם רק שתי כתפות, והם חוברות אב״א כנזכר. ונודע כי או״א זה בכתף הימני דא״א וזה בכתף שמאל.

עולם אחד של ששת אלפים שנה

ועתה נבאר ענין אדה״ר אשר גופו נברא מעולם הבריאה ממש, כי הנה נחצב מכסא הכבוד שהוא עולם הבריאה. והיה כולל בגופו כל ג׳ עולמות בי״ע. ונמצא כי היה ארכו מסוף העולם ועד סופו. וכנז״ל כי ג׳ עולמות אלו כלולים ונקרא עולם אחד של ששת אלפים שנה. ובזה יתבאר לך מעלת אדם קודם שחטא שהיה עליון מכל מלאכי מרום, ואפילו מן מטטרון. כי הוא ביצירה לבד, ואדם היה כולל כל ג׳ עולמות בי״ע בבחי׳ גופו. ולא עוד אלא שהיה כולל אותם אז בהיותם גבוהים למעלה מן המקום שעומדים בו עתה. כי גם העולמות היו גבוהים קודם שחטא אדם, ועומדים למעלה מן המקום שירדו בו אחר שחטא אדם. ושם בביאור מאמר הנז״ל דפרשת קדושים נתבאר באורך ענין סדר מצב מקום העולמות קודם שחטא אדם,

שער הפסוקים

ואחר שחטא אדם. גם נתבאר שם סדר התפשטות גופו של אדם אז בג׳ עולמות בי״ע וע״ש.

כל הנשמות נכללו באדה״ר

ונבאר ענין הנשמות אשר היו כלם כלולים באדם. ובזה יתבאר ענין מארז״ל, שני אלפים תהו, שני אלפים תורה, שני אלפים ימות המשיח. דע כי כשנברא אדה״ר, כל הנשמות נכללו בו, אז כנזכר בפרשת כי תצא במצות שילוח הקן. ורצה הקב״ה שיהיה שנות העולם, ששת אלפים שנה שיתוקנו בהם כל הנשמות ההם הבאים מבי״ע שהם ששת אלפים כנזכר, ונודע כי כל הנשמות באות מזווג עליון מטיפת ה׳ חסדים וה׳ גבורות שבדעת, כנודע מפסוק (בראשית ד׳) וידע אדם את חוה אשתו, כי הזיווג נקרא לשון ידיעה, לפי שטיפת הזיווג נמשכת ממוח הדעת, וכבר נתבאר זה לעיל.

ועוד ט״א כי שאר המוחין הם לצורך האדם עצמו, אבל המוח הג׳ של החסדים והגבורות, משם יוצא טיפת הזרע להוליד ולדות אחרים,ט כי חו״ג נקרא ברא וברתא. ולכן טיפת הזרע של הזכר הוא מבחי׳ החסדים לבד. ושל הנקבה מטיפת הגבורות לבד. ומאלו לבד הוא בנין גוף הולד. ולהיות כי אדה״ר היה כולל ג׳ עולמות בי״ע כנזכר והביאור הוא כי אותם החסדים והגבורות שיש בכל הפרצופים שבג׳ עולמות בי״ע הנז׳ מהם יוצאים הנשמות של התחתונים וכל אותם הנשמות שהיו כלולות באותם החו״ג שבג׳ עולמות בי״ע היו כלולות בנשמת אדה״ר והנה הוצרכו שנות עולם להיות כמספר הנשמות ההם, כדי שבאותם השנים יוצרו אותם הנשמות ויבואו בעה״ז בגוף ונפש ויתוקנו, ולכן היו שנות העולם שתא אלפי שני כנגד מספר הנשמות הנזכרות.

ונבאר עתה סדר חלוקם, כי הנה התחלתם ממטה למעלה והתחילו להתקן מבחינת שני אלפים דעולם העשיה. ולהיות כי שרש כל הקליפות הם

בעשיה, לכן נקרא שני אלפים תהו, כי תהו הם בחינת הקליפות בסוד (שם א׳ ב׳) והארץ היתה תהו. ולכן רוב אותם הדורות היו רשעים, דור אנוש, דור המבול, דור הפלגה, אנשי סדום, וכיוצא בזה. אח״כ נתקנו בחינת שני אלפים דיצירה שהם כנגד ז״א הנקרא תורה שבכתב. ולכן נקרא שני אלפים תורה, ולכן בהם ניתנה התורה לישראל. אח״כ שני אלפים ימות המשיח שהם שני אלפים דבריאה אימא הנקראת ימי המשיח. ועם היות שבן דוד אינו בא אלא בסופם, עכ״ז כל השני אלפים נקראים ימות המשיח, והטעם הוא כי כל בחינת גאולה היא מסטרא דאימא עילאה הנקראת דרור וחורין, והיא הנקראת לאה אימא דמשיח בן דוד.

והנה קודם שחטא, היו כל אלו ששת אלפים דרגין דנשמתין כלולות בו, וכאשר חטא אדה״ר, נתמעט ועמד על מאה אמה בסוד (תהלים קל״ט ה׳) ותשת עלי כפכה כמ״ש חז״ל, ואלו המאה אמות הם עצמם מ״ש רז״ל במ״א, שהיה חלתו של עולם, כי הנה שעור החלה הבינונית היא אחד מחמשים כשעור התרומה שהיא תרי ממאה.

והנה הששת אלפים שנים שהוא העולם הכולל שלשה עולמות בי״ע הנז״ל, הם מאה ועשרים פעמים חמשים, וכפי זה היה ראוי שיתמעט האדם ויעמידהו על מאה ועשרים אמה, כדי שיהיה ממש כשיעור חלתו של עולם. אמנם לא זכה אדה״ר רק בבחינת חלה והתרומה של אלף הב׳ דבריאה שהם זו״ן ושל ד׳ אלפים דיצירה ועשיה, ולכן עמד על ק׳ אמה. אבל בחינת הנשמות שמאלף שנים הראשונים דאו״א דבריאה לא לקחם.

וכאשר נולד מרע״ה מבחר הנבראים זכה לכלם. וז״ס (בראשית ו׳ ד׳) בשגם הוא בשר והיו ימיו מאה ועשרים שנה. וארז״ל בשגם זה משה. ובזה תבין מ״ש בס״ה כי משה זכה לבינה. והענין הוא כי זכה אל הנשמות דבינה דבריאה, ומכ״ש לשאר תחתונות עד סוף העשיה. ונודע כי או״א לא מתפרשאן, א״כ כשזכה לבינה גם החכמה בכלל היתה. ולכן נקרא משה שהוא בגי׳ קפ״ד שהם אחוריים דהוי״ה דע״ב דיודין שבאבא וקס״א שהוא בחינת הפנים דשם אהי״ה דיודין שבאימא כנודע. והנה כפי זה

יקשה מ״ש חז״ל, כי אדם עצמו הוא חלתו של עולם, וא״כ הוא עצמו היה ראוי לקחת כל הק״ך אמות. והתשובה היא במה שנודע בפסוק (איוב ל״ח ג׳), איפה היית ביסדי ארץ כנז׳, במד״ר ובתנחומא וז״ל מלמד שהיה אדה״ר מוטל גולם וכו׳, וכל הנשמות זה תלוי בראשו וזה בצוארו וזה בעיניו וכו׳. והנה כשנולד כל צדיק וצדיק בעולם הזה, הנה הוא אבר פרטי מאברי אדם הראשון, ובהיותו נשלם ונתקן הצדיק הזה, הנה נשלם ונתקן אדם הראשון עצמו ממה שנתמעט ונגרע בתחלה. והנה גם מרע״ה נכלל באדם בסוד (משלי ל׳ ד׳) מה שמו ומה שם בנו, כי תדע אדם הבל וכאשר משה זכה בהם ותקנם ודאי, שאדה״ר עצמו נשלם ונתקן בהם, ונודע כי משה מבחר הנבראים, ולכן הוא תקן פגם אדה״ר מה שלא תקן שום צדיק אחר בעולם.

לברר ולהעלות אלו הנשמות

ונבאר מה ענין מעוט הזה שנתמעט אדה״ר, ומי הם אלו הבחי׳ שנשארו בו הנקרא חלתו של עולם, שהם עשרה מכל פרצוף והם תרי ממאה. דע כי חז״ל אמרו כי אדה״ר נידון בנשירת איברים. והענין הוא כי תחלה היה כלול מכל הנשמות שבכל שתא אלפי שני דהוי עלמא כנזכר, וכלם היו אברים פרטים שבו. וכשחטא נסתלקו הימנו כי שלטה בו הקליפה, ונטבעו כולם תוך הקליפות, כנזכר אצלינו בפרשת עקב, בסוד האכילה. ולכן כל תפילותינו ומצות מעשיות שאנו עושים בכל יום תמיד עד ביאת המשיח, הוא לברר ולהעלות אלו הנשמות שנשרו מאדם הראשון, ונפלו בתוך הקליפות עד דמטו רגלין ברגלין, כנזכר בס״ה בפרשת פקודי. וכשיושלם בירורם ותקונם, אז יבא משיח בן דוד. ואמנם מה שנשארו כלולים באדם ולא נפלו בקליפות, הם הנקרא חלתו של עולם, כנזכר.

שער רוח הקודש

שער רוח הקודש

בשער רוח הקודש יבואר ענין הנבואה ורוח הקדש, וגם ענין המדרגות שונות שלהם.

אין לך דבר שאין לו ממש

דע כי בהיות האדם צדיק וחסיד ועוסק בתורה ומתפלל בכונה, ודאי הוא שאין לך דבר שאין לו ממש, כי אפילו אותו הקול היוצא ע"י הכאת המטה אינו לבטלה, כנזכר בזוהר, פרשת שלח לך.

ואין הדבר ההוא הולך לבטלה ח"ו, אך בודאי הוא שממנו נבראים מלאכים ורוחין קדישין קיימין ועומדין, כנזכר בפרשת בשלח דף נ"ט.

כל העושה מצוה אחת קנה לו פרקליט אחד

כי מדובר האדם נוצרים מלאכים טובים או רעים כפי דבורו. וכמו שכתב בתיקונין, כי כשהאדם עוסק בתורה, אותם הקולות וההבלים דנפקי מפומיה נעשים מרכבה אל נשמות הצדיקים הראשונים לרדת למטה ללמוד תורה לאדם ההוא. וכנזכר בסבא דמשפטים דף ק' ע"ב, ענין ההבל והדבור והקול כמו שיתבאר ענין שלשתם לקמן בע"ה.

אמנם הכל הוא כפי מעשה האדם, כי אם אותה התורה שיעסוק בה קורא אותה לשמה, יהיה המלאך הנברא משם קדוש הוא מאד ועליון מאד ונאמן בכל דבריו באמת גמור. וכן אם קורא אותה בלי שבושים וטעיות, יהיה המלאך ההוא בלי טעות ויהיה נאמן בכל דבריו.

וכן המצוה שעושה האדם, אם היא כתקנה נעשה ממנה מלאך קדוש מאד. וכמ"ש ז"ל כל העושה מצוה אחת קנה לו פרקליט אחד וכו'.

215

וכפי מה שחסר מאותה מצוה, כן יחסר אור המלאך ההוא.
ואמנם ודאי שגדול כח המלאך הנעשה מעסק התורה מכח (המלאך) הנעשה ע״י אותה המצוה, ואין להאריך בפרטים אלו.
וזה ענין המלאכים המתגלים אל (בני) האדם ומודיעים אותם עתידות וסודות ונקראים בספרים מגידים. כי אלו הם נבראים מעסק אדם בתורה ובמצות. ויש אנשים שאין המגידים הנזכרים מתגלים להם כלל, ויש מי שמתגלים להם והכל הוא כפי בחי׳ נשמותיהם, או כפי מעשיהם, ואין להאריך בזה. ויש מגידים אמיתיים לגמרי, והם הנעשים מן התורה או המצות הנעשים בשלימותם.
ויש מגידים משקרים במקצת דבריהם, ויש בהם תערובת כזב ושקר.
והטעם הוא, כי אם האדם היה לו איזו בחינה רעה או דבר שקר באותה התורה או באותה המצוה שעשה, הנה גם המלאך הנברא משם הוא כלול טוב ורע, ובחי׳ הטוב שבו אומר דברי אמת, והרע שבו אומר דברי כזב.
גם יש מגידים שנעשים מעולם העשיה בלבד, ואלו נעשים ע״י המצות מעשיות הנעשות בלי כוונה. ויש מגידים מעולם היצירה, והם מעסק התורה. ויש מגידים מעולם הבריאה, והם הנעשות מכוונות ומחשבת האדם בעסקו בתורה או במצוה. ובכל עולם ועולם יש כמה וכמה חלקים ופרטים שונים זה מזה, ואין להאריך.
והסימן שנתן לי מורי ז״ל, הוא בראותינו אם הוא מאמת בכל דבריו.
או אם כל דבריו לשם שמים ולא יבטל אפילו אות אחת מדבריו. וגם אם ידע לבאר רזי התורה וסודותיה, זה ודאי נוכל להאמין בו.
וכפי דבריו נוכל לידע ולהכיר גדלו ומעלתו כפי ידיעתו.

סוד הנבואה ורוח הקדש

סוד הנבואה ורוח הקדש, ודאי שהוא קול שלוח מלמעלה לדבר עם הנביא ההוא או עם בעל רוח הקדש ההוא, אבל אותו הקול העליון הרוחני אי

אפשר הקול ההוא לבדו להתגשם וליכנס באזני הנביא ההוא, אם לא ע״י שיתלבש תחלה באותו הקול הגשמי שיוצא מפי האדם ההוא בהיותו עתה עוסק בתורה או בתפלה וכיוצא, ואז מתלבש בו ומתחבר עמו ובא עד אזן הנביא ההוא ושמעו, ובלתי קול האדם עצמו הגשמי עתה אי אפשר להיות. וביאור הדברים הוא, כי הקול הא׳ אשר כבר נעשה ממנו מלאכין ורוחין קדישין כנז״ל, הם עצמם קול הנבואה. וכאשר בא הקול ההוא אל האדם להגיד לו הנבואה ההיא, הוא בא ומתלבש בזה הקול הגשמיי של עכשיו של האדם הזה שיוצא ממנו בעת ששורה עליו הנבואה ההיא. וז״ס פסוק שמואל ב׳ כ״ג ב׳ רוח ה׳ דבר בי ומלתו על לשוני. כי הרוח והמלה שהוא דבור הא׳ הנעשה כבר ע״י עסק התורה והמצות וכנז״ל, הוא השורה עתה עליו על לשונו ויוצא ממש מתוך פיו קול ודבור ומדבר ממש בפיו ואז האדם שומעו.

והנה יש בזה פרטים רבים, כי נודע הוא שיש באדם קול ודבור והבל. ואפשר שהקול הא׳ בא עתה ומתלבש בקול של עכשיו. או הדבור הא׳ בא ומתלבש בדבורו של עכשיו. או ההבל הא׳ בהבל של עכשיו. או קול העבר בדבור או בהבל של עתה. או דבור הא׳ בקול או בהבל של עתה. או ההבל הא׳ בקול או בדבור של עתה.

גם אפשר באופן אחר, שיתלבש אותו קול עליון בקול של צדיקים אחרים ראשונים שקדמו אליו מזמן הראשונים, או מאותם שבזמנו עכשיו. ושניהם יתחברו ויבואו וידברו עמו.

או אפשר שיתלבש קול העליון בדבור או בהבל של הצדיקים אחרים כנזכר. אבל דע שאי אפשר כלל שיבא קול או דבור או הבל של צדיק אחר לדבר עמו, אא״כ יהיה הצדיק ההוא משורש נשמת האיש הזה של עכשיו. או אם יהיה שעשה האיש הזה איזו מצוה כפי גדר הצדיק ההוא. וע״י אחד משני תנאים אלו יבא וישרה עליו ע״ד הנזכר.

והנה ע״ד הבחי׳ הנז״ל שיש באדם עצמו יש בחי׳ ההם כשהוא מן צדיקים אחרים. שיהיה קול הצדיק הא׳ בקול או בדבור או הבל של עתה של זה

שער רוח הקודש

האיש. או דבורו של הצדיק הא' בקול או בדבור או הבל של עתה של האיש הזה. או הבל הצדיק ההוא בקול או דבור או הל של זה האיש של עתה. ויש הרבה בחי' בזה לאין קץ.

והנה ודאי הוא כי יותר מדרגה גדולה היא כאשר קול או דבור או הבל הראשון של האדם הזה עצמו הם מתלבשים בקול או דבור או הבל שלו עצמו של עתה. יותר מכאשר מתלבש קול או דבור או הבל של צדיקים אחרים בקולו או בדבורו או בהבלו של עכשיו. לפי שזה מורה שאין כח נבואיי בקולו או דבורו או בהבל אם לא עד שיצטרף כח צדיק אחר עמו.

נבואה מדכורא ורוח הקדש מנוקבא

והנה ההפרש שיש בין נבואה לרוח הקדש הוא, כי נבואה מדכורא, ורוח הקדש מנוקבא. ולכן הנבואה אינה אלא בקול או בדבור שעבר בין משלו בין משל צדיקים אחרים המתלבשים עתה בקול או בדבור או בהבל שלו של עתה. אבל מן ההבל של עבר בין משלו בין משל אחרים אין נבואה נמשכת משם.

אבל רוח הקדש אינה אלא מן ההבל שעבר בדוקא. בין משלו בין משל אחרים. אבל בקול או בדבור שעבר בין משלו בין משל צדיקים אחרים, אין זה נקרא רוח הקדש אלא נבואה.

אבל בבחי' של עכשיו שכחתי. ואני מסופק מה ששמעתי בזה אם הוא דוקא בהבל של עכשיו בלבד. או אם יהיה גם כן בקול או בדבור של עכשיו. אבל במה שעבר פשוט הוא אצלי שאינו אלא מן ההבל של עבר בלבד. ולא מקול או דבור של עבר כלל.

מדרגות של בעלי הנבואה ורוח הקדש

והנה נמצא שבעלי הנבואה או בבעלי רוח הקדש, יש בהם מדרגות הרבה

שער רוח הקודש

מאד. וכפי שגוי גדר נבואתם הוא סדר מעלתם.

והנה רבן של כל הנביאים הוא משה רבנו ע"ה. ואחריו במדרגת הנבואה היתה נבואת שמואל נביא ע"ה. אשר עליו אמר הכתוב משה ואהרן בכהניו ושמואל בקוראי שמו. (תהלים צ"ט).

והנה מרע"ה היה מן המדרגה העליונה שבכל המדרגות. והוא כי בחי' קולו הא' שלו עצמו נתלבשה בקול של עתה. ונמצא בו כל שתי המעלות. כי שתי הקולות הראשון האחרון היו שלו עצמו ולא הוצרך לאחרים.

גם מעלה אחרת כי בין הראשון ובין האחרון שניהם היו בחי' קולות.

וכנז"ל כי הקול גדול מן הדבור, והדבור גדול מן הבל, ומכ"ש שהיה ג"כ מתנבא בקול או דבור או הבל של צדיקים אחרים. ואחריו היתה מדרגת שמואל הנביא ע"ה והיתה מקולו הראשון לדבורו של עתה.

ומכ"ש להבלו של עתה. ומכ"ש מצדיקים אחרים. אבל לא זכה לקולו של עתה.

ואחר ב' מדרגות אלו הם מדרגות שאר כל הנביאים ויש בהם כל שאר המדרגות חוץ משני המדרגות הנז"ל אשר במשה ושמואל הנביא ע"ה, כי אין שום נביא אחר שהשיג קול שעבר שלהם ממש אל קולו או דבורו של עתה. אך שאר הבי' כלם הם בשאר הנביאים.

אלא שאין מדרגתם שוים, וזה מדרגתו גדולה משל חבירו כפי סדר המדרגות שזכרנו.

ואמנם בבעלי רוח הקדש, היה דוד המלך ע"ה רבן של כל בעלי רוח הקדש, כמו שהיה מרע"ה בענין הנבואה רבן של כל הנביאים. ודוד המלך ע"ה היתה בו המדרג הגדולה שיש ברוח הקדש. והוא שהיה מתלבש ההבל שלו שעבר בשלו של עתה ג"כ. ולא היה צריך לשל אחרים ע"ד הנאמר במדרגת נבואה של מרע"ה. וכבר אמרנו כי נסתפק לנו מה ששמענו אם הוא בהבל דוקא של עכשיו. או אם גם הוא בקול או דבור של עתה.

והמדרגה הראשון שבכלם היתה של דוד המלך ע"ה. וכל שאר המדרגות שתחת הראשונה מתחלקים בשאר בעלי רוח הקדש איש ואיש כפי

מדרגתו.

והדרך השני נראה עיקר. כי ע״כ יש ברוח הקדש מדרגות רבות כמו בנבואה, אך לפי דרך ראשון לא יש רק ב׳ מדרגות לבד שהם. אחד הבל הראשון שלו, בהבל שני שלו. והשני הוא הבל של צדיק אחר בהבל שלו עתה. והנה נתבאר הפרש נבואה מן רוח הקדש. וגם נתבאר הפרש מדרגות הנבואה ורוח הקדש עצמם. וכל זה בענין המקבל בעצמו אם הוא בקולו או בדבורו.

הפרש מדרגות נביאים

ועתה נבאר הפרש מדרגות נביאים במקום אחיזתם.

סדר מדרגות הנביאים כפי מקום אחיזתם ותלייתם למעלה, ומאיזה מקום היתה נמשכת נבואת כל אחד ואחד מהם. הנה נתבאר בזוהר כי הנביאים הם בנצח והוד כנזכר, ובהרבה מקומות בזוהר ובפרט בפרשת פקודי (רמ״ז ע״ב) בהיכל עצם שמים. ומה שלמעלה מהם אינו נכנס בסוד נבואה. גם מצינו כי מרע״ה התנבא מאספקלריא המאירה ושאר הנביאים נתנבאו מאספקלריא שאינה מאירה. ונודע הוא כי ב׳ כינוים אלו הם בת״ת ומלכות.

וא״כ קשה הענין שהרי נתבאר כי אין נבואה אלא בנצח והוד, אך במלכות או ביסוד הוא רוח הקדש, ואיך נקראים נביאים. וגם כי במשה עצמו מצינו בפרשת בראשית, שמשה הוא בנצח ואהרן בהוד. וגם מצינו (שם) שהוד נקרא הודו של משה. וגם מצינו (שם בזוהר) כי שמואל היה מתנבא מן הנצח כמש״ה וגם נצח ישראל לא ישקר (שמואל א׳ ט״ו) וא״כ איך יתקיימו כל המאמרים הנזכרים.

אך הענין הוא כי נודע שהנה״י של ז״א הם כוללים כל קומת פרצוף רחל נוקבא דז״א. כי ג׳ פרקין קדמאין דנה״י דז״א הם כח״ב שלה. וג׳ פרקין אמצעיים הם חג״ת שלה. וג׳ פרקין תתאין הם נה״י שלה.

והנה מרע"ה ראש כל הנביאים, היה מתנבא מתרין פרקין קדמאין של נצח והוד דז"א מבחי' פנים שלהם. ושמואל הנביא היה מתנבא מן הפנים של פרקא קדמאה דנצח דז"א. שזה הוא חצי מדרגת נבואת מרע"ה. אלא שהיה חציה העליונה שהוא הנצח ובכללו הוא הוד ולכן, היה שקול שמואל למרע"ה אף על פי שהיה הפרש ביניהם. כי מרע"ה היה מתנבא מן שניהם. ואחיה השילוני היה מתנבא מן האחוריים של תרין פרקין ראשונים דנצח והוד דז"א. ובערך שהיה מתנבא מב' הירכים היה גדול משמואל. ובערך שהיה מן אחוריים היה קטן משמואל.

ואליהו הנביא ע"ה תלמיד אחיה השילוני ע"ה, היה מתנבא מן אחוריים של פרקא קדמא דהוד דז"א. ושאר הנביאים היו בתרין פרקין אמצעיים ובתרין פרקין תתאין של נצח הוד. וכן בכל שעור היסוד דז"א. ודע כי תרין פרקין קדמאין דנצח והוד הם גבוהים מהיסוד. ע"ד שהם חו"ב גבוהים מן הדעת.

ויש בחי' אחרת והוא בענין הנוקבא עצמה הנקראת אספקלריא שאינה מאירה. ולפעמים גם האחורים של ז"א נקרא אספקלריא שאינה מאירה. לפי (שהם) (ש)בחי' יניקת הנקבה משם. והנה אהרן הכהן ע"ה היה נקרא שושבינא דמטרוניתא. ויניקת נבואתו היה משם.

הזקנים והשופטים

בענין הזקנים והשופטים והנביאות ואנשי כנסת הגדולה. הנה נתבאר אצלינו בענין החסדים, איך מקצתם מגולים למטה מן החזה דז"א, ומקצתם מכוסים למעלה ממקום זה. ויש בחסדים אלו ירידה ועליה שהיא חזרת האורות ממטה למעלה עד כתר דז"א. וכן המוחין השנים הנקראים חו"ב יש בהם עליה וירידה.

ונבאר דרך כללות ענין סדר הדורות במקומות אלו. והנה יש ג"כ ב' בחינות והם, מוחין מצד אבא ומוחין מצד אימא. והנה הזקנים והשופטים היו מב' מוחין דאבא שבז"א. ויש מהם שהיו מבחי' עלייה ומבחי' ירידה. והנביאים

כלם מב׳ מוחין דאימא שבז״א. ויש בהם מצד ירידה. ויש בהם מצד עלייה. ומבחי׳ חכמה ומבחי׳ בינה. ואנשי כנסת הגדולה היו מן הדעת דמצד אבא שבז״א.

ויש בהם עלייה וירידה. והזוגות הם מדעת דמצד אימא שבז״א.
ויש בהם עלייה וירידה. ואנטיגנוס איש סוכו היה מן העלייה.
והתנאים בעלי מקרא בשליש המכוסה בת״ת ובדרך ירידה.
ובעלי נביאים בחסד בירידה.
ובעלי כתובים בגבורה בירידה.
ובעלי משנה בת״ת המגולה ובדרך ירידה.
ובעלי תלמוד בנצח ובדרך ירידה.
ובעלי מדרש בהוד ובדרך ירידה.
ובעלי אגדה ביסוד דרך ירידה.
וכנגדם של כל אלו הבחי׳ יש בדרך עליה מן היסוד עד הדעת. כיצד בעלי אגדה של קבלה ביסוד. ובעלי מדרש של קבלה בהוד. ובעלי תלמוד של קבלה בנצח. ובעלי משנה של קבלה בת״ת המגולה.
ובת״ת המכוסה נקודין דקבלה. ובגבורה תגין דקבלה. ובחסד טעמים דקבלה. וכן עד״ז יש בתנאים מצד אבא בכל הדרכים הנז״ל בעלייה ובירידה ממש ככל הנזכר. וכן האמוראים הם עד״ז אלא שהם מבחי׳ זמן הקטנות הנקרא יניקה.

הדופק

והנה כאשר תמשש בידך על הדופק, תמצא לפעמים שהוא דופק נקודת אחת ואח״כ דופק נקודה ב׳ בצדה, וז״ס נקודת ציר״י.
ולפעמים דופק נקודה אחת למעלה ונקודה ב׳ תחתיה, והיא נקודת שב״א.
ולפעמים דופק נקודה אחת ארוך והשנית נקודה אחת בלבד קטנה, והיא נקודת קמ״ץ. וכן עד״ז כל שאר הנקודות. וזה מורה כפי בחי׳ החיות

הנמשך לה בעת ההיא מאיזו בחי׳ שבחכמה.
והמשל בזה, אם דופק כעין קמץ אז הוא מורה על התגברות בחי׳ הכתר שבחכמה אשר משם שולח חיות והארה אל כל האברים בעת ההיא. ואם הדופק הוא כעין פתח, מורה שנמשך חיות האברים מן החכמה שבחכמה וכו׳ ע״ד סדר הנקודות בט׳ ספירות כנודע בספר התיקונין.
ולפעמים יהיה התחברות שתי נקודות יחד כעין שב״א ציר״י שב״א קמ״ץ שב״א פת״ח שב״א סגו״ל וכיוצא בזה.

אבל דע כי בזה נבין ונדע בחי׳ חטא האדם, כי אם דופק כעין קמ״ץ זה יורה שחטא בכתר, ולכן הוא המתגבר עתה להראות כחו שלא יסתלק ע״י החטא. כי אדרבא אם אנו רואים שבחי׳ אחת גוברת יורה על חסרון אותה הבחי׳. ע״ד מש״ה תוסף רוחם יגועון (תהלים ק״ד) שכל מה שהוא חלוש מתגבר בכחו כדי להתקיים. ולפעמים זה מורה בהפך על שעשה מצוה בבחינה ההיא ואין אתנו יודע עד מה.

ראה בחלומו

עוד שמעתי בענין מורי ז״ל מן החכם ה״ר שלמה סאגיס נר״ו, כי פעם אחד חלם שראה בחלומו שהתפילין שלו היו פסולים, והיה מצוה לעשות לו תפילין אחרים. ופתר לו מורי ז״ל, כי אשתו היתה אז מעוברת מבן זכר ושהיא עתידה להפיל אותו, ואח״כ תחזור ותתעבר פעם אחרת מבן זכר שיהיה של קיימא, וכאשר פתר לו כן היה.

חכמת הכרת הפרצוף

דע כי באדם חקוקות כ״ב אותיות האלפ״א בית״א, וכנזכר בספר יצירה ענין השלשה יסודות אמ״ש והשבעת כפולות במקומות נודעים אזן ימין וכו׳. והי״ב פשוטות בטחול וקרקבן וכו׳ כנזכר שם.
והנה דוגמתם יש כ״ב אותיות ג״כ בנפש האדם, וכן דוגמתם כ״ב אותיות

אחרות ברוח, כ״ב אותיות בנשמה. וההפרש שבהם הוא כי כ״ב אותיות של הנפש הם קטנות, וכ״ב אותיות שברוח הם בינונים. וכ״ב אותיות של הנשמה הם גדולות.

ואלו הם ענין שלשה האלפ״א ביתו״ת שבתורה. אתוון זעירין, אתוון בינוניים, אתוון רברבין. ומי שאין בו רק נפש לא יתגלו בו רק אותיות זעירין. ומי שאין בו אלא רוח מראה בתחלה אתוון זעירין ונעלמים ומתכסיין, ומתגלים אותיות בינוניות, וחוזרים ומתכסיין, ומתגליים אתוון זעירין, וכן הולך תמיד חוזר חלילה. ומי שיש בו גם נשמה, הוא מתגלה בו כל השלשה אלפ״א ביתו״ת, זעירא ובינונית ורבתי.

זו נגלת וזו נכסת, ע״ד הנזכר, ולא פסיק. כי כמ״ש בזוהר פרשת ויקהל (דף ר״י ע״א) בענין ג״ע, הארץ שיש שם אותיות שהם מנצצן שם, אז כפי החלק הגובר, אז ברקיע דגנתא, הכי בלטי ושכבין ונעלמים וחוזרים להאיר חוזר חלילה. וכן הענין בנר״ן של האדם, מראים אותיותיהם לחוץ ע״י נציצה, והחזרה והעלם. ודבר זה נטבע בהם בטבעו משש. והנה כל אלו האותיות הנזכרים, אין גלויים אלא במצח האדם. וטעם הדבר הוא לפי שנודע שטעמים ונקודות ואותיות הם בגי׳ ראשונות, ובחי׳ האותיות הם בבינה. ולכן אין יכולת בגילוי אותיות, אלא עם הבינה ששם הוא מציאות האותיות כנזכר בתיקונים (שם).

ולכן אין הבינה מגלה האותיות רק במקומה ובחלקה שהוא מצח האדם. וא״ל טעם אחר כי במצח שם הוא כח גלוי הדינים למעלה בז״א כנזכר באדרא. ולכן אינם מתגלים אלא במצח.

אותיות נראות בעור הפנים של המצח

גם יש סימנים אחרים להכיר במי שיש לו נפש דאצילות ורוח דאצילות ונשמה דאצילות ונשמה דנשמה דאצילות, ולא הגיד לי.

ופעם אחרת א״ל דרך סתם, כי מי שיש לו תגין על האותיות שלו שהוא מן אצילות. והנה כל כ״ב אותיות אלו של בחי׳ הנפש, הם המורים על תקון הנפש וחסרונה.
כי כפי מה שחסר ממנו, כך תעלים הנפש מלצייר במצח אותם האותיות, ולא יהיו מתגלים ובולטות רק האותיות המתוקנות בלבד. והם יהיו מאירות, ואחרות חשוכות הם חסרים, ולכן הם נעלמים.

והנה כל האדם שישאל על ענין זה מן חכם הבקי בחכמת הפרצוף, ואין האותיות ניכרות כלל מצחו. ענין הוא שכבר נגזרה עליו מיתה ח״ו שימות באותם שלשים יום, וצריך תיקון גדול והלואי שיועין לבטל הגזרה ההיא. והנה כמו שיש באדם נר״ן פנימית, בתוכו כן יש נר״ן מקיפים מבחוץ, וגם להם יש בחי׳ כ״ב אותיות מיוחדות, לכל חלק מאלו השלשה הנזכרות. ולפעמים פוגעים זה בזה, ולפעמים אותיות אור המקיף גובר על אותיות אור הפנימי. וכל זה הוא כפי פעולת האדם, ובזה יוכרו דברים הרבה.

וז״ס כנז״ל לפי שהוא כדוגמת הכוכבים הנראים ברקיע כנזכר בזוהר בפרשת יתרו. (דף ע״א ע״ב) והטעם הוא עם הנז״ל, כי אור הפנימי יוצא לחוץ ומתנוצץ בעור, וכן אור המקיף מכה ומתנוצץ שם בעור, ושם מתגלים יחד כל האורות. והנה אין במצח רק כ״ב אותיות לבדם, ולפעמים אותם האותיות הצריכות אל ההוראה ההיא הם בולטים ומאירות יותר, ע״ד האותיות החשן והאורים והתומים. אבל הם נגלים ונכסים כנז״ל. ועי״כ צריך הסתכלות גדול מאד טרם יסתרו מנגד עיניו. וצריך התבוננות רב מאד להבין הדברים במהירות גדול טרם שיתכסו. והמשל בזה, אם מורה שם אברהם אז בולטים אותיות אלו במקומם, ולפעמים אפשר שהם מצטרפות יחד כמו שנבאר. והענין הוא ע״ד היכר אותיות אבני החשן כי עם היות ששם כתובות כל האותיות, עכ״ז היו מקצת אותיות בולטים בעת השאלה. וכן הוא הענין כאן במצח האדם. והמשל בזה אם יתנוצצו

אותיות חיים, מורה על כי נגזר עליו חיים, וכן כיוצא בשאר הצרופים. ולפעמים אלו ארבע אותיות חיים הם מצרפים יחד, וכן כיוצא בשאר הצרופים ואח״כ חוזר ונעלם.

האותיות כפי סדר גלגולי האדם

וביאור הענין הוא, כי הנה לפעמים מצטרפים האותיות כפי סדר גלגולי האדם ומספרם, וזה ע״י גלגול אותיות של רל״א שערים.

וזה הענין נוהג בסדר אבג״ד שהוא ביושר. ובסדר תשר״ק ג״כ שהוא למפרע, כנודע לבעלי הצרוף וכנז׳ בספר יצירה. והענין הוא כי יש אנשים שהם מסוד הנקבה כנודע, מסוד היבום. והנה מי שהוא מצד הזכר, נרשמים אותיות נפשו ורוחו ונשמתו בסדר אבג״ד וכו׳. ומי שהוא מצד הנקבה, נרשמים אותיותיו למפרע בסדר תשר״ק וכו׳.

ודע כי למי שאין לו אלא נפש, אין במצחו רק כ״ב אותיות בלבד. ומ״ד אותיות יש למי שיש בו ג״כ הרוח, וס״ו אותיות יש למי שיש בו ג״כ נשמה. אמנם כשיתרשם איזה ענין ויהיה צריך לרשום שנים או שלשה אותיות שוות כמו חיי״ם, שיש בו ב׳ יודין ואין בכ״ב אותיות המצח רק אות יו״ד אחת, אז הענין הוא כך כי תחלה מתראה אות אחת ואחריה בולטת אות אחרת הצריכה לבא אחריה.

ועד״ז בשאר האותיות והם מתחברות ואעפ״י שאין סדרם כך, אך לפי שעה להורות על ענין ההוא הפרטי מתחלפות והם מתחברות יחד. וכאשר יוצרך לכפול אות אחת שכבר נרשמה, אז נעלמת האות ההוא מאותו המקום הראשון, ונרשמת פה במקום הזה. ועד״ז הם עושים עד שנרשמים כל האותיות אשר צריכים להתגלות. אבל אין בין הכל רק כ״ב אותיות בלבד.

כל ספירה יש לה אותיות ידועות

גם יש סימן אחר, והוא כמ"ש בזוהר בפרשת אחרי מות (דף ס"ו ע"ב וע"ח ע"א), כי כל ספירה וספירה מן הי"ס[48], יש לה אותיות ידועות וכ"ב אותיות האלפ"א בית"א מתחלקות בי"ס, וכפי טבע הספירה ההיא כך יש לה אותיות מיוחדות לה. והנה להכיר את האדם מאיזה שורש הוא, ומשרש איזה ספירה הוא. יוכר הדבר הזה במה שתראה אותם האותיות מאירות יותר מכל שאר האותיות בתכלית הארה. וגם שהם חקוקות שם תמיד יותר מכלם. ובזה יוכר באיזו ספירה מהי"ס היא שרש נפשו.

גם יש דברים שתלוים בידיעת הרואה את האותיות ההם, כי הנה לפעמים איזו אות מהם היא שבורה באמצע, וכיוצא באלו. והנה בהיות אותה ב (שבורה) באמצע יורה על מיתה בנו. וכן כיוצא בזה, כפי האות שהיא מורה וממונה על אותו דבר כך מורה. גם לפעמים האות היא הפוכה ויש בצורת ההפוך כמה מינים. והמשל בזה באות האל"ף אם תהיה הצורה הזאת, או בצורה הזאת, או כצורה הז, ועד"ז בשער בשאר האותיות. ויש אות שמורה בהיותה הפוכה על אדם שבעל אשתו שלא כדרכה.

אות הפוכה

גם פעם אחרת ראה במצח איש אחד איך נרשם שם שאשתו תבעה אותו לדבר מצוה, אלא שהיה בימי החול ולא רצה.

ושאלתי למורי ז"ל מה ראה בו, וא"ל כי ראה במצחו אות ג הפוכה כך, והענין הוא כי אות ג' היא ביסוד, ולפי שלא רצה להשפיע בה בבחי' היסוד לכן נתהפכה להורות על בלתי קיום הוראת פעולתו. ואמנם אין זה נחשב לעון היתה אות זה הפוכה וחשוכה בלתי מאירה. אמנם כיון שהיתה מאירה, מורה שאין זה נחשב לעון.

[48] 10 ספירות

שער רוח הקודש

וענין היותה הפוכה הוא כי הוא מורה בסוד הנקבה שממנה מגע גמילות חסד. כי כל אות הפוכה מורה על נקבה, כאשר האות היא הפוכה מלמטה למעלה.

ופעם אחרת ראה במצחי ג' אותיות כסדר זה א ב ג, א"ל שהוא הוראה שאני צריך לגמול חסד עם אבי יצ"ו, ולכן הפכה פניה הגימ"ל אל שתי אותיות א"ב.

היה קורא נפש האדם לדבר עמה, והנה עוד היתה לו ידיעה אחרת והוא שהיה קורא לנפש האדם או לרוחו או לנשמתו, והיה מדבר עמה ושואל וחוקר אותה, והיא משיבה אותו כל מה שהיה שואל ממנה, וכל מה שאירע לה וכל פרטי הדברים.

וא"ל כי כשהוא רואה העניינים באותיות המצח, יש דברים שאיננו יכול להבין אותם מרוב דקותם והעלמם וכיסויים והפוכם וכיוצא. אבל כששואל וחוקר את נפש האדם, אז יודע הדברים באמיתות גדול ובבירור. גם א"ל מורי ז"ל כי הנה האדם מורכב מיצה"ר ומיצה"ט, ולפעמים היצה"ר מראה קצת אותיות שיש בהם הוראה שקר ובפרט אם טבע האיש ההוא לדבר שקר. גם אם האדם היה שואל למורי ז"ל על ענינים אחרים, היה מגידם לו ע"פ הסתכלותו במצח האיש ההוא. והענין הוא כי הנפש היא מראה תשובת הדבר ההוא, וכל מה שישאל האדם אז הנפש מראה את התשובה של השאלה הזאת.

המאה ברכות

גם א"ל כי המאה ברכות שבכל יום הם נרמזים בכ"ב אותיות. ואמנם מסוד הברכות נעשים אורות סביב אל האותיות כדמות כתר ועטרה, שהוא מסבב את האות, ואור האור גדול מן אור האות עצמה.

אך כאשר תראה שאור האות גדול מן האור המקיף לה, זה יורה שהיתה ברכה לבטלה. כי אור האות מבטל את אור המקיף. אמנם כפי מקום האות

ההוא כך נוכל להבין באיזו ברכה הוא שבירך לבטלה.

דע כי כ״ב אותיות האלפ״א בית״א הם תלויות במאה ברכות שהאדם מברך בכל יום. וכאשר אין האדם מברך כלל איזו ברכה מהם, תחסר ממנו אותה האות שאותה ברכה תלויה בה. ואם בירך אותה אלא שטעה בה, אז תהיה האות ההיא מצויה. אמנם תהיה חסירה בעצמה, ואם בירך אותה כתקנה, אלא שלא נתכוון בה, אז תהיה האות ההיא חשוכה ובלתי מאירה. גם דע כי האדם נוצר ע״י כ״ב אותיות כנזכר בספר יצירה, וכאשר ביארנו למעלה באורך וזה הוא בקצור. והענין הוא כי האדם הוא מוכן לקבל נר״ן, והחכם היודע בהכרת הפנים יוכל לדעת זה. כיצד, הנה מי שלא זכה עדיין אלא לנפש, יראו בפניו אלפא ביתא דאותיות זעירות. ומי שזכה גם אל הרוח, יראו בפניו גם אותיות בינוניות. ומי שזכה גם לנשמה, יתראו בפניו (גם) אותיות גדולות. ומי שהוא זכר אלא שהוא מגולגל מן נקבה, יראו בפניו אותיות הפוכות.

להכיר את חטאו

גם סימן להכיר את האדם חטאו יצייר במחשבתו צורת ארבעה אותיות ההוי״ה, מצויירת בכתיבה אשורית. כי ז״ס שויתי ה׳ לנגדי תמיד (תהלים ט״ז). ובשעה שמציירו לפניו אם חטא באיזה חטא הפוגם באיזה אות מארבעתם, אז אותה האות לא תוכל להצטייר בין עיניו ועי״כ ידע כי יש שם פגם. כן אם האות הוא מצוייר בין עיניו בדיו שחורה, ידע שעדיין הוא בעשיה. ואם אדום הוא ביצירה, ואם לבן בבריאה, ואם לבן ומאיר ומתנוצץ הארתו הנה הוא באצילות.
ועי״ז יכיר האדם באיזה עולם הוא נדבק. וכן עד״ז יצייר ההוי״ה בכל אבר ואבר שבו, או בפניו, או בידו, ואם שם יתראה החסרון, יכיר כי באותו אבר חטא.

ואני הכותב חיים שמעתי ממורי ז"ל, שעיקר עיון ההוי"ה באמיתותה הוא בהיותה כמראה שלהבת אש, ואם יוכל לציירה בדרך זה, הנה האיש הזה בלתי פגום ושלם.

גם א"ל כי כל המצות יש להם אות רומזת על כל אחת ואחת. וביום שיעשה האדם מצוה אחת אז תתראה מאירה. אך מצות הצדקה תאיר כל השבוע ההיא, בסוד וצדקתו עומדת לעד (תהלים קי"א). אבל שאר המצות לא יתגלו ביום אחר רק אם עשה איזו מצוה אחרת, אז תאיר גם זו עמה.

תרי"ג בכל

גם א"ל כי האדם יש לו תרי"ג מצוה, וכנגדם יש לו תרי"ג נצוצות נפשות בשרש נפשו, ותרי"ג רוחין ברוחו, ותרי"ג נשמות בנשמתו.

ולכשיהיה האדם מתוקן צריך שיתגלו כל הנשמות ההם התרי"ג, וכל אלו התרי"ג הם ת"ח שבשרש ההוא, מלבד שאר הנצוצות שהם בעלי מעשה, ועמי הארץ, ויש הרבה מאלו התרי"ג שאינם נכרים בפני עצמם בפירוש, אבל הם נכללים עם האחרים. ויש כמה נצוצות שהם עיקרי התרי"ג, כי כשאלו מתגלים, אז ודאי שכל השאר נכללים בהם.

אלא שלגדולת אלו העיקרים אינם נכרים האחרים. אמנם מספר הנצוצות השרשים והעיקרים לא ידעתי כמה הם.

גם ביום שבת קודש כל מי שהוא זוכה להיות לו סוד תוספת שבת בנפשו, אין עונותיו מתגלים במצחו ביום שבת, כי אין אחיזה אל החיצונים ביום שבת קדש במי שיש בו תוספת שבת.

היטוריה של הקבלה

היסטוריה של הקבלה

תחילת ההיסטוריה של הקבלה מחזירה אותנו אחורה, לימים של אברהם אבינו אשר כתב את ספר יצירה. מאז התרחשו התפתחויות רבות בעקבות הנדודים של היהודים ביבשות השונות, עוד יובהרו מושגים אלו.

התקופה הראשונה - ההתחלה
1750 לפני הספירה, ישראל.
המסורת מספרת כי הכתבים הראשונים של הקבלה נקראים "ספר יצירה" שנכתב על ידי אברהם אבינו. זה היה הספר הראשון שמזכיר מערכת של עשר אורות הנקראים ספירות.

התקופה השנייה - הזוהר
א' (240) לספירה, ישראל.
רבי שמעון בר יוחאי נולד בגליל ונפטר במירון, במהלך המאה השנייה לספירת הנוצרים, והיה תלמידו של רבי עקיבא.
כדי להימלט מהרומאים, הסתתר עם בנו רבי אלעזר בתוך מערה במשך שלוש עשרה שנה, במהלך זמן זה חיבר את הזוהר שהוא ההסבר האזוטרי והמיסטי של התורה והבסיס לרוב כתבי הקבלה.

התקופה השלישית – ההדפסה של הזוהר
לאחר שנעלם במשך כאלף שנים, ספר הזוהר נמצא והודפס על ידי רבי משה די לאון (1240-1305) בספרד. ההדפסה החדשה הזו הופצה בכל רחבי אירופה, צפון אפריקה ומזרח התיכון ואפשרה למידה רחבה יותר של כתבי הזהר. חלק הסכימו והכירו בו ככותב הזהר, אבל המקובלים הראשיים לא הסכימו עם זה.

בערי פרובנס אשר בצרפת, גרודנה בספרד וורמס בגרמניה נוסדו שלושת המרכזים הראשיים של הקבלה של אותה תקופה, תחת הנהגתם של מקובלים ידועים, כמו רבי יצחק העיוור, רבי עזרא מגרודנה, רבי אלעזר מוורמס, נחמיה ואחרים. עבודות חיוניות פורסמו "כספר הבהיר", "ספר החסד" ופירושים חשובים על ספר היצירה.

בצרפת, התפתח סוג של מיסטיקה עם מדיטציה בתפילות ובספירות.

בספרד, בוצע מאמץ להעלות רעיונות מרכזיים של הקבלה לציבור רחב יותר.

בגרמניה, רבי אלעזר של וורמס הכריז שאלוקים אפילו קרוב יותר ליקום ולאדם מאשר הנשמה לגוף.

רבי משה בן נחמן – רמב"ן (1195-1270), נולד בגרדונה. כמו הרמב"ם לפניו, היה רופא וגדול בתורה. והיה גם בעל ידע בזוהר ובקבלה וכתב פרשנות מיסטית על התורה. האר"י אישר את העומק והאמינות של החלק המיסטי של הפרשות לתורה של הרמב"ן.

הרמב"ן גם הכריז שזו מצווה לחיות בארץ ישראל, הוא עבר וחי בה עד סוף ימיו.

רבי אברהם אבולעפיה (1240-1291) נולד בסרגוסה והיה המבשר של מה שנקרא הקבלה הנבואית, שבה יש שילובים וחילופי אותיות, מספרים וניקוד אשר מסבירים ומגלים את המשמעויות האזוטריות הכי עמוקות. חלק מהעבודות הכי ידועות שלו הן "ספר האות" ו"אמרי שפר".

רבי יוסף גיקטליה (1248-1310), נולד בקסטיל ולמד עם רבי אברהם אבולעפיה אשר שיבח אותו כתלמידו המוצלח ביותר. הוא כתב את "גינת

אגוז", "שערי אורה", "שערי צדק" ו"שער הניקוד". הוא ככל הנראה היה מיודד עם רבי משה די לאון.

צפת, ישראל

לאחר גירוש ספרד ב-1492, חלק מהמקובלים הספרדים החשובים הגיעו לצפת, ישראל. רבי משה קורדובירו (1522-1570) היה המייסד של האקדמיה של הקבלה בצפת ואחד מהתלמידים המוכרים שלו היה רבי חיים ויטאל. הוא חזה את ההגעה של הקבלה של האר"י והודה מראש על האמיתות שלה. חלק מיצירותיו המרכזיות הן "תומר דבורה", "פרדס רימונים" ו"אור יקר". תקופה זו נחשבת כעידן הזהב של הקבלה.

רבי יוסף קארו (1488-1575), הידוע כמחבר "השולחן ערוך", נולד בספרד, הוא נמלט מהמדינה במהלך הגירוש כילד ביחד עם משפחתו ומספר רב של יהודים שגורשו בשנת 1492. כשהשתקע בצפת, מונה להיות חבר בבית הדין הרבני של העיר. בית הדין הרבני של צפת הפך להיות בית דין רבני מרכזי בתוך ומחוץ לישראל. הייתה לו התגלות של "מגיד" (מורה שמימי) אשר גילה לו סודות עמוקים של הקבלה.

במהלך הדור הזה, רבי יצחק לוריא אשכנזי, האריז"ל (1534-1572) נולד בירושלים והפך למקובל המוביל בצפת. הוא הסביר והבהיר את כל המושגים העיקריים של הקבלה, וגם חידש בהסבר של ספירות ופרצופים. הוא המחבר של "עץ החיים", וכתבי האר"י אשר מכילים את עבודותיו בסגנון של שערים. ונחשב היום למקור המרכזי של הקבלה.

רבי חיים ויטאל (1542-1620) ידוע בעיקר כתלמידו המובהק וסופרו של האריז"ל. וגם מקובל מומחה שלמד את הקבלה תחת רבי משה קורדובירו (רמ"ק). בגיל 26 התחיל לרשום פרשנות לספר הזוהר על פי תורתו של הרמ"ק. הבן שלו, רבי שמואל ויטאל ירש הרבה מכתבי היד של אביו על

לימודי הקבלה של האריז״ל. הוא סידר אותם בשמונה קטעים הידועים כשמונת השערים. הוא כתב מספר יצירות קבלה בעצמו.

מזרח אירופה

תקופת החסידות החלה עם הבעל שם טוב (1698-1760), מייסד תנועת החסידות. הוא הכריז שהיקום כולו הוא ביטוי של אלוקים, ומי שטוען שהחיים האלה הם ללא משמעות פשוט טועה. מתוך הבנה חשובה זו, חייב לדעת כיצד יש להשתמש בידיעה זו בצורה ראויה. התורה של הבעל שם טוב התבססה במידה רחבה על התורה הקבליסטית של אריז״ל, אבל הגישה שלו הפכה את היתרונות של התורה הזו לנגישים אפילו ליהודי הפשוט ביותר.

אחד מהמנהיגים החשובים האחרים אשר ייסדו תנועת חסידות משלהם, הוא רבי נחמן מברסלב (1722-1811), הנין של הבעל שם טוב, אשר נתן חשיבות גדולה לדבקות ולשמחה טהורה. חלק מהעבודות המרכזיות שלו הן ״ליקוטי מוהר״ן״ ״תיקון הכללי״ והסיפורים והמשלים הידועים שלו.

רבי שניאור זלמן מלאדי (1745-1813), בעל התניא, המייסד של חסידות חב״ד. למד תחת המגיד ממזריטש וכתבי היד של האר״י, וחיבר את ספר התניא.

מקובלים אירופאים

אירופה תס״א - 1700

באותו הזמן היו מומחים אחרים חשובים של הקבלה בחלקים אחרים של אירופה כמו:

רבי משה חיים לוצאטו – רמח״ל (1707-1746) אשר התגורר באיטליה ובאמסטרדם. מגיל צעיר, הרמח״ל הראה כשרון יוצא דופן בלימודי הקבלה, נאמר כי כאשר היה בן 14, כבר ידע את הקבלה של האריז״ל בעל פה, ואף אחד לא ידע על כך, אפילו לא הוריו. הוא היה סופר פורה מאוד

וכתב על כל ההיבטים של התורה והקבלה. עם זאת, בגלל האשמות שווא, הוא נרדף במשך רוב חייו הקצרים. חלק מעבודתו המרכזית היא "קלח פתחי חוכמה", "כללות האילן" ו"אדיר במרום".
רבי אליהו של וילנה – הגאון מווילנה (1720-1797) נולד בליטא, היה אחד מהמנהיגים הבולטים של המתנגדים לתנועת החסידות. הוא נחשב לאחד הגדולים בתורה ובקבלה בשתי המאות האחרונות. חלק מעבודותיו על הקבלה הן "כתבי הגר"א בעיני הקבלה".

המקובלים הספרדים

תס"א - 1700 – צפון ומרכז אפריקה.
ביבשת אחרת, לימוד הקבלה ובעיקר הזוהר היו מופצים בצורה רחבה. מלומדים חשובים היו :
רבי שלום שרעבי הרש"ש (1720-1777). לאחר העזיבה מתימן, למרות שהיה ידוע במדינתו כמקובל, שמר על יכולותיו בארץ הקודש. הוא הועסק כשמש בישיבת בית אל, המרכז הראשי של לימוד הקבלה בישראל.
בדרך זו הוא נשאר אנונימי והעבודה העיקרית שלו הייתה לשמור על סדר הספרים ולהגיש שתייה ותה חם. פעם, ראש הישיבה למד עם התלמידים שלו ועלתה שאלה מאוד חשובה שאף אחד לא הצליח לפתור. כאשר כולם עזבו, הרש"ש הכניס את התשובה לספר של רבי גדליה. מצב זה של מתן תשובה אנונימית חזר על עצמו מספר פעמים עד שהתגלה שמדובר ברש"ש.
הוא מונה לראש הישיבה אחר פטירתו של רבי גדליה, פרסם עבודות חשובות מאוד על הקבלה ובמיוחד בנושא הכוונות. הפרסומים העיקריים שלו היו "סידור הרש"ש" שהוא ספר התפילות המרכזי המשמש גם היום מקובלים ו"רחובות הנהר".
רבי יעקב אבוחצירא (1808-1880), נולד במרוקו והיה המקובל הנודע בגלל האדיקות והניסים שלו. הוא חיבר חיבורים על כל מקצועות התורה,

הכוללים פרשנויות חשובות על ההסבר הקבלי של התורה. חלק מעבודותיו המרכזיות הן "מחשוף הלבן" ו"פתוחי חותם".

רבי חיים בן עטר - אור החיים (1696-1743) היה ממרוקו. הבעל שם-טוב היה משוכנע שהאור החיים היה המשיח של דורו. העבודה המרכזית שלו הייתה הפירוש על התורה.

בצידה השני של היבשת, רבי יוסף חיים בן ישי (1834-1909) נולד בעירק והיה סופר אשר כתב במהירות מדהימה. ידוע כי היה מסיים לכתוב דף שלם לפני שהדיו בראש העמוד היה מתייבש. הוא הסביר את ההלכות במישור הקבלי, אך בשפה ברורה.

המקובלים האחרונים

תרס"א - 1900 – ישראל.

מאז תחילת המאה, ישראל נחשבת להיות המרכז של הקבלה. אחד מהמקובלים החשובים ביותר היה רבי יהודה אשלג (1886-1955). העבודה המרכזית שלו הייתה תרגום של הזוהר מארמית לעברית וזה נקרא "הסולם".

מקובלים חשובים נוספים היו רבי ישראל אבוחצירה – הבאבא סאלי (1984-1890), רבי יהודה צבי ברדווין (1904-1969), רבי אברהם יצחק הכהן קוק (1865-1935), רבי יהודה פתיה (1859-1942), רבי יצחק כדורי (2006-1898) ואחרים.

כל אחד מלומדי הקבלה הגדולים הללו היו בעלי הסברים וחידושים משלהם למדע הנפלא הזה. הם השאירו שפע של כתבים על הקבלה, ומקווה אני שיום אחד יבוא ואוסף זה יהיה זמין לכל מחפשי האמת של הקבלה האותנטית

מילון הקבלה

א״ק

ראשי תיבות – אדם קדמון

אבא

פרצוף אבא - אחד מחמשת ההגדרות העיקריות. זו ספירת החכמה.

אבא ואימא

פרצופים אבא ואימא - אלו שני פרצופים שחיוניים להדרכה של העולמות, אבא הוא ספירת חכמה ואימא היא ספירת בינה.

אדם קדמון

עולם מעל האציליות, זו ההגדרה הראשונה או העולם הראשון שבו בקעו האורות ונוצרו כעשרה ספירות של יושר.

אדונ-י

אחד מהשמות של ה׳ מיוצג על ידי ספירת מלכות. זה גם הייצוג הנשי של הנוכחות שלו.

אהי-ה

אחד מהשמות של אלוהים מיוצג על ידי ספירת הכתר.

אור

המושג משמש לתאר האצלה, עוצמה או אנרגיה.

אוה"מ

אור מקיף

אוה"פ

אור פנימי

אין סוף

ללא סוף או גבולות - אינסופי

אחד השמות של אלוהי"ם. זה השם המשתמשים בו הכי הרבה בקבלה.

אלוהי-ם

אחד משמותיו של אלוהים מיוצג על ידי ספירת הגבורה. באופן כללי, זה מציין גבורה בפעולותיו של האל.

אימא

פרצוף אימא - אחת מחמשת ההגדרות העיקריות. זו היא ספירת הבינה.

אצילות

עולם האצילות - זה הגבוה ביותר מבין ארבעת העולמות, מעל עולם הבריאה, יצירה ועשייה. מהאצילות נפרסים כל העולמות התחתונים שהם מקור הקיום של העולמות הפיזיים.

אצילות בריאה יצירה ועשייה

מההגדרה הראשונה, האדם הקדמון, האצלות יצרו את ארבעת העולמות התחתונים. העולם הראשון הוא אצילות – עולם של האצלה. מתחת לחלוקה של האצלה נמצא עולם הבריאה – עולם הנשמות. מתחת לחלוקת

הבריאה נמצא עולם היצירה – עולם המלאכים. מתחת לחלוקת עולם היצירה נמצא עולם העשייה – העולם הפיזי.

אריך אנפין

פרצוף – ארשת פנים ארוכה

זה הפרצוף העיקרי בכל עולם. כל שאר הפרצופים הם הענפים שלו.

ב"ן

מילוי השם י-ה-ו-ה עם סך של 52

זה תואם את היבט הנשי – גבורה.

ברוך הוא

משמש לאחר היגוי או כתיבה של שמות האל.

בריאה

עולם של נשמות - העולם השני שהתגלה נקרא הבריאה זה עולם הנשמות. הוא תחת האצילות ומעל היצירה והעשייה.

רבי שמעון בר יוחאי

כדי להימלט מהרומאים, הוא נמלט עם בנו רבי אלעזר לתוך מערה במשך שלוש עשרה שנים, וחיבר את הזוהר.

ברכה

כאשר אומרים את הברכה עם מדיטציה קבליסטית עם המילים או השמות המתאימים , אנחנו נוהגים להשתתף ישירות בתיקון של הדבר שבורך.

מילון הקבלה

ג״ר
שלושת הספירות הראשונות הן הכתר, חכמה ובינה.

גבורה
התוצאה של האור שלו מסוננת באמצעות ספירת הגבורה הנובעת מחסד. חסד מתבטאת בעיקר על ידי כל ההיבטים הנשיים, ספירת הגבורה ולפי כל ההסתרה של ההיבטים הגבריים אשר מייצגים שפע.

גבורה
ספירה גבורה
היא הספירה החמישית.

גמטריה
ערכים מספריים האותיות
לכל אות יש את הערך המספרי שלה. העובדה היא שמספר מילים בעלות אותו ערך מספרי היא לא רק צירוף מקרים, אלא מציינת את הדמיון או ההשלמה.

גלגול נשמות
התיקון של הנשמה מתממש באמצעות גלגול ועיבור. הגלגול הוא גלגול נשמות של הנשמה מזמן הלידה ועד המוות.

גן עדן
מקום המנוחה של הנשמות אחרי ההפרדות מהגוף הפיזי. יש גן עדן תחתון וגן עדן עליון.

מילון הקבלה

גן עדן עליון
בגן העדן עליון, הנשמות נהנות מרוחניות טהורה ואין להן תדמית רוחנית המדמה את הגוף הקודם שלהן.

גן עדן תחתון
בגן העדן תחתון, הנשמות נהנות מהנאות רוחניות אבל עדיין בעלות דימוי של הגוף הקודם שלהן.

דומם, צומח חי, מדבר
מקביל לארבעת העולמות של אצילות, בריאה, יצירה ועשייה, קיימים ארבעה סוגים בעולם שלנו.

דעת
דעת היא הספירה הרביעית.

ה'
השם – האין סוף

הוד
הספירה השמינית.

היכל
שער – שלב - אלו השלבים השונים של התרוממות התפילות לפני שמגיעים לעולם האצילות במהלך העמידה.

הנהגה

ההדרכה של העולמות מתרחשת באמצעות ההשפעה של הספירות השונות והפרצופים.

השגה

הבנת ההגשמה

כדי להגיע לרמת גבוהה יותר של הבנה, צריך לעשות מאמץ וללמוד את הסוד של התורה שהוא הקבלה.

השתלשלות

אבולוציה – שרשרת של אירועים

בקבלה, השתלשלות של אירועים המתחילים מהמעשה הראשונים של אלוהים ביצירה הזו , שהוא הצמצום עד להסדרים המורכבים של ההדרכה של העולמות.

ז'א

ראשי תיבות של הגדרה זעיר אנפין, משמשים יותר מאשר השם המלא.

ז' תחתונות

שבע ספירות תחתונות

זון

זעיר אנפין ונוקבא

ראשי תיבות של זעיר אנפין ונוקבא, משתמשים בהן מאשר שמות מלאים.

זוהר - זהר

ספר הזוהר נכתב על ידי רבי שמעון בר יוחאי.

הזוהר הוא פרשות אזוטרית ומיסטית של התורה והבסיס של רוב הכתבים של הקבלה.

זיו

אור עליון יקרין על אור תחתון יותר כדי להשפיע עליו או כדי ליצור האצלה חדשה.

זיווג

הזיווג היא אחדות של ספירות בבחינת זכר ונקבה. כל התוצאות של האצלות גבוהות יותר הן תוצאות של חיבורים בין אורות של ספירות בבחינת זכר ונקבה.

ז״ת

שבעת ספירות התחתונות:

חסד, גבורה, תפארת, נצח, הוד, יסוד ומלכות.

זכר

יש פרצופים זכרים אשר מעניקים חסד ופרצופים נשיים אשר מעניקים גבורה.

על ידי חיבור שלהם, שיווי משקל שונה של שני הכוחות הלו (חסד וגבורה) יוצרים ההנהגה.

זעיר אנפין

פרצוף זעיר אנפין – פנים קטנות

הגדרה של זעיר אנפין (ז״א) מורכבת משישה ספירות תחתונות: חסד, גבורה, תפארת, נצח, הוד, יסוד.

חב"ד

חכמה, בינה ודעת

ראשי תיבות של השלישיה הראשונה של הספירות: חכמה בינה ודעת

חג"ת

חסד, גבורה ותפארת

השלישיה השנייה של הספירות: חסר גבורה ותפארת.

חיבור

לכל הספירות והפרצופים יש מידה מסוימת של קשר ביניהם.

חיה

המדרגה הרביעית של הנשמה

ניתן להגיע לשלב הרביעי רק לאחר שעוברים את כל השלבים הקודמים

חיצוניות

הכוח החיצוני או השלילי – סיטרה אחרה נקרא גם חיצוניות.

חכמה

ספירה – חכמה - השנייה מהספירות.

חוכמת האמת

ידע של האמת - אחד מהשמות של הקבלה.

חלל

מקום שנישאר אחרי הצמצום. הכול נכלל בפוטנציאל של ההדפס הזה. שום דבר לא יכול לבוא על מקומו ללא מקור זה בתוכו.

חסד

נדיבות באה לידי ביטוי באמצעות עמדות שונות ואינטראקציות של הפרצופים.

חסד

ספירה

הרביעית מהספירות.

חג״ת

השלישיה השנייה של הספירות.

ידע

הידע החיוני הוא האחד של רצון הבורא והדרכים שלו להדרכה בקיום הזה כפי שמוסבר בקבלה.

יהו-ה

השם העיקרי של אלוהים חושף נדיבות ורחמים ומיוצג על ידי הספירות תפארת. הכוחות היצירתיים או האנרגיות הם הכוחות השונים באותיות בשמו של האל והאותיות השונות נוספות כדי להפוך את האיות שלהן.

יום

כל יום חדש הוא האצלה חדשה שמושלת בו.

יחוד

האחדה– חיבור

החיבור של הספירות או הפרצופים עבור זיווג ולמען המוצא של השפע.

מילון הקבלה

יחודו
האחדות שלו
אור האלוהים הוא ייחודי של כוח שווה, איכות ומעבר לכל תיאור.

יחידה
השלב החמישי של הנשמה
יחידה הוא השלב החמישי וניתן להגיע אליו לאחר שעוברים את כל השלבים הקודמים.

י"ס
10 ספירות

יסוד
ספירה (יסוד) - הספירה התשיעית.

יצירה
עולם של המלאכים
העולם השלישי להתגלות נקרא היצירה, עולם של היווצרות, עולם של מלאכים. הוא מתחת לאצילות והבריאה ומעל העשייה.

יצר
אינסטינקט – דחף
היצר הטוב מקביל לדחף טוב או חיוב על האדם, יצר הרע הוא דחף רע או שלילי.

ירושלים
המקום הקרוב ביותר לאצילות של האל.

יסו"ת

ראשי תיבות פרצופים ישראל סבא ותבונה

ית"ש

יתברך שמו

כ"ש

כמו שכתוב

כוונה

ריכוז - השלב הראשון בתפילות לפי הקבלה הוא להבין את המילים ולהתרכז. השלב השני הוא לדעת ולהתרכז על התמורה והשמות השונים של האל,
השלישי להבין המטרה המיוחדת בייחודים וזיווגים בתפילה הזאות.

כיסא

יש שלושה סוגים עיקריים של כסאות :
כיסא הדין - כיסא הכבוד - כיסא הרחמים

כלי

כל ספירה מורכבת מכלי ואור.

כתר

ספירה
הספירה הראשונה והכי חשובה.

לאה

פרצוף נוקבא

מילון הקבלה

ההגדרה של נוקבא כוללת שני פרצופים נבדלים: רחל ולאה. ההגדרה של לאה היא ההיבט של הגבורה.

לבוש
פרצופים מתלבשים על/או אחד על השני. ככל שהפרצוף חשוב יותר כך הוא יתלבש ישירות על פרצוף פחות חשוב ממנו.

להחמיר
שמירה קפדנית על כל הפרטים כאשר משלימים מצווה או תפילה.

לקבל
המילה קבלה מגיעה מהפועל לקבל, עם זאת, על מנת לקבל יש את הצורך הראשוני של לרצות ולהפוך לכלי המסוגל לקבל ולהכיל את הידע הזה.

מ"ה
מילוי של השם הויה עם סך של 45
זה ההיבט הזכר המייצג חיבור של רחמים.

מוחין
המוח הוא הכוח המורה שניתן לפרצוף.

מים דוכרין
אחת משתי ההאצלות שנקראות מים זכרים.

מים נוקבין
אחת משתי ההאצלות שנקראות מים נשיים.

מילוי

תלוי לאופן שמשתמשים באותיות, הערך המספרי של השם משתנה וכל אחת מהאפשרויות הללו הופכות להיות שונות לפי הטבע והפעולות שלהן.

מלאכים

עולם המלאכים הוא העולם השלישי – עולם היצירה.

מלכים קדמונים

ביצירה היה הנזק החשוב הראשון. שבעה ספירות נשברו מפני שהן לא יכלו להכיל את האורות שלהן וזה מכוון גם כמלכים של אדום בפרשת וישלח 36,31.

מלכות

ספירה

הספירה העשירית.

מעשה בראשית

עבודות או פעולות של היצירה.

השם הניתן לכל הפרטים בתחילת היצירה, מהצמצום, העולמות הראשונים, הספירות וכדומה.

מעשה המרכבה

עבודות או פעולות של המרכבה השמימית.

השם הניתן לכל הפרטים של הספירות, הפרצופים, תיקונים וזיווגים המשפיעים בהנהגה.

מילון הקבלה

מצוה
לתורה יש 248 מצוות עשה ו 365 מצוות לא תעשה. באופן דומה יש 613 גידים ואיברים בגוף האדם, 613 חלקים לנשמה ו 613 אורות לכל ספירה או הגדרה. כל אחת מ 613 המצוות מקבילה לאחד מ 613 הגידים והאיברים של גוף האדם ואחת מ 613 החלקים של הנשמה.

מקובל
מקובל הוא אדם שהתקבל כדי לקבל את הידע הזה ומסוגל לשמור עלי על ידי חיים בנתיב התורה והצדק כדי לחזק את עצמו באופן קבוע.

מרכבה
מרכבה שמימית - הפרצופים, ספירות, עם כל היחסים ביניהם, הפעולות והאורות.

משל
לפעמים משמש להסביר או להמחיש היבטים קשים.

נה"י
ראשי תיבות של השלישיה השלישית של הספירות: נצח, הוד ויסוד.

נוקבא
ספירה מלכות –פרצופים רחל ולאה
ההגדרה של נוקבא מייצגת את הנשיות – העיקרון לקבל. היא כוללת שני הגדרות נבדלות, רחל ולאה.

מילון הקבלה

ניצוצות
כדי לשאת את הכלים לאחר שהם נשברו, 288 ניצוצות של האורות שלהם ירדו מפני שקשר לאורות המקוריים שלהם היה נחוץ כדי לשמור אותם בחיים.

נפש
נפש הוא השלב הראשון והכי נמוך של הנשמה.

נפש, רוח, נשמה, חיה, יחידה
לנשמה יש חמישה שמות כנגד חמישה מדרגות שלה.

נצח
הספירה השביעית.

נרן
נפש, רוח, נשמה
רשי תיבות של שלושת השלבים הראשונים של הנשמה.

נשמה
השלב השלישי של הנשמה.
נשמה הוא השלב השלישי וניתן להגיע אליו לאחר שעוברים את שלבים של הנפש והרוח.

ס״ג
מילוי של הויה עם סך של 63. השם ס״ג הוא השלב השני מארבעת השמות.

ס"ם

ראשי תיבות של המלאך ההרסני העיקרי.

סגולה

הגנה - שמות או שילובים של שמות של מלאכים עם סימנים מיוחדים, או לחשים אשר נכתבו על קלף כדי להגן או כדי לעורר כוחות מסוימים.

סודות

באמצעות הידע של הקבלה אנחנו יכולים להגיע לרמה של הבנת האמת, ובדרך לפענח את הסודות העמוקים של התורה.

סיתרא אחרא

כוח שלילי

השורש של סיטרא אחרא זה החוסר או היעדר של הקדושה.

ספירה

אור האלוהים הוא ייחודי וכוח שווה ואיכותי. בדרך מסוימת, הספירה היא מסנן שהופך את האור הזה לכוח מסוים או תכונה שבאמצעותו הבורא מדריך את העולמות.

ספירות הישר

ספירות מאורגנות בשלושה קוים: שמאל ימין ואמצע המייצגים את ההדרכה של העולם באופן של חסד, דין ורחמים.

ספירות העיגולים

אלו עשרת הספירות עקיפות אשר אחראיות על ההדרכה הכללית של העולמות ולא מושפעות על ידי פעולות האדם.

מילון הקבלה

ע״ב
מילוי של הויה עם סך של 72.
השם ע״ב הוא המדרגה הכי גבוהה של השמות.

ע״ב, ס״ג, מה, בן
מילוי של השם הויה
(72) (63) (45) (52)
הכוחות היצירתיים או האנרגיות הם הכוחות השונים בארבעת האותיות בשם יהו-ה ואותיות שונות נוספות כדי להפוך את המילוי לשונה.

עבודה
תפקיד - אחת מהמטרות העיקריות של העבודה, מצוות והתפילות של בני האדם בקיום זה היא לעזור ולהשתתף בהתרוממות של 288 הניצוצות שנפלו.

עולם
עולם הוא אפשרות וסוג של קיום בממד מסוים.

עשייה
עולם הפעולה של בני האדם.
העולם הרביעי להתגלות נקרא העשייה, העולם של הנוכחות הפיזית.

עתיק יומין
פרצוף – עתיק
ההגדרה של עתיק היא נעלה על כל הפרצופים.

פנימיות

מה שנמצא בפנים. זה גם תקף על משמעות עמוקה יותר או רוחניות.

פרצוף

הגדרה של ספירה אחת או ספירות שונות פועלות בתיאום.

צדיק

מצב של קירבה לקדושה ומרחק מסיטרה אחרה (כוח שלילי). בנוסף מיוחס לספירת היסוד.

צמצום

הצמצום הוא הפעולה הראשונה של האין סוף ביצירה. הוא צמצם אור שלו מחלל מסוים והיקפו עד לכדי הפחתה של העוצמה שלו ומאפשר את הקיום של יצורים.

קבלה מעשית

הסוג האחר של הקבלה שבה השמות והשילובים של השמות של המלאכים משמשים עם סימנים מיוחדים, או לחשים כדי לעורר כוחות מסוימים ולשנות סדרות של מצבים רגילים.

קדוש

מצב של התקרבות לקדושה והתרחקות מסיטרה אחרה (כוח שלילי).

קדוש וברוך הוא

אחד השמות של ה'.

קדושה

על ידי השלמת המצוות ובאמצעות התפילות, אנשים עושים את התיקונים הדרושים לניתוק הקליפות מהקדושה. המטרה האולטימטיבית היא ליצור מרחק מקסימלי מהכוח השלילי ולהתקרב לקדושה.

קו

קרן אור אשר הגיחה מהאין סוף ונכנס לצד אחד של החלל הריק לאחר הצמצום.

קליפות

הקליפות הן תופעה של כוח שלילי.

קמעה

שמות או שילובים של שמות של מלאכים עם סימנים מיוחדים נכתבים על קלף כדי להגן או לעורר כוחות מסוימים.

רוח

רוח הוא השלב השני של הנשמה והוא הכרחי לפני השלבים הבאים.

רחל

הגדרה של הנוקבא.

ההגדרה של רחל היא הביט של חסד.

רפח ניצוצות

288 ניצוצות שנפלו בשבירת הכלים.

מילון הקבלה

רצון להשפיע
הרצון של היוצר להעניק טוב לב ליצורים שלו.

רצון לקבל
הטבע של האדם הוא להפוך את עצמו לכלי עם רצון לקבל ללא גבולות.

שבירת הכלים
ניזק שנגרם על ידי שבע הספירות התחתונות שלא יוכלו להחזיק את הזרם של האורות שלהם ובהמשך שברו.

שורש
לקיום הכול יש שורש למעלה.

שכינה
נוכחות אלוהית
אחד מהשמות של אלוהים.

שכר
ההנחיה של ההדרכה על בסיס של משפט, שכר ועונש, והתלות שלו בפעולות האדם. ההדרכה הזאת היא לפי ספירות ישרות.

שער
הכניסה לממד. שער כדי להכניס ידע.

תחיית המתים
המטרה הסופית של ששת אלפים שנה.

מילון הקבלה

תיקון
למילה תיקון יש משמעויות שונות. ניתן להבין אותה כתיקון או יישור אבל גם כפעולה, קשר או פעולה.

תפארת
הספירה השישית.

תפלה
סדר התפילות מבוסס על מערכות של התרוממות העולמות כפי שהוסבר בקבלה. המטרה של ההתרוממות הזאת של העולמות היא לעורר חיבור בין ההגדרות של הגבריות והנשיות בכל עולם כך שהם יעניקו אנרגיות חיוביות כתוצאה מההרמוניה הזאת. ברמה זו של הבנה, אנחנו מבינים שלתפילות שלנו יש השפעה ישירה על עולמות נעלים יותר ועל ההדרכה שלהם.

תפילות
יש 613 גידים ואיברים בגוף האדם ובאותו האופן קיימות 613 מצוות, 613 חלקים של נשמה ו 613 אורות בכל ספירה או הגדרה. המספר הזה לא שרירותי שכן קיימים יחסי גומלין חשובים ואינטראקציות ביניהם.

ביבליוגרפיה

אריז"ל

עץ חיים

פרי עץ חיים

שער רוח הקודש

שער המצות

שער הכונות

שער הגלגולים

שער הפסוקים

רבי שמעון בר יוחאי

ספר הזהר

רמח"ל – רבי משה חיים לוצאטו

קל"ח פתחי חכמה

פתחי חכמה ודעת

שבחי האר"י

האר"י וגוריו

ר' רפאל אפיללו

מושגי חכמת הקבלה

חשיבות לימוד הזהר

קיצור כתבי הארי

Kabbalah Dictionary

Arizal, Prince of the Kabbalists

טבלאות

ספירות	קצוות		בראש
הסד	דרום	חכמה	עין ימין
גבורה	צפון	עושר	אוזן ימין
תפארת	מזרח	זרע	נחיר ימין
נצח	מעלה	חיים	עין שמאל
הוד	מטה	ממשלה	אוזן שמאל
יסוד	מערב	שלום	נהיר שמאל
מלכות	אמצע	חן	פה

השם	מדרגת הנשמה
קוצו של יוד י	יחידה
יוד י	חיה
הא ראשונה ה	נשמה
וו ו	רוח
הא שנייה ה	נפש

ספירות	כוכבים	יום	צירופי יה״ו	מתכות
חסד	לבנה	ראשון	יו״ה	כסף
גבורה	מאדים	שני	הו״י	זהב
תפארת	המה	שלישי	וי״ה	נחושת
נצח	נוגה	רביעי	יה״ו	בדיל
הוד	כיכב	חמישי	הי״ו	עופרת
יסוד	שבתאי	ששי	וה״י	כסף
מלכות	צדק	שבת		ברזל

טבלאות

עולם	פרצוף	נשמה
עשייה	נוקבא	נפש
יצירה	ז״א	רוח
בריאה	אמא	נשמה
אצילות	אבא	חיה
אצילות	אריך	יחידה

ספירות	פרצוף	במילוי השם	תורה	נשמה
כתר	ארך אנפין	שם ע״ב	טעמים	יחידה
חכמה	אבא	שם ע״ב	טעמים	חיה
נינה	אמא	שם ס״ג	נקודות	נשמה
ו׳ ספירות חג״ת [illegible]	זעיר אנפין	שם מ״ה	תגין	ריח
מלכות	נוקבא	שם ב״ן	אותיות	נפש

טבלאות

	נשיא	מלאכים
1	יהו-אל	שרפי-ם
2	רפ-אל	אופני-ם
3	כרו-ב	כרובי-ם
4	צדקי-אל	שנאני-ם
5	תרשי-ש	תרשישי-ם
6	חשמ-ל	חשמלי-ם
7	עוזי-אל	מלאכי-ם
8	חפני-אל	בני אלהי-ם
9	צפני-ה	אישי-ם
10	מיכ-אל	אראלי-ם

טבלאות

במשכן	באדם	בשמות	ספירות
כרוכים	גלגלתא ואויר	אהיה	כתר
כפירת	מוח ימין	יה	חכמה
ארון	מוח שמאל	יהיה בניקוד אלקים	בינה
מנורה	זרוע ויד ימין	(אהיה) אל	דעת חסד
שלחן	זרוע ויד שמאל	אלהים	גבורה
מזבח הזהב	גוף	יהוה	תפארת
כיור	ירך ורגל ימין	יהוה צבאות	נצח
כני	ירך ורגל שמאל	אלהים צבאות	הוד
מזבח העולה	ברית	שדי אל חי	יסוד
החצר והקלעים	עשרת הבריח	אדני	מלכות

טבלאות

ספירה	כוכבים
חסד	לבנה
גבורה	מאדים
תפארת	חמה
נצח	נוגה
הוד	כוכב
יסוד	שבתאי
מלכות	צדק

ספירה	תנועות
כתר	קמץ
חכמה	פתח
בינה	צירה
חסד	סגול
גבורה	שווא
תפארת	חולם
נצח	חיריק
הוד	קובוץ
יסוד	שורוק

טבלאות

	היכל	ספירה
1	לבנת הספיר	יסוד - מלכות
2	עצם השמים	הוד
3	נוגה	נצח
4	זכות	גבורה
5	אהבה	חסד
6	רצון	תפארת
7	קדש קדשים	כתר, חכמה, בינה

תפילה	זיווגים של הפרצופים
שחרית	יעקב ורחל
מנחה	ישראל ולאה
ערבית	יעקב ולאה (מהחזה ומעלה)
תיקון חצות	פרצופי יעקב ולאה (מהחזה ומטה)
ישראל ורחל	תפילת מוסף בשבת, ובאירועים מיוחדים אחרים

טבלאות

		י	ה	ו	ה	
		יוד	הי	ויו	הי	ע״ב
72	=	20	15	22	15	
		יוד	הי	ואו	הי	ס״ג
63	=	20	15	13	15	
		יוד	הא	ואו	הא	מ״ה
45	=	20	6	13	6	
		יוד	הה	וו	הה	ב״ן
52	=	20	10	12	10	

פרצוף	נשמה
אריך אנפין	יחידה
אבא	חיה
אמא	נשמה
זעיר אנפין	רוח
נוקבא	נפש

מדרגות הנשמות				
נשמה	**עשייה**	**יצירה**	**בריאה**	**אצילות**
נפש	נוקבא	נוקבא	נוקבא	נוקבא
נפש	ז״א	ז״א	ז״א	ז״א
נפש	אמא	אמא	אמא	אמא
נפש	אבא	אבא	אבא	אבא
נפש	אריך	אריך	אריך	אריך
רוח	נוקבא	נוקבא	נוקבא	נוקבא
רוח	ז״א	ז״א	ז״א	ז״א
רוח	אמא	אמא	אמא	אמא
רוח	אבא	אבא	אבא	אבא
רוח	אריך	אריך	אריך	אריך
נשמה	נוקבא	נוקבא	נוקבא	נוקבא
נשמה	ז״א	ז״א	ז״א	ז״א
נשמה	אמא	אמא	אמא	אמא
נשמה	אבא	אבא	אבא	אבא
נשמה	אריך	אריך	אריך	אריך
חיה	נוקבא	נוקבא	נוקבא	נוקבא
חיה	ז״א	ז״א	ז״א	ז״א
חיה	אמא	אמא	אמא	אמא
חיה	אבא	אבא	אבא	אבא
חיה	אריך	אריך	אריך	אריך
יחידה	נוקבא	נוקבא	נוקבא	נוקבא
יחידה	ז״א	ז״א	ז״א	ז״א
יחידה	אמא	אמא	אמא	אמא
יחידה	אבא	אבא	אבא	אבא
יחידה	אריך	אריך	אריך	אריך

טבלאות

ספירה	מדרגת הנשמה	השם	
כתר	יחידה	קוצו של יוד	י
חכמה	חיה	יוד	י
בינה	נשמה	הא ראשונה	ה
דעת	רוח	וו	ו
חסד	רוח	וו	ו
גבורה	רוח	וו	ו
תפארת	רוח	וו	ו
נצח	רוח	וו	ו
הוד	רוח	וו	ו
יסוד	נפש	הא שנייה	ה

מדרגת נשמה	ספירה
יחידה	כתר
חיה	חכמה
נשמה	בינה
רוח	דעת
רוח	חסד - גבורה
רוח	תפארת
רוח	נצח - הוד
נפש	יסוד

טבלאות

כתר	אהי-ה
חכמה	י-ה
בינה	י-ה-ו-ה
דעת	אהו-ה
חסד	אל
גבורה	אלהי-ם
תיפארת	י-ה-ו-ה
נצח	יהו-ה -צבאות
הוד	אלהי-ם צבאות
יסוד	שד- י
מלכות	אדנ- י

טבלאות

אריך אנפין
כתר
חסד דעתיק בתוכו
חכמה
גבורה דעתיק בתוכו
בינה
תפארת דעתיק בתוכו
גבורה
הוד דעתיק פ"א
חסד
נצח דעתיק פ"א
תפארת
יסוד דעתיק פ"א
הוד
הוד דעתיק פ"ב
נצח
נצח דעתיק פ"ב
יסוד
יסוד דעתיק פ"ב
מלכות
מלכות דעתיק
אימא
אבא
כתר
חכמה
בינה
דעת
חסד
גבורה
נצח
הוד
יסוד
תבונה
תבונה ב
ישראל סבא
ישראל סבא ב
זעיר אנפין
ת"ת
מלכות
לאה
רחל
יעקב

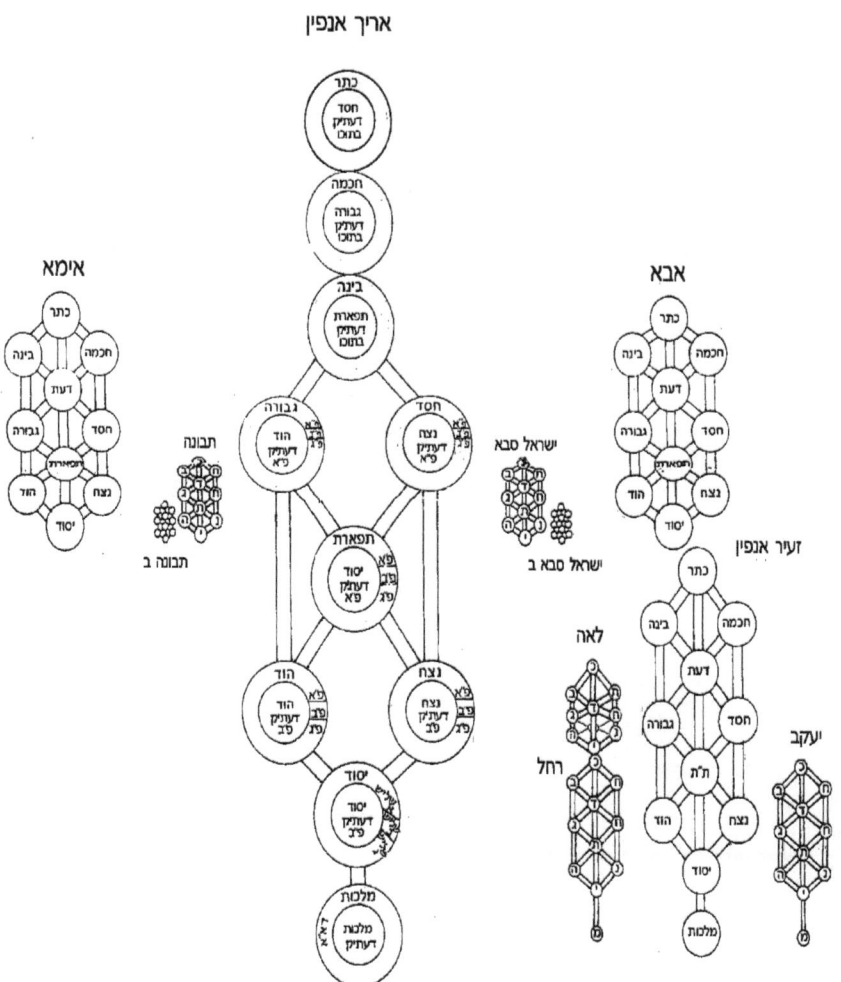

אצילות

בריאה

יצירה

עשייה

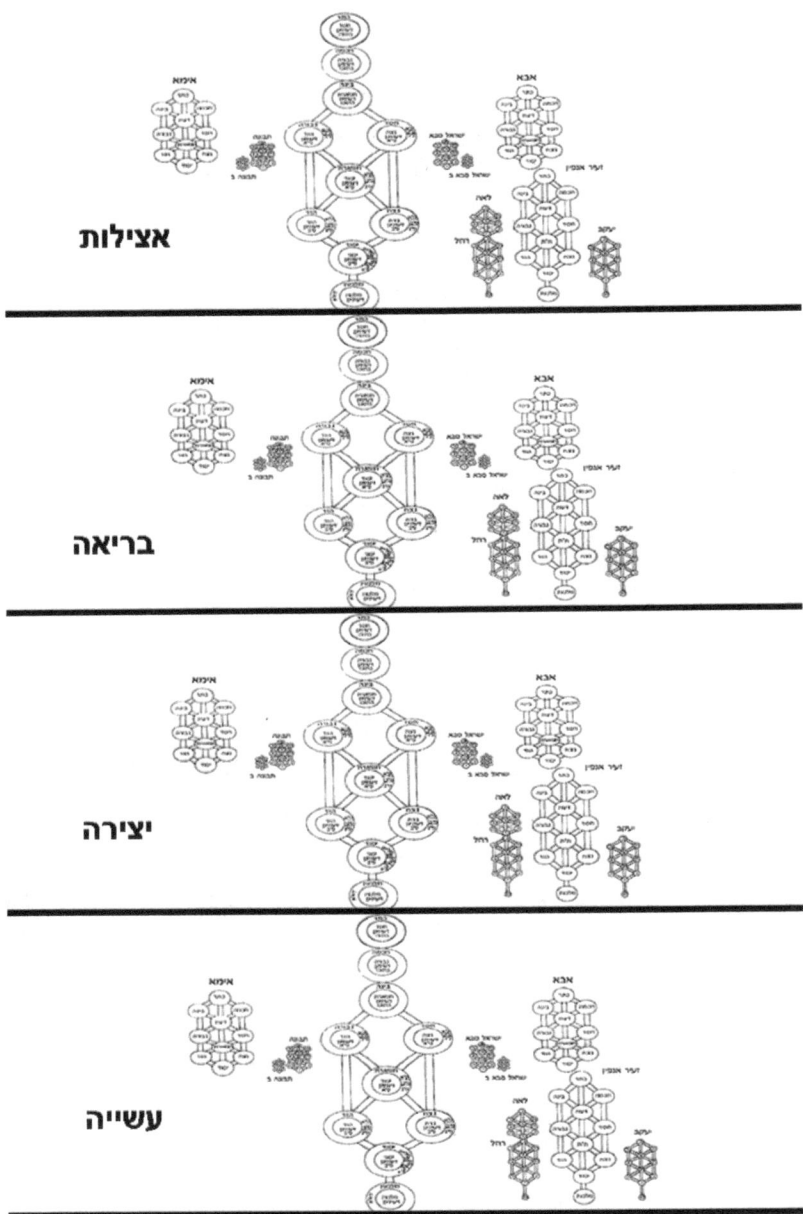

כתר
בינה
חכמה
דעת
גבורה
חסד
תפארת
הוד
נצח
יסוד
מלכות

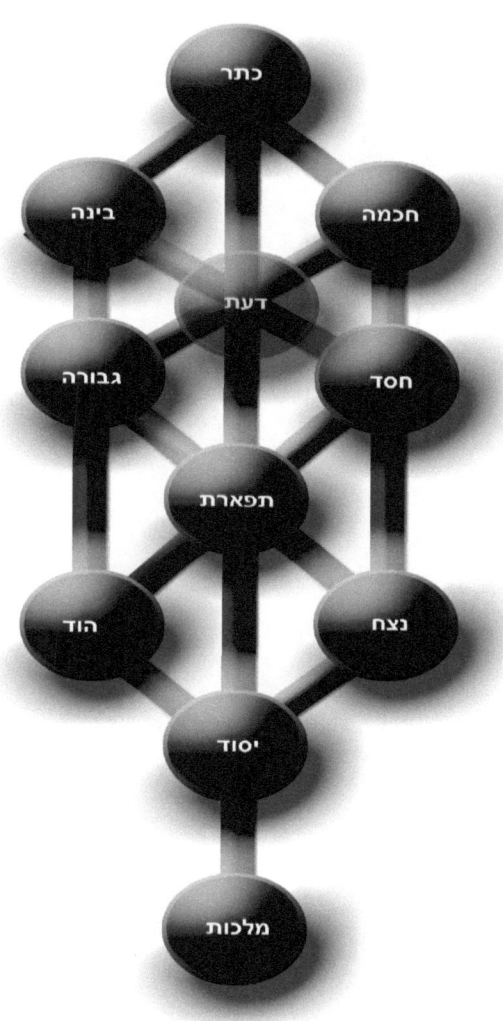

www.ingramcontent.com/pod-product-compliance
Lightning Source LLC
Chambersburg PA
CBHW020311010526
44107CB00001B/64
* 9 7 8 2 9 2 3 2 4 1 5 2 4 *